인생에도 일기예보와 내비게이션이 있다

지혜를 찾는 명리 산책

김 진 (시인, 철학자)

64년 경남 창녕 출생
동국대학교와 동 대학원 졸업
사학, 철학, 영문학 전공
대학, 백화점, 대형쇼핑몰, 문화원, 사찰 등에서
명리학, 불교사, 불교 철학, 불교 및 성경(nasb) 영어 등 강의

· (전) 대학강사
· (현) 김진명리학회 회장
· 울산대 외래교수
· 경상일보 생활 속의 전통사상, 오늘의 운세 연재
· 울산제일일보 김진의 사주 인생론, 김진칼럼, 오늘의 운세 연재
· 인터넷 역학교육원 "대통인" 전임강사

지혜를 찾는 명리 산책

초판인쇄 2022년 3월 24일
초판발행 2022년 4월 5일

지은이 김 진
발행인 조현수
펴낸곳 도서출판 프로방스
기획 조용재
마케팅 최관호
교열 · 교정 권수현
디자인 문화마중

주소 경기도 고양시 일산동구 백석2동 1301-2
        넥스빌오피스텔 704호
전화 031-925-5366~7
팩스 031-925-5368
이메일 provence70@naver.com
등록번호 제2016-000126호
등록 2016년 06월 23일

정가 32,000원
ISBN 979-11-6480-189-3 (13720)

파본은 구입처나 본사에서 교환해드립니다.

인생에도 일기예보와 내비게이션이 있다

지혜를 찾는
명리 산책

김 진 지음

 프로방스

일기예보와 내비게이션

인생을 흔히 항해에 비유하곤 한다. 때론 순풍 속에서 햇살을 받기도 하고 풍랑을 만나 위험에 처하기도 한다. 일기예보는 날씨를 미리 알려줌으로써 위기상황을 사전에 대비하게 해준다. 인생이라는 항해에도 일기예보처럼 미리 알려주는 것이 있다면 얼마나 좋을까? 사업이나, 진학이나, 결혼 등 중요한 결정을 할 때, 일기예보처럼 상황을 미리 예견할 수 있다면 실패할 확률이 그만큼 줄어드는 것이 아닐까?

인생을 여행에 비유하기도 한다. 예전에는 물어물어 찾아갔지만, 요즘에는 내비게이션이 있어 길을 찾기가 쉽다. 또한 인터넷이 발전함으로써 사전에 여행지의 정보도 얻을 수 있다. 인생이 여행이라면, 인생이 항해라면, 일기예보나 내비게이션 역할을 해주는 것이 있다. 그것이 바로 명리학이다. 명리학은 아주 오래전부터 우리 조상들이 검증하고 사용해 온 학문이다.

조선을 개국하면서 정도전이 한양의 사대문을 정할 때도 이 명리학을 활용했으며, 그전과 그 이후에도 오랫동안 명리학은 생활 속의 일부분으로 밀접하게 자리 잡고 있었다. 물론 지금도 알게 모르게 우리의 일상에 깊숙이 관여하고 있다.

명리학은 오랜 세월을 겪으며 우리 조상이 세상의 이치를 깨달은 것을 정리한 학문이다. 수천 년에 걸쳐 수많은 사람의 경험과 지식을 집대성한 철학이자 과학이다. 역사의 수레바퀴는 돈다는 말이 있다. 인생의 수레바퀴도 마찬가지다. 그렇기에 명리학을 통해 우리는 돌아올 미래를 예측할 수 있다.

조선 시대에는 명리학이 생활의 일부였다. 과거제도에도 명과학(命課學)이라 하여 제도권 내의 학문이었다. 그만큼 우리 조상은 명리학을 신봉했다. 그러다 일제강점기를 거치면서 왜곡되어 현재에 이르렀다. 일제의 우민화 정책은 명리학을 민간에서 행해지는 점술 행위나 미신으로 여기도록 만들었다. 그 결과 명리학의 학문적 명맥이 끊어졌다. 또한 서구화와 산업화의 영향도 받았다. 서양 문물은 선진화된 것으로 인식하였기에, 상대적으로 우리의 전통사상인 명리학은 그 가치를 인정받지 못하고 제도권 밖으로 밀려나게 되었다.

하지만 명리학의 참모습을 알게 된다면, 그것이 유대인의 탈무드보다 더 뛰어난 지혜가 집대성되어 있음을 알 수 있을 것이다. 어렵다고 외면만 할 것이 아니라 우리의 전통 학문인 명리학을 현대에 맞게 발전시켜야 한다. 그것은 우리 민족이나 개인 차원에서도 중요한 의미를 가진다.

명리학이 어렵고 골치 아픈 학문으로 여기게 된 원인 중의 하나는 한자가 많아 현대인에게 익숙하지 않기 때문이다. 그래서 이 책은 가능하면 일반 독자가 이해할 수 있도록 쉽게 서술했다. 자신의 과거에 있었던 일을 해석해 보고, 미래의 일을 예측한다는 것은 얼마나 멋진 일인가? 미신으로, 단지 점쟁이가 점을 치는 행위로만 명리학을 인식한다면, 나무는 보고 숲을 보지 못하는 것과 같다. 또한 눈감고 코끼리 코를 만지며 코끼리를 상상하는 것과 다를 바가 없다. 모든 것이 알고 보면 쉽다. 조금만 노력하여 벽만 깬다면 그 벽 안에 있는 무궁한 보물과 만날 수 있다. 이 책을 가볍게 몇 번 읽는 것만으로도 명리학이 가진 보석과도 같은 삶의 지혜를 만나게 될 것이다.

이 책을 읽고 명리학을 조금이나마 이해한다면, 인생을 보다 윤택하고 지혜롭게 살아갈 수 있게 될 것이라 믿는다. 어둠의 바다에서 길을 잃고 헤맬 때 등대를 발견한다면 얼마나 반가울까? 이 책이 독자의 삶에 어둠을 밝히는 빛이 되었으면 하는 바람이다.

운명을 이치로 연구하는 명리학

　인간은 삶과 죽음에 대해서 끊임없이 고민하는 존재다. 필자 또한 개인적으로 지난날 오랜 시간 동안 삶과 죽음에 대해서 고민했던 적이 있다. 서양 철학과 불교 철학을 접하면서 삶과 죽음의 의미를 다양하게 공부했다. 이러한 노력의 여정에서 발걸음을 멈출 수 있었던 것은 필연적으로 만난 명리학 덕분이었다.

　명리학은 동양의 현인들이 수천 년에 걸쳐 완성한 최고의 학문이다. 하늘의 기운을 개인의 삶에 적용하여 인생 행로를 파악하고 예측할 수 있게 하는 천명(天命)을 연구하는 학문이다. 천명은 정해진 세상의 이치를 말한다. 그 이치를 알면 길흉화복을 미리 알 수 있어 앞으로 일어날 일을 대비할 수 있다. 그렇기에 명리학은 인간의 운명을 이치로 연구하여 미리 알게 해주는 학문이라 말할 수 있다.

　명리학을 접할수록 우리의 삶은 정해져 있는 경로를 따라가는 것이며, 주어진 운명에서 벗어날 수 없다는 사실을 받아들일 수밖에 없음을 깨닫게 된다. 언뜻 듣기엔 숙명론에 매여 자신의 삶에 대한 자주적인 개척 의지가 필요 없는 것쯤으로 여길지도 모른다. 하지만 명리학에서는 인간의 운명(인생행로)을 이렇게 정의한다.

"사람은 태어날 때 누구에게나 각자의 크기에 맞는 그릇을 가지게 되며, 그 그릇의 크기에 맞게 살아가는 것이 세상에 순응하는 것이다. 그렇지 않은 경우는 역행하는 것으로, 불의의 사고를 겪거나 여타 다른 이유로 삶이 중지될 수도 있다."

종교나 동서양 철학 전반에 걸쳐 인간의 삶과 죽음에 대한 논의는 가장 중요한 화두이다. 특히 불교에서는 흔히 다루어 왔던 본질적인 문제로써

"나는 누구인가? 어디서 왔는가? 어디로 가는가? 언제 이승을 떠나게 되는가?"

에 대한 답을 찾는다. 이 답은 명리학에서도 찾을 수 있다. 사주는 한 사람의 전생, 금생, 후생에 걸친 모든 인연이 연계되고 집약되어 있어, 그 사람을 보고 집안의 모든 족보를 파악할 수 있다. 즉, 나의 사주를 이해하면 내 삶의 근원인 뿌리, 줄기와 가지를 추정하고, 나아가 자기 탐구, 자기 발견을 거쳐 자신을 객관적인 관점에서 판단할 수 있는 능력을 갖추게 된다. 길게는 적합한 인생 행로를 판단하고 때를 분석하여 기회를 잡을 수 있게 하며, 짧게는 당장 일어날 일을 하나씩 추정하여 대처할 수 있게 한다.

　즉, 명리학을 활용한다는 의미는 避凶就吉(피흉취길: 흉한 일을 피하고 좋은 일에 나아감.)할 수 있게 하며, 어떻게 활용하느냐에 따라 범위가 무한대다. 물론 지나치게 맹신하여 노력하지 않고 요행만 바란다든지, 미리 자포자기하는 자세는 극도로 경계해야 한다.

　명리학은 아직 도달하지 않은 시간을 예측하므로 마치 망망대해에서 항해하는 배가 나아가야 할 방향을 제시하는 나침반이나 등대와 같다.

예를 들어 조선시대 왕족을 비롯한 양반 계층은 얼굴도 보지 않고 혼인했다. 그것을 가능하게 한 것이 바로 사주단자이다. 사주풀이를 비단 주머니에 넣어 양가 부모끼리 교환했다. 그것은 명리학이 실생활에 깊이 뿌리내렸음을 보여주는 것이다.

조선시대에는 주로 상류층에서만 활용되다가 일제강점기에는 미신으로 터부시되었고, 현대에 이르러 일반 대중에게 잘못 알려지면서 점쟁이의 돈벌이 수단으로 전락해 버렸다. 그리고 가짜 도사와 사기꾼이 난무하면서 여러 폐단까지 생겨났다.

어느 분야든 어둡고 부패한 부분이 전혀 없을 수는 없다. 명리학도 마찬가지다. 미신이니, 비과학적 숙명론이니 하면서 인정하지 않으려 하는 사람이 있는가 하면, 반대로 마치 명리학이 종교적이거나 초인적인 신비성을 가지고 있는 것으로 곡해하여 혹세무민하는 사람도 많다. 하루빨리 청산되어야 할 과제들이다.

그런데도 최근 통계에 따르면 우리나라 국민의 약 70% 정도가 직, 간접적으로 사주를 본 경험이 있다고 한다. 과거 주자학 이외의 것을 천시했던 조선 시대부터 오늘날 명리학에 대한 현대인의 인식까지 여전히 명리학은 음지에 있다. 하지만 명리학의 원래 목적인 '활인'을 지향하며 바르게 연구에 매진한다면 희망은 있다.

앞에서 언급했듯이 명리학은 개인의 타고난 생년월일시가 있듯이 명(命)의 이치를 다루는 것은 맞으나, 그렇다고 의지는 전혀 쓸모가 없음을 의미하지는 않는다. 명리학에서는 '적선'과 '기도'를 강조하며, 운명을 초월할 방법도 함께 제시하고 있다.

일반적으로 결혼과 관련하여 궁합을 보거나, 하는 일이 풀리지 않거나, 어려움이 닥쳤을 때 등 다양한 이유로 철학원을 찾는다. 하지만 바람직한 행위로 보기 어렵다. 물론 그럴 경우도 필요하겠지만 평상시 적성을 분석한다거나, 기회를 잡을 수 있는 타이밍을 안다거나 건강을 미리 챙기는 등 운명을 개척하려고 준비하는 것이 더 중요한 자세이다.

명리학은 수천 년에 걸쳐 형성된 지혜의 보고다. 이 책을 쓴 가장 큰 이유도 여기에 있다. 사회 전반에 걸친 명리학에 대한 오해를 풀고, 인식 전환을 통해 일상생활에서도 누구나 쉽게 명리학을 접할 수 있도록 하기 위함이다.

명리학을 잘 활용한다면 넓게는 인생 전반에, 좁게는 일상에서 선택이 필요한 순간에 큰 도움이 될 것이다. 명리학을 단순히 점을 치는 학문이라는 생각을 버리고 일상에서 폭넓게 활용한다면 윤택한 삶에 도움이 될 것이다.

명리학이라고 하면 말 자체에서부터 어려움이 느껴질 수가 있다. '학'이라는 말이 들어가면 무언가 새로운 전문영역처럼 여겨지기 때문이다. 그래서 이 책은 명리학에 대해 일반인이 쉽게 이해할 수 있게 서술했다. 명리학을 알면 말 그대로 세상 이치를 보는 밝은 눈이 생기기에 일상에서 큰 도움이 될 수 있다. 많은 사람이 생활에 활용한다면, 더욱 밝은 세상이 될 것이라 믿는다. 그것이 이 책을 쓴 이유다.

2022년 2월에

차 례

제1장

내 인생의 설계도,
사주 명리학 첫걸음

사주(四柱)란 무엇인가?

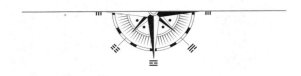

　인간은 처음 세상으로 나온 순간을 기점으로 실존과 동시에 타고난 하늘의 기운(天氣)을 받게 된다. 동양철학에서는 이것을 사주 팔자(四柱八字)라고 한다. 다른 이름으로는 명리학(命理學), 추명학(推命學), 산명학(算命學) 또는 역학(易學) 등으로 불린다.

　사람마다 인생이 천차만별로 다르게 되는 것도 바로 사주에서 비롯되었다고 본다. 하늘이 만물에 부여한 것이 목숨인 명(命)으로서 명리(命理)는 "하늘이 내린 목숨과 자연의 이치"라는 뜻으로 인간 운명의 이치를 탐구하는 학문이다.

　일상에서 우리는 흔히 "그 사람은 팔자가 좋아", "그 사람은 팔자가 너무 세"라는 등의 말을 한다. 살다 보면 뜻하지 않게 나쁜 일을 당하거나 생각지도 않은 행운을 맞는 경우가 있다. 이런 일은 우리 의지와는 관계없이 벌어지는 것으로 우리도 모르게 그 무엇인가의 기운이 작용하는 것을 체험하게 된다. 세상은 보이는 것과 현상의 단면만이 전부가 아니다. 바로 그러한 여러 문제의 해답을 제시해 주는 것이 사주(四柱)라 할 수 있다.

사주는 넉 사(四)자와 기둥 주(柱)자를 합한 말로써 태어난 년, 월, 일, 시를 네 개의 기둥으로 나타낸 것이다. 지구의 원운동인 공전(연월)과 자전(일시)을 음양오행(陰陽五行: 월, 일, 목, 화, 토, 금, 수)으로 구분하여 10천간(天干: 갑, 을, 병, 정, 무, 기, 경, 신, 임, 계)과 12지지(地支: 자, 축, 인, 묘, 진, 사, 오, 미, 신, 유, 술, 해)를 이용하여 나타내는 동양의 시간 부호이다.

태어난 년, 월, 일, 시는 네 개의 기둥이 되고, 간지(干支 : 천간과 지지)의 글자는 연간과 연지(조상궁), 월간과 월지(부모·형제궁), 일간과 일지(배우자궁), 시간과 시지(자식·자손궁)로써 여덟 자, 즉 팔자(八字)가 되는 것이다. 음양은 동양사상에서뿐만 아니라 불교사상 그리고 현대물리학 등에서도 유사한 공통점을 가지고 있다. 즉, 눈에 보이는 것은 음, 공간, 입자, 질량 등으로 표현되고, 눈에 보이지 않는 것은 양, 시간, 파동, 에너지 등으로 나눈다.

천간은 시간의 흐름에 따라 나타나는 기운을 뜻하고, 지지는 시간의 흐름을 말하는 것이다. 예를 들면, 오늘 아침과 내일 아침은 시간은 같겠지만 기운의 분포는 다르다. 지지는 고정되어 있으며 천간은 순환한다는 의미이다. 천간은 정신세계로써 양이며 남자에 해당하고, 지지는 물질 혹은 현실 세계로써 음이며 여자에 해당한다. 이것은 하나이며 상의상존적(相依相存的) 세계관이라 할 수 있다.

인간의 기본적인 격과 천명(天命)이 사주에서 정해지게 되며, 이것은 그러한 원인이 있었던 전생의 업(業)과 인연의 법칙에 의한 것이다. 천명은 하늘로부터 명을 부여받았다는 의미로 하늘의 도(道)를 뜻한다. 지명(知命, 운명을 아는 힘)은 인간의 의지에 따라 달라질 수 있으며, 천(天)이란 바로 운(運)의 흐름이라 할 수 있다.

명리학에서 운명은 숙명과는 달리 삶의 과정이다. 운명의 틀을 전제로 해석은 하고 있지만, 불변의 숙명으로 규정하고 해석하는 것은 아니다. 숙명은 불변으로 바꿀 수 없지만, 운명은 바꿀 수 있는 변화라고 하였듯이 자신의 의지와 명리학을 통해 운명을 이치로 이해하는 것이 전생의 기록을 극복할 수 있는 길이라 생각한다.

한번 지나간 시간은 돌아갈 수 없듯이 지나간 생도 그곳으로 돌아갈 수 없다. 따라서 사주 공부는 수신학이면서 동시에 다가올 미래의 창조적인 인생을 꾸미는 데 있어 달빛과 같은 존재라 할 수 있다.

사주, 믿을 수 있을까?

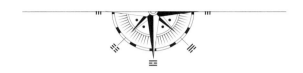

　인간은 사회적 동물이라고 한다. 누구든 살아가면서 환경이나 주변인의 영향을 벗어날 수는 없다. 우리가 배웠던 원칙이나 원리의 잣대로 보자면 세상에는 이해하기 어려운 것이 많다. 학창 시절에 성적이 낮았음에도 좋은 대학에 진학하거나 좋은 직업을 갖는 친구, 부유하거나 고위층 부모를 만나 별다른 노력 없이도 유복한 삶을 사는 사람, 그저 평범하게 여겼던 지인이 능력 있는 배우자를 만나거나, 처가 또는 시댁의 혜택으로 남의 부러움을 사는 삶, 그런가 하면 언제나 희생하고 법 없이도 살아갈 정직하고 착한 이웃이 평생 가난에 허덕이며 불행한 생을 마감하는 것 등이 있다.

　이러한 현상을 어떻게 이해해야 할까? 세상은 애초에 공정함이란 없는 것인가? 우리가 이해하고 교육받았던 상식은 아무런 관련도 소용도 없는 것인가? 그렇다면 그 원인을 어디에서 찾아야 하는가?

윤회를 믿는 불교에서는 전생(前生)에 지은 업(業)에 대한 과보(果報)를 현생(現生)에서 받고, 금생(今生)에 지은 업은 후생(後生)에서 받는다는 논리로 설명한다. 따라서 금생에 나타나는 현상은 전생의 과보(果報)가 원인이 되어 나타나는 결과라 할 수 있다.

명리학 시각에서도 전생에 따라 사주의 구성이 결정되고 운명으로 굳어지는 것으로 본다. 그래서 사주를 전생의 성적표로 비유하기도 한다.

사주는 4개(년, 월, 일, 시)의 기둥을 뜻하는 것으로 타고난 원국(原局)을 명(命)이라 하고, 이 사주가 향하는 길을 행운(行運, 대운이나 세운)인 운(運)이라고 한다. 이것을 합치면 명운(命運)으로 우리가 말하는 운명이 된다. 사주는 연주를 조상궁, 월주를 부모 형제궁, 일주를 배우자궁, 시주를 자식궁이라 한다. 이것을 시간으로 보면 년은 전생이고, 월은 덜 오래된 전생이고, 일은 현생이며, 시는 후생으로 구분한다. 그래서 연주의 육친을 보고 그 사람의 전생을 추리하기도 한다.

사주에서는 현재의 삶이 외부에서 생긴 것이 아니라 내부적인 운명에서 나온 것으로 본다. 사주의 간명(看命)은 원국과 운의 행로로써 추명하고 과거는 물론 가까운 시일에서 먼 미래까지 예측할 수 있다. 하지만 아무리 과학적이고 우수한 것이라 할지라도 불신하거나 잘못 사용한다면 소용없는 일이다. 오늘날까지 사주에 대한 왜곡이나 불신의 이유에는 여러 가지가 있겠지만, 가장 크게 꼽을 수 있는 것이 일제강점기를 지나면서이다.

일제의 한민족 문화 말살 정책으로 명리학의 학문적 명맥이 끊어졌다. 일제의 우민화 정책은 명리학을 민간에서 행해지는 점술행위나 미신으로 여기도록 인식시켰다. 이후 근대 서양 문물이 사회적으로 널리 퍼지면서 서양학은 우수할 뿐만 아니라 선진화된 것으로 여기는 풍토도 생겼다. 그럴수록 우리의 전통사상인 명리학도 제도권 밖으로 밀려나게 되었다.

명리학은 개인에게 주어진 천명을 깨우치는 학문으로 점술이나 점복과는 다르다. 조선 초기부터 과거제도에 명과학(命課學)이 있었던 만큼 제도권 내의 학문이라는 위상을 가지고 있었다. 하지만 지금은 제도권은커녕 사행성으로 취급되어 아직도 어두운 구석에 머물러 있는 실정이다. 하지만 최근 들어 명리학에 대한 시각과 생각에 많은 변화가 일고 있다. 그 예로써 대학에서도 정규학과가 설립되고 여러 사회교육원마다 강좌개설이 늘고 있다.

인생에서 사주를 알아야 할 필요성은 여러 가지가 있다. 먼저 자신을 아는 것이다. 나를 안다는 것은 곧 나의 분수를 알고 그릇에 맞게 생을 설계할 수 있게 한다. 두 번째로 나아갈 때와 물러날 때를 아는 것이고, 세 번째로 건강과 더불어 적절한 처신으로 삶을 윤택하게 하는 것 등이다. 사주란 내게 주어진 운명이며 현실이다.

사주에서 예측(豫測)이란?

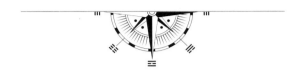

    일상에서 우리는 '예측'과 관련된 상황을 자주 접한다. 예를 들면, 일기예보를 듣고 다음 날 날씨를 예상하거나, 경제전문가를 통해 주식이나 경기의 흐름을 알게 되거나, 부동산 전문가를 통해 집값의 동향을 추정하는 것이다. 그뿐만이 아니다. 다가올 선거에서 어느 후보가 유리하고, 어느 당 소속 어느 후보가 고전할 것인지를 예상하며, 시기와 나이에 따라 어떤 질병이 발병하기 쉬울 것이라는 정보도 듣게 된다. 이때 예측력이 떨어짐은 시대적 조류에 뒤떨어지는 것을 의미한다. 따라서 예측을 잘한다는 것은 그만큼 경쟁력이나 창조성을 바탕으로 더 많이 발전할 가능성이 있다는 것을 의미한다. 필자는 명리학(命理學)에서 말하는 '예측'(豫測)의 필요성과 그에 대한 이해를 밝힌 다음 명리학에 대해 편견을 갖거나 오해하기 쉬운 것을 풀어보고자 한다.

첫째, 명리학에서의 예측은 위에 나열한 생활 속의 여러 예측과 다를 바 없다. 하지만 범위와 활용에는 많은 차이가 있다. 좁게는 '작은 우주'인 한 사람의 일생에서 넓게는 국가와 인류의 미래나 천체의 기운까지 예측할 수 있다. 최근에는 현대물리학(상대성이론, 양자역학)에서 그 과학성을 입증하기도 했다. 1980년대 이후 현대물리학과 종교 그리고 동양철학이 자연스레 만난 것은 서양문명의 중심인 과학과 동양 문화의 사상을 연계하려는 시도에서 비롯되었다. 영국의 물리학자 스티븐 호킹(Stephen Hawking)은 다음과 같이 말했다.

"양자역학이 지금까지 해 놓은 것은 동양철학(음양, 태극)을 과학적으로 증명한 것에 지나지 않는다."

둘째, 많은 사람이 공통으로 '예측'과 '예정'이라는 간단하고도 기본적인 개념을 혼동한다. 그 의미를 살펴보면 '예측'이란 여러 정황을 참작하여 미리 헤아려 짐작하는 것이고, '예정'은 그렇게 하기로 미리 정해져 있는 것이라 할 수 있다. 사주(四柱)에서는 미래를 '예정'하는 것이 아니라 '예측'한다고 말한다. 사람은 사주 상담에서 들은 얘기를 예정된 일인 것처럼 기정사실로 여기고 현실에서 그런 일이 실제로 일어나면 신기하게 여기는 경향이 있다. 그 반대로, 그렇지 못하면 '미신'이니 '비과학적 숙명론'이니 하면서 부정한다. 이러한 사고는 바로 의미상의 혼동에서 나온 것이다. 앞서 언급했듯이 '사주명리학(四柱命理學)'은 동양철학의 한 분야로 과학성이 입증된 학문이다.

우리는 종종 기상 예측에서 오보를 접하고, 주식이나 경기 결과를 잘못 예측하고, 선거에서 빗나간 예측을 하고, 병원에서 오진을 경험하기도 한다. 이러한 오보나 빗나간 예측, 오진에는 비교적 관대한 사람이 유독 사주 상담에서만은 인색한 태도를 보이거나 예민하게 반응한다. 이는 우리 사회 곳곳에 퍼져있는 명리학에 대한 편견이나 오해뿐만 아니라 명리 업계 스스로의 잘못에도 기인한다.

그렇다고 명리 상담에서 틀리기도 하는 예측을 정당화하려는 것은 결코 아니다. 적어도 우리 생활과 밀접한 여러 예측과 동일한 맥락에서 보는 것이 공평한 시각이라는 말이다. 미래를 대비하여 예측에 의존하고 보험에 가입하듯, 자신의 미래 설계를 위해 필요한 것을 명리학에서 얻는다면 그만큼 경쟁력 있고 계획적인 삶을 살 수 있다고 확신한다.

"한 치 앞도 모르는 것이 인생"이라는 말이 있다. 당장 어떤 일이 일어날지 알 수 없다는 뜻이다. 아직 가보지 않은 길을 티맵처럼 구체적으로 아는 것은 창조주의 영역이다. 하지만 밤이 지나면 낮이 오고 오늘이 지나면 내일이 오듯, 온 우주는 규칙적이고 반복적인 질서로 흘러간다. 명리학은 과학적인 예측으로, 그 어떤 예측보다 포괄적 활용이 가능한 학문이다. 명리학을 나침반이나 등대처럼 최대한 활용하는 것이 인생을 유리하게 이끄는 방법의 하나라고 생각한다.

사주에서 지명(知命)이란?

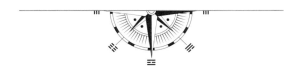

    개운(開運)이란 "막힌 운을 열어준다."라는 의미로 운이 좋지 못할 때 운을 피하거나 혹은 좋게 바꾸는 방법이다. 흔히 개운으로 알려진 방법이나 도구로는 적선, 기도, 개명, 부적 등이 있다. 이 모두가 많이 활용되고 있지만, 자신의 명을 이해하여 근본적인 개운을 하려면 '지명(知命)'이라 하여 운명을 아는 것이 필요하다. 명리학에서는 인간의 운명에 대해 "사람은 태어날 때 누구에게나 각자의 크기에 맞는 그릇을 가지게 되며, 그 그릇의 크기에 맞게 살아가는 것이 세상에 순응하는 것이다. 그렇지 않은 경우는 역행하는 것으로 불의의 사고를 겪거나 여타 다른 이유로 삶이 중지될 수도 있다."라고 정의하고 있다.

중국 전한(前漢)시대 때 경학가 유향(劉向)이라는 사람은 "명각자 불원천 기각자 불원타(命覺者 不怨天 己覺者 不怨他)"라고 했다. 운명을 아는 자는 하늘을 원망하지 않고, 자기 자신을 아는 사람은 타인을 원망하지 않는다는 뜻이다.

　사주를 알면 한 사람의 전생, 금생, 후생에 걸친 모든 인연의 연계와 집안의 족보까지 파악할 수 있다. 따라서 미래를 예측함은 물론 그 사람의 삶의 근원인 뿌리, 줄기와 가지를 추정하고 나아가 자기 탐구, 자기 발견을 통해 자신을 객관적으로 보고 판단할 수 있는 능력을 배양할 수 있다.

　언젠가 명리학 공부를 하던 지인 한 분의 말이 떠오른다. "난 지금껏 살아오면서 남편 복도 자식 복도 없어서 늘 남편 탓, 자식 탓, 그리고 내 인생에서 겪었던 불행함에 대하여 원망하며 한탄을 해왔는데, 사주를 배우고 보니 내 사주의 원명(原命)에서 남편 복도 자식 복도 기대할 수 없다는 것을 알고는 상대보다도 모두가 내 탓임을 알게 되었다."라고 했다. 이것은 사주를 통해 삶의 지혜를 깨달은 것을 의미한다.

　사주는 고정된 명(命)과 변화가 있는 운(運)으로 이뤄져 있는데, 이것을 합쳐 우리는 운명(運命)이라 부른다. 명(命)에서 어떤 문제점이 있는지를 파악하고 앞으로 맞이하는 운(運)을 어떻게 선택하느냐에 따라 개운의 정도가 달라진다. 예를 들면, 그릇이 작은데 많은 양을 담고자 한다면 넘치거나 다른 부작용이 생길 수밖에 없으며, 마찬가지로 체구가 작은데 큰 옷을 걸치면 어울리지 않는 것이 당연하다. 분수에 넘치는 재물과 명예를 좇아 세월을 낭비하여 패가망신한다든지 건강을 과신하여 수명을 재촉한다면 문제점이 아닐 수 없다.

사주에서 음양오행(陰陽五行)은 목(木), 화(火)를 양(陽)이라 하고 금(金), 수(水)를 음(陰)이라 하며 토(土)는 중앙으로 사이에 있는 존재로 되어 있다. 자신의 사주에서 음(陰)이 과다하면 병(病)이 되어 흉신(凶神)이 되고 부족한 양(陽)이 길신(吉神)이 되며, 반대로 양(陽)이 과다하면 흉신이 되고 부족한 음(陰)이 길신이 된다.

세상의 섭리가 그러하듯 사주에서도 지나치거나 부족한 것을 경계하고, 시소 원리와 같이 중화 혹은 균형을 맞추는 것이 조화롭고 윤택한 삶을 사는 것으로 본다. 자신에게 주어진 사주 그릇의 크기와 오행을 이해하고 오행의 결핍과 과다를 확인한 다음 균형 있게 처방하는 것이 바로 지명(知命)이며 동시에 개운(開運)의 한 방법이 된다. 한마디로 부족한 오행은 채워주고 넘치는 오행은 그 기운을 빠져나가게 하는 방법이다.

인생을 살아가면서 우리는 의도치 않게 여러 갈래의 길을 마주하거나 어렵고 힘든 길을 만나야만 한다. 선택의 순간에서 먼저 자신의 처지나 입장을 고려하여 준비한 지도와 교통편을 이용하게 된다면 목적지에 이르는 데 훨씬 효율적일 것이다.

사주에서 운명(運命)이란?

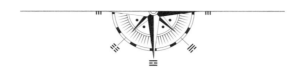

　사주는 명(命)이라고 하는 원국(原局)과 운(運)에 해당하는 운로(運路)인 행운(行運, 대운·세운)으로 나눈다. 이것을 합치면 명운(命運)이 되는데, 우리가 흔히 말하는 운명(運命)이라는 것이다. 명(命)과 운(運) 중에서 인생에 미치는 영향력이 더 큰 것에 대한 견해는 명리학자에 따라 다르다. 이러한 예로 자주 비유되는 것이 자동차와 도로다. 명을 자동차의 차종(車種, 고급차·소형차)으로 보고, 운을 도로(道路)의 형태(포장도로·비포장도로)로 보는 것이다. 이렇게 본다면 크게 4가지 결과로 구분할 수 있다. 첫 번째, 차종도 고급이고 도로도 포장도로다. 두 번째, 차종은 고급이나 도로가 비포장도로다. 세 번째, 차종은 소형이나 도로가 포장도로다. 네 번째, 차종도 소형이고 도로도 비포장도로다.

여기에서 보면 첫 번째가 가장 유리한 조건이고 네 번째가 가장 불리한 조건이어서 첫 번째와 네 번째는 좋은 것과 나쁜 것이 명확하게 구분되므로 논란의 대상이 될 수 없다. 문제는 두 번째와 세 번째의 예이다. 차종(명)이 우선이냐, 도로(운)가 우선이냐는 것이다. 두 번째 예를 보면, 차종이 좋으면 설령 도로가 나쁘다 해도 차량의 엔진이나 기타 장치가 고급이므로 짧은 기간이라도 포장도로를 만나기만 하면 크게 앞서는 삶을 이끌 수 있다는 것이다. 반면에 세 번째 예를 보면, 도로가 좋으면 비록 차종은 좋지 못하더라도 포장도로를 만나 거침없이 달릴 수 있어 그만큼 유리한 삶을 누릴 수 있다는 것이다.

다시 말해 타고난 차종이 중요하다고 강조하는 운명가는 사주 원국에는 일정한 상한선과 하한선이라는 한계선이 있다고 말한다. 그래서 고급 차종에 속하는 사람은 비록 나쁜 운을 만나더라도 그 한계선인 하한선이 있어 그 이하로는 내려가질 않는다고 한다. 그러나 도로의 중요성을 말하는 사람은 아무리 차종이 소형이라도 도로가 포장되어 있으면 장애물이나 기타 이유로 지체하지 않고 질주함으로써 순탄한 삶을 가진다고 본다. 이러한 주장들이 나름의 근거와 가치가 있겠지만, 다음과 같이 다른 시각으로 본다면 무의미할 수도 있다.

먼저, 명과 운에서 무엇이 더 중대한가 비교하는 것은 오늘날 자동차와 도로를 분리해서 비교하는 것이 애초에 무리이듯 명과 운도 분리해서 말하기는 어렵다. 두 번째, 명과 운을 분리해서 그 우월성을 구분하기 전에 각각의 역할과 그 차이를 아는 것이 우선이며 더 중요할 수 있다.

명은 타고난 팔자로 정해져 있어 바꿀 수 없지만, 운은 후천적으로 살아가면서 변화시킬 수 있다는 데 주목해야 한다. 즉, 명은 출생과 동시에 고정적이지만, 운은 일정한 규칙을 가지고 계속 변화하는 과정으로 개인의 자유의지에 따라 발전적 방향으로 삶을 이끌 수 있다. 건축물을 보면 건축물의 뼈대와 칸막이, 창문이나 출입문으로 나눌 수 있다. 명은 건축물의 뼈대와 같은 것으로 그것이 무너지면 그 건물의 존립이 어렵듯이 사람에게도 명의 변화는 곧 생명이 사라진다는 의미로 볼 수 있다. 하지만 건축물의 칸막이, 창문, 출입문 등은 필요할 때마다 공사로 바꿀 수 있듯이 운이란 태어난 이후에 외부에서 다가오는 행운(行運, 대운·세운)으로써 개인에 따라 극복도 가능하다.

개운 방법으로는 당장 부적을 사용하거나 개명을 할 수도 있지만, 장기적으로 강조되는 것은 꾸준한 기도(祈禱)와 적선(積善)이다.

그리고 사주의 운명에서 내 그릇의 크기와 장단점을 파악하고 나아갈 시기와 물러날 시기를 알고 난 뒤에 스스로 변화하려는 부단한 노력이 가미되어야 한다. 사주풀이에서 자주 듣는 것이 운명 분석이겠지만, 이것은 동시에 개운을 위한 방법으로 크게 활용할 수 있는 부분이다.

사주를 전생에서 받은 성적표라고 한다. 금생의 언행이 다음 생에 영향을 줄 수 있다는 것을 생각하면 일상에서 아무리 사소한 일이라도 함부로 행동할 수는 없을 것이다. 인생은 빈손으로 왔다가 빈손으로 간다고 하였다. 이번 생에서 세상 사람에게 존경받는 삶을 남기고 떠난다면 이것이 전생의 업을 소멸하는 아름다운 마무리가 아닐까 한다.

사주에서의 음양오행과 소우주

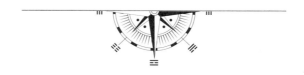

음양오행 사상(陰陽五行思想)은 우주나 인간의 모든 현상을 음양과 오행으로 해석하는 것이다. 음양은 하나의 본질을 두 원리로 설명하고, 오행은 목·화·토·금·수라는 다섯 가지 원소가 음양의 원리에 따라 확장하고 소멸함에 따라 우주의 운행이 결정된다는 것이다. 우주 만물의 순환 질서를 나타내는 음양오행은 '소우주'라고 하는 사람에게도 같은 영향을 주고 있다. 인간과 우주 속 자연은 둘이 아니라 하나로 이루어져 있다. 따라서 음양오행을 분석한다는 것은 사람마다 다른 다양한 사주에 합당한 개운을 찾아가는 방법이라 할 수 있다. 행운의 방향, 숫자, 계절, 색, 오장육부에 맞는 음식 그리고 적합한 직업 등을 알아볼 수 있는 것이다.

그러면 오행에서 다루는 물상(物象)을 구분하여 사람에게 미치는 여러 가지 상호 관계를 살펴보도록 하겠다.

첫 번째로 목(木)은 동쪽이며 숫자로는 3과 8, 계절로는 봄, 색은 청색이며 쓸개, 간, 신경계, 눈, 신맛을 나타낸다. 간에 좋은 음식으로는 오디, 결명자, 매실, 부추 등이 있다. 간에 영양을 주는 음식은 인자하고 분노를 다스릴 수 있으며 원만한 에너지를 제공한다. 직업으로는 교육, 의약업, 출판, 통신, 천연섬유, 목재, 육림, 약초, 악기, 건축 등이다.

두 번째로 화(火)는 남쪽이며 숫자로는 2와 7, 계절로는 여름, 색은 적색이며 심장, 소장, 순환계, 혀, 쓴맛을 나타낸다. 심장에 좋은 음식에는 토마토, 사과, 붉은 고추, 딸기, 대추, 구기자, 오미자 등이 있다. 심장에 영양을 주는 음식은 예의와 웃음을 갖게 하며 발산하는 에너지를 제공한다. 직업으로는 화공약품, 화학섬유, 문학, 교육(혀), 언론(말), 전자공학, 항공, 전기, 컴퓨터, 미용업 등이다. 화가 많다면 말조심, 불조심하고 급작스러운 질병 및 사고 수를 조심해야 한다.

세 번째로 토(土)는 중앙으로 숫자로는 5와 10, 계절은 환절기, 색은 황색이며 비장, 위장, 근육, 몸통, 단맛을 나타낸다. 비장에 좋은 음식은 밤, 청국장, 단호박, 당근, 감귤 등 황색 음식이며 그 밖에 대추와 칡뿌리, 감초, 둥굴레차 등이 있다. 비, 위장에 영양을 주는 음식은 신용을 주고 복잡한 생각을 단순하게 하며 단단하게 뭉쳐지는 에너지를 제공한다. 직업으로는 토산품, 골동품, 부동산, 농산물, 종교, 중화작용, 토건 등이다.

네 번째로 금(金)은 서쪽이며 숫자로는 4와 9, 계절은 가을, 색은 백색이며 폐, 대장, 뼈, 코, 매운맛을 나타낸다. 폐에 좋은 음식은 감자, 마늘, 양파, 도라지, 배, 무 등 흰색 음식이며 그 밖에 살구씨, 은행, 밀감류 등이 있다. 폐에 영양을 주는 음식은 정의롭게 하고 슬픔을 극복할 수 있게 하며 긴장시키는 에너지를 제공한다. 직업으로는 종결 마무리의 의미로서 철강업, 운수업, 조선업, 세공업 등이다.

다섯 번째로 수(水)는 북쪽이며 숫자로는 1과 6, 계절은 겨울, 색은 흑색이며 신장, 방광, 혈액, 귀, 짠맛을 나타낸다. 신장에 좋은 음식은 검은콩, 검은깨, 수박씨, 옥수수수염, 팥, 새우, 굴, 해삼, 장어 등이 있다. 신장에 영양을 주는 음식은 지혜롭게 하고 무서움을 이겨낼 수 있게 하며 유연한 에너지를 제공한다. 직업으로는 법관, 정치인, 외교관, 유흥업소, 식당, 목욕탕, 여관, 회, 수산업, 서비스업 등이다.

따라서 자기 사주에서 어느 오행이 부족하고 어느 오행이 넘치는가를 알아내어 오행에서 구분한 내용을 적절하게 적용한다면 삶은 더 지혜로워질 것이라 확신한다.

천간(天干)은 이상(정신), 지지(地支)는 현실(물질)

사주 공부의 첫걸음은 천간(天干)과 지지(地支)의 개념을 명확하게 정립하는 것이다. 천간(天干)은 10개로 되어 있어 십간(十干)이라고도 하며, 지지(地支)는 12개로 되어 있어 십이지(十二支)라고도 한다.

천간과 지지를 학습하려면 사주명리학의 기본 이론체계인 음양 오행(陰陽五行)에 대한 것을 알아야 한다. 음양오행 사상은 동아시아 문명의 중심이자 한민족의 사상적 원형이라 할 수 있다. 명리학(命理學)과 함께 발전된 성리학(性理學)을 비롯하여 궁궐의 배치(配置)나 복식(服食), 관제(官制), 의전(儀典) 절차, 군사편제(軍事編制), 민간풍속에 이르기까지 우리 생활 속 깊이 다양한 영향을 주고 있다.

태초에 무극(無極)이 있었으며, 무극은 태극(太極)으로 태극에서 음양이 생성되었다. 음양에서 사상(四象)이 생겨나고, 사상이 8괘(卦)를 이루고, 8괘는 다시 64괘상으로 나누어져 무한한 변화의 틀을 형성하고 있다. 사상 팔괘와 오행의 조화로 천간과 지지가 만들어졌다.

일주일(一週日)의 요일(曜日)을 보면 음양오행을 쉽게 접할 수 있다. 일, 월은 음양(陰陽)에 속하고 화, 수, 목, 금, 토는 오행(五行)을 말한다. 즉, 음양오행의 순환 원리에서 일주일이 나온 것이다.

오행에서 목, 화를 양(陽)이라 하고 금, 수를 음(陰)이라 하며, 토는 음도 양도 아닌 중앙(中央)이라 한다. 십천간(十天干 : 甲, 乙, 丙, 丁, 戊, 己, 庚, 辛, 壬, 癸)에서의 오행은 갑·을을 목(木), 병·정을 화(火), 무·기를 토(土), 경·신을 금(金), 임·계를 수(水)로 구분한다.

음양은 갑목(양) 을목(음), 병화(양) 정화(음), 무토(양) 기토(음), 경금(양) 신금(음), 임수(양) 계수(음)로 나눈다. 계절로 구분하면 봄은 갑목과 을목, 여름은 병화와 정화, 가을은 경금과 신금, 겨울은 임수와 계수이다.

다음으로 십이지지(十二地支 : 子, 丑, 寅, 卯, 辰, 巳, 午, 未, 申, 酉, 戌, 亥)에서의 오행은 인·묘를 목(木), 사·오를 화(火), 진·미·술·축을 토(土), 신·유를 금(金), 해·자를 수(水)로 구분한다. 음양으로는 인목(양) 묘목(음), 사화(음) 오화(양), 진토 술토(양) 미토 축토(음), 신금(양) 유금(음), 해수

(음) 자수(양)로 나눈다.

계절로는 동방(木)을 뜻하는 봄은 인묘진, 남방(火)인 여름은 사오미, 서방(金)인 가을은 신유술, 북방(水)인 겨울은 해자축이 된다. 토(土)는 중앙으로 각 계절의 끝(진·미·술·축)에 위치하여 환절기를 말한다.

지지를 상징하는 12마리의 동물을 보면 자(子, 쥐), 축(丑, 소), 인(寅, 호랑이), 묘(卯, 토끼), 진(辰, 용), 사(巳, 뱀), 오(午, 말), 미(未, 양), 신(申, 원숭이), 유(酉, 닭), 술(戌, 개), 해(亥, 돼지)로 되어 있다.

천간은 하늘의 기운을 나타내고 정신적인 면이나 의지를 뜻하며 하늘에서 흐르는 오행의 기운으로 양(陽)에 속한다. 지지는 사계절이 순행하는 순서로 형체가 있고 음(陰)에 속하며, 땅에 존재하는 모든 물질을 말하며 현실을 의미한다.

육십갑자(六十甲子)는 천간 10자 중 하나와 지지 12자 중 하나가 양은 양끼리, 음은 음끼리 간지(干支)로 합하여 갑자(甲子) 을축(乙丑) 병인(丙寅) 정묘(丁卯) 무진(戊辰) 기사(己巳) 경오(庚午) 신미(辛未) 임신(壬申) 계유(癸酉) 순으로 계속 나열해 가면 마지막에 60번째로 계해(癸亥)가 되는데, 조합된 수는 60자가 된다. 60번째 계해(癸亥)가 끝나면 다시 갑자(甲子)로 시작하는데, 이를 두고 우리는 '돌아왔다'라고 하여 환갑(還甲) 또는 회갑(回甲)이라고 한다. 육십갑자는 60진법으로 반드시 천간 1자와 지지 1자가 짝을 이루어 만들어진다.

이후에 육십갑자로 숫자를 대신해 사용했던 것을 아라비아 숫자가 들어와(대한제국 시기 근대교육과 함께 아라비아 숫자가 도입됨) 대신하면서 숫자로서의 육십갑자는 사용하는 일이 차츰 드물어졌다.

간지(干支: 천간과 지지)의 글자를 모두 합하면 22자로써 이 한자들은 학창 시절을 거치면서 책에서나 각종 시험, 문서, 달력 등에서 직, 간접적으로 접할 기회가 많았을 것이다. 이것은 우리 생활과 동양사상의 중심인 음양오행 사상이 밀접한 관련을 맺고 있다는 증거이다.

따라서 천간과 지지는 명리학에서뿐만 아니라 우리의 일상에서 늘 사용하고 있다. 특히 신년이 되면 10천간에서 색상을 12지지에서 동물을 함께하여(예를 들면, 2019년은 황금돼지의 해, 2020년은 하얀 쥐의 해 등) 새해 덕담과 소망을 기원한다.

사주와 질병 간명(看命)

　물질문명의 발달로 건강에 관심이 계속 높아지면서 운동과 식습관, 생활 습관, 건강식품에 대한 중요성이 다양하게 강조되고 있다. 사주에서 질병의 간명(看命)은 치료보다 예방 효과에 초점을 맞춘다. 질병을 알려면 먼저 오행의 상생·상극을 알아야 한다. 오행의 상생(相生)은 목생화 화생토 토생금 금생수 수생목이며, 상극(相剋)은 목극토 토극수 수극화 화극금 금극목이다.

　세상 만물이 다 그러하듯 신체 기관인 오장육부(五臟六腑)도 상생과 상극에 따라 영향을 주고받는다. 생을 하는 기관은 설기(泄氣)가 되고, 생을 받는 기관은 생왕(生旺)이 된다. 반대로 극을 하는 기관은 소모약(消耗弱)이 되고, 극을 받는 기관은 극제약(劇劑弱)이 된다.

오행(五行=목·화·토·금·수)에 따른 질병을 위치로 보면 화(火)는 신체의 위쪽, 수(水)는 아래쪽, 목(木)은 왼쪽, 금(金)은 오른쪽, 토(土)는 중앙을 가리킨다. 오행을 신체 기관으로 나누면 (1) 木은 간, 담, 두뇌, 수족, 두발, 임파선, 결핵, (2) 火는 심장, 소장, 정신, 시력, 두면(頭面), 혈압, 체온, 혀, 가슴, (3) 土는 비장, 위장, 근육, 암, 당뇨, 허리, 어깨, 입, (4) 金은 폐, 대장, 기관지, 골격, 피부, 치아, 맹장, 코, 치질, (5) 水는 신장, 방광, 비뇨기, 생식기, 한냉(寒冷), 청각 등으로 구분된다.

　이것을 10천간[天干=갑을(木)병정(火)무기(土)경신(金)임계(水)]에서 음양(陰陽)을 구분하여 오장(五臟)과 육부(六腑)로 분류하면 다음과 같다.

　음간(陰干) 5개는 오장으로 을목(간장) 정화(심장) 기토(비장) 신금(폐장) 계수(신장)인 오음(五陰)이 된다. 양간(陽干) 5개는 육부로 갑목(담장) 병화(소장) 무토(위장) 경금(대장) 임수(방광) 수기(삼초, 三焦)인 오양(五陽)이 된다.

　질병은 모두 오행(五行)의 불화(不和)에서 생기는 것으로 어떤 오행이 지나치게 강하거나 약하면 다른 오행에 미치는 영향이 커지면서 그만큼 질병의 가능성도 커진다. 예를 들어

　첫 번째, 갑을(목)이 강하면 목은 화를 생하여 심장, 소장에는 좋으나 토를 극하여 위장이나 소화기 계통에는 좋지 않다.

두 번째, 병정(화)이 강하면 화는 토를 생하여 위장, 소화기 계통에는 좋으나 금을 극하여 피부병이나 폐, 대장, 호흡기질환, 후각장애 등을 겪게 된다.

세 번째, 무기(토)가 강하면 토는 금을 생하여 폐, 대장, 호흡기에는 좋으나 수를 극하여 신장이나 생식기, 부인병, 청각장애가 발병한다.

네 번째, 경신(금)이 강하면 금은 수를 생하여 신장, 방광에는 좋으나 목을 극하여 간, 담, 신경, 머리, 탈모 현상, 요추디스크, 근육바미, 시력감퇴나 장애를 일으킨다.

다섯 번째, 임계(수)가 강하면 수는 목을 생하여 간, 담, 신경에는 좋으나 화를 극하여 심장병, 소장, 미각 장애가 발생한다. 따라서 신체의 장부는 어느 부위가 강해지거나 약해지면 다른 부위까지 순차적으로 영향을 주게 된다.

동양삼재사상(東洋三才思想=天·地·人)에서 보았듯이 의역동원(醫易同源)이라 하여 한의학과 역학은 그 뿌리가 같다. 음양오행의 원리에 근거하여 인간과 우주 속 자연은 둘이 아니라 하나로써 인간을 소우주(小宇宙)라 한다. 명리학에서와 마찬가지로 한의학에서도 "중화와 조화, 태과(지나치거나 넘침)와 불급(부족함)"을 중요하게 본다.

계절에서 음양을 보면, 음은 금·수(金·水)로 가을과 겨울을 말하고, 양은 목·화(木·火)로 봄과 여름을 말한다. 그중에서 음양을 대표하는 여름과 겨울이라는 계절은 지나치게 덥거나 추워서 극단적으로 흐르는 성향이 있다. 만약 자신이 이 두 계절에 태어났다면 더 많은 관리가 필요하다. 실제로 봄이나 가을에 태어난 사람에 비해 건강이 취약한 경우가 많다.

사주를 통하여 자신의 명(命)을 안다는 것은 먼 인생에서 운로파악(運路把握)은 물론 건강을 진단하고 참고하는 부분에 많은 도움이 된다고 생각한다. 명(命)을 알고 자신의 신체에 장, 단점을 숙지하여 건강을 관리하며 일상에서 주의를 기울인다면 보다 건강한 생활을 영위할 수 있다.

의리 있고 용맹스러운 백호대살(白虎大殺)

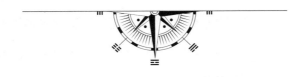

    풍수론(風水論)에서 명당(明堂)의 조건은 주룡(主龍)의 중간 부분에 있는 혈(穴)에 생기(生氣)를 주는 역할로서 동(左)청룡, 서(右)백호, 남(前)주작, 북(後)현무라 하여 사신사구조(四神砂構造)를 본다.

    그중 백호(白虎)는 서방(西方)을 수호하는 영물로서 서방은 결실의 계절인 가을을 말하고, 오행(五行)으로는 금(金)이며 색은 백색(白色)이다. 추살(秋殺)의 기운으로 숙살지기(肅殺之氣) 혹은 숙살지권(肅殺之權)의 의미로서 만물을 죽이는 힘이 있다. 추상(秋霜)의 차가움과 매서움, 들판을 하얗게 덮으며 식물을 얼게 만드는 냉혹한 기운(氣運)이다.

    백호살(白虎殺)은 흰 호랑이에게 물려 죽는다는 살(호식살, 虎食殺)로써 피를 흘리며 사망한다는 뜻으로 혈광사(血光死)라 한다. 오늘날에는 암, 교통사고, 수술, 총, 자살, 사고사 등이 해당한다. 따라서 횡액(橫厄), 급사(急死), 질병(疾病), 살생(殺生) 등을 주관하는 것이다. 백호살(白虎殺)은 원래 구궁도(九宮圖)에서 나온 이론으로 12지지(地支) 중 묘지(墓地)인 진술축미(辰戌丑未)의 토(土) 기운이 중궁(中宮)을 침범하는 것을 말한다. 즉, 묘지인 죽음의 기운이 중궁인 황제를 위협한다는 의미다.

백호살(白虎殺)이 되는 간지(干支)는 갑진(甲辰), 을미(乙未), 병술(丙戌), 정축(丁丑), 무진(戊辰), 임술(壬戌), 계축(癸丑)의 7가지가 있다. 그러면 백호살에 따라 그 특징을 분류하고 발동 시기와 직업 그리고 성향을 하나씩 살펴보도록 하겠다.

첫 번째, ①갑진(甲辰)과 을미(乙未)는 목(木)으로서 끈이나 나무에 관계되고, ②병술(丙戌)과 정축(丁丑)은 화(火)로서 자동차, 양약에 관련된 흉액을 말한다. ③임술(壬戌)과 계축(癸丑)은 수(水)로서 물이나 약물과 관련되고, ④무진(戊辰)은 토(土)로서 건축물이나 산사태 등과 관련된 흉사를 암시한다.

두 번째, 사주(四柱)란 년월일시(年月日時)의 4개 기둥을 가리키는 것으로 간명(看命, 명을 추론)을 위해서는 기본적으로 궁성(宮星)과 십성(十星)을 분석한다.

(1) 궁성으로 보아 ①백호살이 년주(年柱)에 있으면 조상 궁으로 조부모나 부모 등으로 ②월주(月柱)에 있으면 부모, 형제궁으로 부모, 형제 등으로 ③일주(日柱)에 있으면 자신과 배우자 자리로 부부불화나 악사 등으로 ④시주(時柱)에 있으면 자식, 후손궁으로 자식이나 후손 등의 불운으로 풀이한다.

(2) 십성(十星)으로 보아 해당 육친(六親)에 백호살이 있으면 그 육친의 흉운(凶運)을 예측하는 것이다. ①비겁의 백호살은 형제, 자매, 여명에서는 시부 등에게 ②식상은 조모, 외조부, 여명에서는 자식 등에게, 남명에서는 장모 등에게 ③재성은 부친, 여명에서 시모 등에게 ④관성은 외조모, 여명에서는 남편이나 애인 등에게, 남명에서는 자식 등에게 ⑤인성은 조부, 모친 등에게 불운(不運)이 미치는 것으로 본다.

(3) 일주에 백호살이 있는 경우 ①무진(戊辰)은 비겁으로써 부모의 유산을 탕진하고 형제간 불화와 반목, 이별, 질병 등을 ②병술(丙戌)과 정축(丁丑)은 식상으로서써 여명은 산액이 따르고, 남명은 쇠약하며 처가와 소원해진다. ③갑진(甲辰)과 을미(乙未)는 재성으로 부친 및 처의 횡액, 우울증 등을 ④임술(壬戌)과 계축(癸丑)은 관성으로 남명이 신약하면 관재, 자식의 생리사별, 비명횡사를, 여명인 경우 남편의 흉액(凶厄)을 나타낸다.

세 번째, 백호살은 사주의 년월일시(年月日時)에서 일주에 있는 것을 가장 영향력이 큰 것으로 보며, 백호살의 발동은 행운(行運)에서 충이나 형살을 만났을 때이다.

네 번째, 직업으로는 살생을 주관하고 살기(殺氣)를 가지고 있어 군인, 검찰, 판사, 경찰, 교도관, 소방관, 구조대, 정치인, 의사, 약사, 한의사, 수의사, 침구사, 종교인, 역술인, 요리사, 횟집, 정육, 식육, 운동, 격투기, 연예인, 이용사, 미용사 등의 직업에 종사함으로써 흉살(凶殺)을 완화할 수 있다. 흉살(凶殺)로 보지만, 직업에서 살펴보았듯이 집념과 끈기가 있고 승부 근성이 강해 성공한 사업가나 유명 정치인, 스포츠 스타, 탑 연예인이 많이 있다.

다섯 번째, 성정과 기질에서 강력한 면이 있어 기운이 넘친다는 뜻으로, 사람에 따라 큰일을 이루어내는 능력으로 그만큼 위험성도 같이 동반되는 것이다. 직선적이며 사람 간의 의리가 있고 남다른 집중력으로 용맹스럽게 일을 추진하는 점도 있다.

사주의 목적은 명운(命運)에서 장·단점을 알고 인생에서 피흉취길(避凶取吉=흉은 피하고 길은 얻음)을 예측하는 것이다. 사주는 자신이 싫다고 버리거나 좋다고 가질 수 있는 것이 아니다. 내가 존재하는 한 나의 운명이다. 세상의 섭리(攝理)가 그러하듯 부정적인 면이 있으면 반드시 긍정적인 면도 함께하는 양면성이 있다.

하늘의 은덕을 받는 천을귀인(天乙貴人)

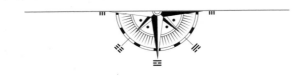

천을귀인은 귀인 중의 귀인으로 옥당귀인(玉當貴人), 천은귀인(天恩貴人)이라고도 불리며 명예, 품성, 성향과 관련이 있다. 고결한 성품과 깨끗한 선비의 인격을 포함한다. 이러한 성품은 이상적, 긍정적인 면으로 생각할 수 있지만, 당사자로서는 현실에서 그만큼 힘들거나 피곤할 수 있다. 치열한 자본주의와 첨단시대를 살아가는 현대사회에서는 장점보다는 단점으로 작용할 가능성이 크기 때문이다.

천을귀인의 성립조건은 일간(日干)을 기준으로 사주원국(四柱原局)의 지지(地支) 자리에 다음과 같은 글자가 있는 경우이다. ①갑목, 무토, 경금 일간에서 지지에 축토나 미토 ②을목, 기토 일간에서 신금이나 자수 ③병화, 정화 일간에서 해수나 유금 ④신금 일간에서 인

목이나 오화 ⑤임수, 계수 일간에서 사화나 묘목이 있는 것을 천을 귀인이라 한다.

여기서 보면 12지지 중에서 진토와 술토만 천을귀인에서 빠져있다는 것을 알 수 있다. 그 이유로 연해자평에서는, 진토와 술토는 괴강살(魁殺=길흉의 극단적 기운)이나 백호살(白虎殺)에 해당하여 아주 강한 의미가 있어서 제외되었다고 본다. 또한 천라지망살(天羅地網殺=하늘과 땅에 쳐진 그물)에 해당하여 그 기운이 엉켜있다고 보아 귀기(貴氣)가 오지 않은 것으로 여긴다.

천을귀인의 우선순위는 위치에 따라 일주, 월주, 시주, 년주 순으로 힘을 발휘한다. 일지에 있는 천을귀인은 성품이 밝고 고결하다 하여 일귀(日貴)라 부르며 가장 소중한 것으로 본다. 일귀에 해당하는 일주는 정유(丁酉), 정해(丁亥), 계사(癸巳), 계묘(癸卯)로써 4가지가 있다. 사주에 천을귀인이 있으면 흉한 일을 당하지 않고 당하게 되더라도 과하지 않으며 길한 일은 늘어난다. 주위 사람의 덕을 보고 어떤 상황에서도 조력자를 만나게 된다. 뜻밖의 행운, 지위, 명예 등을 갖게 된다. 물론 자신의 의지도 있어야겠지만 주변에 있는 귀인의 도움으로 빛이 나는 것이다. 천을귀인은 성품과 더불어 자신을 지켜주고 흉액을 막아주는 수호신의 기능도 하며 안정적인 기운도 된다. 신살이나 육친과 함께하면 안정성을 가미하여 더 강한 힘을 실어주는 것이다.

십성과 관련하여 천을귀인을 보면, ①식신을 만나면 의식주의 복록이 풍족하고 재주가 좋아 제자를 양성하는 사도(師道)로서 안락한 생활을 이끈다. ②겁재가 되면 영웅, 준재(俊才)의 상이라 하여 안정성과 방어성은 물론 더욱더 적극적인 힘을 갖게 된다. ③인수는 훌륭한 어머니와 인연이 있고 글씨를 잘 쓰며 문장이 뛰어난다. ④재성은 재물복이 좋으며 좋은 처를 둔다. ⑤관성은 남편 복이나 관록 복이 있다.

그 밖에 천을귀인이 ①역마를 만나면 수동적, 방어적이기보다는 능동적, 공격적이며 위엄과 지모가 두드러진다. ②축미인 화개성에 임하면 문장력과 예술성을 가지며, 격이 청하면 높은 명예심과 관직을 얻게 된다. ③괴강과 가깝게 임하면 사교성이 뛰어나고 지도자가 되기 쉬워 정치인이나 의약 업계에서 흔하다. ④십이운성에 건록을 만나면 인문학적 통찰력으로 문장력이 좋다. ⑤문창성과 같이하면 지혜가 있으며 학계 지도자가 될 가능성이 크다.

이러한 여러 장점이 있는 반면에 고매한 양반의 성품으로 인해 해당 육신에 따라 자생력이 부족하다는 의미로도 해석된다. 예를 들면, 재물이나 여성을 나타내는 재성이 천을귀인이 되면 재물을 잘 번다, 못 번다는 의미보다는 재물을 갖겠다는 의지가 약하며 조바심을 내지 않는다. 남자라면 마음에 드는 여성에 대하여 더욱 능동적으로 대처하지 못하는 성향이다. 또한 직장, 직책, 벼슬, 책임감 등을 가리키는 관성이 천을귀인에 놓이면 좋은 직장을 구하고도 그 조직에 최선을 다하고자 하는 노력이 적어 서서히 불리한 위치로 밀리거나, 여성이라면 남성에 대한 소극적인 태도 등으로 경쟁력이 떨어진다.

천을귀인의 성립이 어려운 경우는 원국이나 행운에서 삼형살^(인사신, 축술미)이 되거나 충, 파, 해 등을 만나면 작용력이 없거나 오히려 재화를 입을 수도 있다. 공망이 되면 평생 분주다망하며 노력은 많이 하나 소득이 적다. 천을귀인이 2개 이상이면 길하지 못하고, 남자는 상처하거나 이별 수가 있으며, 여자도 이와 유사한 것으로 본다.

한편 개운법으로도 자신에게 맞는 날짜나 시간 또는 방향을 정할 때 일간을 보고 천을귀인을 활용한다. 상대의 띠가 내 일간의 천을귀인에 해당하거나 상대의 사주에 천을귀인이 있으면 좋은 인연이다. 행운(行運)인 대세운에서도 천을귀인을 만나면 귀인의 도움으로 개운(開運)의 길을 얻는다.

물론 사주에서는 아무리 길신인 귀인을 가지거나 반대로 흉신이 있다 할지라도 한두 가지로 단식 판단하는 것은 경계해야 할 사항이며, 전체를 살펴보고 종합적으로 판단하는 안목(眼目)이 중요하다.

운명(運命)을 안다는 것은 때에 맞춰 나아가고 때에 맞춰 물러나는 것을 분별하는 지혜이기 때문이다.

삼생(三生)과 사주

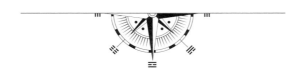

　과학과 문명이 아무리 발달해도 인간이 풀지 못하는 문제는 많다. 대표적인 것이 삶과 죽음이라는 본질적 문제다. 태어나기 전에는 어떤 존재였는지, 어떻게 태어났는지, 또 죽음 후에는 어떻게 되는지에 대한 것 등이다.

　그리고 영혼이란 과연 존재하는 것인지? 철학자나 과학자, 종교가 등에 따라 영혼이 있다고 주장하는 사람과 영혼 같은 것은 없다고 주장하는 사람의 논쟁은 지금도 계속되고 있다. 우리는 살면서 당연해야 하는 결과와는 동떨어진, 불평등과 부조리 등이 있는 현실을 직·간접적으로 경험한다. 우리는 이것에 대한 적절한 대답을 찾을 수 없다.

단순한 예로 정직하고 성실한 사람이 가난하고 불행한 삶을 사는 이유는 무엇일까? 왜 부정하고 악한 사람이 잘사는 것일까? 종교계에 따라서는 이런 원인에 대해 자기들만의 믿음을 바탕으로 이상적 비전을 제시하지만, 그 비전도 그렇게 믿고 싶어 하거나 믿는 사람에게만 해당한다.

여기서 우리는 전생을 떠올릴 수 있다. 이러한 현상이 전생의 업보로써 현재의 고난을 전생에 의한 연계성으로 여기는 것이다. 흔히 일상에서 좋은 일이 생겼을 때는 "전생에 나라를 구했나"라는 말을, 반대로 어려움을 겪고 있을 때는 "전생에 무슨 죄를 지었길래 저런 고생을 하는지"라는 등의 말을 접한다. 이는 우리도 모르게 우리 머릿속에 전생에 관한 생각이 잠재하고 있음을 의미한다. 전생이나 금생 그리고 내생의 얘기로 현재의 많은 불평등과 부조리에 대한 대답을 찾는 것이다.

현재 나의 어려움이나 즐거움은 전생에서 이어져 온 인연법에 따라 생겼으며, 다가올 다음 생도 지금 내가 어떻게 지어 가는가에 따라 결정된다는 논리다. 이것은 지금 일어나고 있는 불공정과 불평등을 해소하지는 못하더라도 위안을 주는 동시에 현재의 언행이 후생에 영향을 미친다는 것을 인지하게끔 한다. 자신의 행과 불행이 모두 자신에게 달려있음을 강조하는 것이다. 마치 명리학에서 사주 원국은 정해져 있어 바꿀 수 없지만, 다가오는 운은 스스로의 의지에 따라 변화시킬 수 있다는 것과 상통한다.

명리학을 종교와 관련지어서는 안 된다. 하지만 불교가 중국에서 전해졌듯이 명리학도 중국에서 전해진 동양철학으로, 전생의 인연 등에서 유사성이 짙다고 볼 수 있다. 일찍이 불교에서 부처님은 생사윤회를 말씀하셨다. 사람을 포함해 모든 생명은 생전에 지은 업(業, Karma)에 따라 몸을 바꾸며 윤회한다는 것이다. 업력의 순환 원리는 선인선과(善因善果)요 악인악과(惡因惡果)다. 즉, 선한 일을 하면 선한 결과가 오고, 악한 일을 하면 악한 결과가 온다는 것이다. 전생이 없다면 모든 인연의 고리를 말하기는 어렵다.

명리학에서도 사람이 태어나면 그날의 기운이 전생에 대한 업에 따라 주어지는 것으로 사주를 전생의 성적표라고 했다. 사주는 전생에 지은 업의 결과라는 것이다. 사주 궁성의 구분에서도 알 수 있다. 우선 궁성은 조상궁인 년주, 부모형제궁인 월주, 배우자궁인 일주, 자식 또는 후손궁인 시주로 나누어진다. 그중에서 년주와 월주를 전생으로 보며 일주는 현생을, 시주는 내생으로 보고 예측한다. 사주 간명(看命)에서는 물론 인연법도 궁성이론에서 말했듯이 전생, 금생, 내생에까지 연계하여 그 사람의 족보를 파악할 수 있다.

카르마의 법칙에서 흥미로운 것은 영혼이 출생하기 전에 부모를 마음대로 선택할 수 없듯이 어떤 영혼이든 평형이론에 따라 균등한 삶이 주어진다는 것이다. 예를 들면 부자와 빈자, 지배자와 피지배자, 건강한 자와 약한 자 등으로, 윤회할 때에는 번갈아서 하게 된다는 것이다.

따라서 많이 가졌다고 기뻐할 것도, 덜 가졌다고 슬퍼할 것도 없다. 설령 어려움이 닥치더라도 비관하거나 좌절하기보다는 전생에 대한 과보(果報)라 여기고 금생에서 선업을 쌓으며 다음 생을 기약하는 것이다. 전생을 믿든 믿지 않든 자신의 정체성을 알고 운명에 변화를 이끌려고 한다면 사주를 통해 삼생(三生)을 풀어보는 것도 좋은 방법이 될 수 있다.

동일사주(同一四柱)

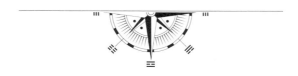

    사주가 같으면 운명도 같은가? 라는 물음이 사주를 공부하는 사람은 물론 그렇지 않은 사람까지 공통적인 의문이 아닐 수 없다. 더군다나 명리학 공부를 하는 사람이라면 이러한 의문은 더욱 근원적인 문제로 다가오리라 생각한다.

    그런가 하면 명리학에 대하여 부정적인 견해를 가진 일부 사람 중에는 이러한 사실을 명리학의 맹점(盲點)으로 여기고 공격수단으로 삼아 "사주는 믿을 수 없다."라고 주장하는 경우도 종종 보았다. 물론 이 문제는 단순하게 말할 수 있는 사항은 아니며 명리학자로서 다각적인 사고와 꾸준한 연구가 필요한 과제라고 할 수 있다.

    명리학 고서에서도 이러한 문제로 옛 선현의 고민이 담긴 내용을 쉽게 찾아볼 수 있다. 같은 사주를 분간하는 데 있어서 고서에 나오는 기본적인 내용은 남방에서 태어난 자는 화(火)기운을 좀 더 강하게 보고, 북방에서 태어난 자는 수(水) 기운을 좀 더 강하게 봐야 한다고 한다.

흔히 같은 꽃에서 태어난 꽃씨가 바람에 날려 세상 밖에서 마주치는 행태는 여러 가지일 것이다. 즉, 양지바른 풀밭에 떨어진 경우와 도심 중간 아스팔트 위와 같이 척박한 곳에 떨어져 자리 한번 못 잡아보고 죽어가는 경우는 분명 많은 차이가 있다.

최근 우리나라 인구 통계를 보면 출산율 감소로 매월 신생아가 약 35,000명 정도 태어난다고 한다. 한 달을 30일로 계산하여 나누어 보면 1,167명이고, 하루 2시간 간격으로 12로 나누면 사주 상 동일시간대 출생자는 97명이다. 한마디로 똑같은 사주가 전국에 적어도 100명 정도 된다.

나아가 세계적으로 보면 대략 몇만 명으로 늘어난다. 게다가 사주의 종류는 모두 518,400가지에 불과하지만, 이에 비해 우리나라뿐만 아니라 세계인구가 사주 가지 수에 비(比)하면 엄청난 차이가 나는 것을 알 수 있다. 먼저 동일한 사주이지만 운(運)이 다르다는 것은 살아갈 명리학적인 팔자(태어날 때의 운)는 같으나 이후의 출발조건은 다른 것이다.

첫 번째, 태어난 나라부터가 다르며, 경제적 관점으로 본다면 어떤 이는 부유한 집안 환경에 태어나지만 어떤 이는 가난하게 태어나 성장기를 보내기도 한다. 두 번째, 태어난 시대적 배경도 다르다. 우리는 현재에 살고 있지만, 다른 이는 같은 사주를 가지고 60갑자(甲子)를 기준으로 60년, 120년, 180년 간격으로 각각 다른 시대를 살았던 것이며, 앞으로도 다른 시대를 살아갈 것이다. 세 번째, 풍수적 차이를 보면 태어난 지형도 다르다. 어떤 이는 바람이 심한 산속 깊은 곳에 태어나고, 어떤 이는 양지바른 좋은 풍토에서 태어나 자라기도 한다. 또한 시골 환경에서 태어나거나 도심 중앙에 태어나 자라는 등의 경우이다. 네 번째, 무엇보다도 영향력이 큰 것은 가족이다. 부모, 형제를 비롯하여 배우자 등 집안사람들로 인한 변수들이다. 각각의 주변인들이 주인공에게 미치는 여러 정황은 모두 다르다.

사주적인 측면에서 음양과 오행이 어떻게 분포되어 있으며, 또 어떻게 전개될 것인가가 관건이 될 수 있다. 물론 보다 더 포괄적으로는 사회적인 주변 인연까지 영향을 주고받는다. 그리고 주변이나 사회적 양상 외에도 차이가 날 수 있는 것은 개인적으로는 생김새(관상을 비롯한 외형)와 자신의 개운 법으로 성형으로 상(相)을 바꾸거나, 개명을 하거나, 명상을 하거나, 심신 수양과 체질 개선 등의 방법과 주거환경이나 산소를 고치는 등의 다양한 방법이 동원될 수 있다.

예를 들면, 김구 선생의 사주와 동일한 사주가 동시대에 우리나라 외 전 세계 각국에 많았을 것이다. 일제강점기의 우리나라가 아닌 평화로운 나라에 태어났다면 김구 선생 같은 민족의 지도자는 없었을 것이다. 반대로 같은 시대라 할지라도 동일한 사주의 주인공이 다른 나라의 유복한 집안에서 태어났다면 세상사와 관계없이 적어도 일신은 편안한 생을 보냈을지도 모르며, 역사 속 영웅으로 회자(膾炙)되지도 않았을 것이다. 이처럼 동일사주에서는 많은 환경적 다양성이 존재하고 있다.

즉, 동일 사주는 살아가는 명(命)의 운(運)은 같지만, 그 직업 선택까지 같을 수 없는 것처럼 같은 삶을 살아가는 경우는 드문 일임을 알 수 있다. 하지만 명리학에서는 판별에 통일된 기준을 가지고 동일하게 적용할 수밖에 없다.

사주는 먼저 기본적인 천성과 주변인과의 인연, 재물이나 사회적인 입지를 분석하고 운의 길흉에 따라 시기를 파악하여 기회를 활용하는 주요 전환점 등을 알아낸다. 덧붙여 그 사람의 적성이나 직업, 성향 등 사회적 적합 가능성과 부의 척도 등을 유추할 수 있다.

사주 분석은 이러한 여러 환경을 미리 개선하고 피흉취길(避凶取吉)을 택하는 목적이 있다. 또한 유리한 시기와 불리한 시기를 구분하여 유리한 시기엔 기회를 활용하고, 불리한 시기는 대비하도록 하는 장점이 있다. 명리학에 대하여 오해하는 사람의 공통적인 시각은 예측과 예정이라는 개념의 혼돈에서 오기도 한다. 예측은 여러 정황을 참작하여 미리 헤아려 짐작하는 것이고, 예정은 그렇게 하기로 미리 정해져 있는 것으로 사주 상담을 한다는 것은 미래를 예정하는 것이 아니라 예측하는 것으로 보는 것이 맞다.

우리는 매일 듣는 기상 예측에서 오보(誤報)를 많이 겪으며, 세계 경기(景氣)를 예측하는 데에서도 맞는 경우보다는 빗나가는 경우를 많이 발견한다. 그리고 병원의 의사도 오진(誤診)이 드물지 않다는 것을 고려한다면 쉽게 정리가 될 것이다. 그렇다고 명리학에서 예측이 틀린 것을 정당화하는 것은 결코 아니며, 적어도 이와 같은 것과 동일한 맥락으로 본다면 명리학에 대한 인식도 달라지지 않을까 생각한다.

명리학에서 학문적 존재가치는 인간의 삶이 숙명이 아니라 운명이라는 것을 전제(前提)로 하고 있다. 따라서 숙명과는 달리 운명은 자신의 선택이나 노력으로 명(命)이 좌우될 수 있다.

제2장

우리 만남은
우연이 아니야, 인연

인연법(因緣法)과 음양사상

   불교에서 고타마 붓다는 존재하는 모든 것은 인연으로 생겨나고 인연으로 소멸하는 연기의 이법을 깨우쳤다고 한다. 그래서 인연법은 불교의 근본적인 교설(敎說)이며 세계관(世界觀)으로 알려져 있다.

   현대에 와서는 물리학에서도 에너지와 질량(質量)의 법칙(法則)이 이러한 인과(因果)에 의하여 일어나는 현상이라고 한다. 음과 양 그리고 중성과 반 중성은 우주의 질량과 에너지 보존법칙이 성립하므로 음양상추(陰陽相推, 음은 양을 따르고 양은 음을 따른다는 의미)에 의해 질량과 에너지는 변화해도 총합은 같다는 것이다.

   동양사상을 대표하는 주역에서는 인연법을 율려작용(律呂作用, 시소처럼 양이 올라가면 음이 내려오고 음이 올라가면 양이 내려온다는 의미)으로 설명하고 있다.

주역에서는 무극이 태극이요, 태극에서 음양을 낳고, 음양에서 사상이 나오고, 사상이 팔괘를 낳고, 팔괘는 64괘를 낳는다. 이러한 원리에서처럼 인연의 갈래를 64가지로 분류하고 있다.

주역을 포함한 음양사상을 핵심으로 하는 명리학에서는 일상생활은 물론 불교와 기독교 등 모든 종교의 근본 원리와 천문학을 비롯하여 인문 철학과 자연과학 그리고 심지어 초자연적인 기적이나 영적인 영역 등에 이르기까지 연계되어 무관한 분야가 없다.

따라서 인연법은 음양으로 분석하는 명리학의 범주에서는 말할 것도 없이 깊은 관련성이 있다. 따라서 중요하게 다루고 실제로 적용, 응용하고 사용하는 분야이다. 명리학에서 음양의 작용은 천태만상의 물상을 다루는 자연의 이치로서 신(神, 伸)은 하늘로서 양이요, 귀(鬼, 歸)는 땅으로서 음으로 분류한다.

우주의 모든 만물에는 음양이 있듯이 원인(原因)이 있으면 결과(結果)가 있다. 인연(因緣)법은 원인을 인(因)이라 하고, 결과를 과(果)라고 한다. 흔히 우리는 주변에서 '저 사람은 무슨 복을 타고나서 저렇게 팔자가 좋아'라며 자신의 환경과 비교하여 부러워하며 말하는 것을 종종 듣는다.

이것은 인연이 근본적으로 자신이 짓고 자신이 맺는 것에 따라 결정된다는 것을 말한다. 만나고 싶다고 만나고, 원한다고 갖게 되고, 만나고 싶지 않다고 만나지 않고, 원치 않는다고 갖지 않는 것이 아니라는 것이다. 그래서 사바세계(娑波世界)에서는 복(福) 중에서도 인연 복을 최고의 복으로 꼽는다.

그렇다고 모든 것을 숙명으로 받아들이라는 것은 아니며, 인연의 원리를 이해하고 원을 세워 기도와 적선하며 노력 정진한다면 개운(改運)할 수 있다는 것이다. 다시 말하면 전생과 금생 그리고 내생에 걸쳐 생(生)이란 선인선과(善因善果)이고 악인악과(惡因惡果)라는 것이다. 어떤 일이든 내가 좋은 씨앗을 뿌리면 좋은 인(因)으로 좋은 과(果)를 얻는 것이요. 나쁜 씨앗을 뿌리면 나쁜 인(因)으로 나쁜 과(果)를 얻는다는 말이다.

이것은 비단 인간에게만 해당하는 것이 아니다. 우주의 모든 만물이 음양의 기운(氣運)인 인연(因緣)에 의해서 생성(生成)하고 성장(成長)하며 소멸(消滅)한다. 모든 사물은 인(因)이 과(果)를 만들어 새로운 결과를 탄생하게 한다.

인(因)의 발전력이 연(緣)의 협력을 얻을 때 과(果)가 생기는 것이다. 즉, 인이 결과를 낳기 위한 내적인 직접 원인이고, 연은 이를 돕는 외적, 간접 원인이다. 이들 양자를 합하여 원인의 의미로 사용한다. 이것을 인연소생(因緣所生)이라 하고 연기생(緣起生)이라 한다.

인(因)은 능생(能生)의 행(行)이며, 과(果)는 소생(所生)의 덕(德)이다. (인은 능동의 행이며, 과는 그 결과로 생겨나는 덕이다) 일을 시작하는 것은 인(因)에 해당하고, 생산하는 것은 과(果)에 해당하며, 생산으로 인한 이익은 보(報)로서 반드시 과보(果報)가 따르는 것이다.

또한 인(因)을 자신의 의지로 보고, 연(緣)을 환경적 요인으로도 설명한다. 인이 자신의 의지라는 말은 자신의 행위를 말하는 것으로 이것은 자신의 몸과 말과 마음이 하게 되는 신업(身業, 이 몸이 나(我)라 생각하므로), 구업(口業, 이 말이 나(我)라 생각하므로), 의업(意業, 이 마음이 나(我)라 생각하므로)을 의미한다. 삼 업은 악업도 있을 수 있고 선업도 있을 수 있다. 결국 인은 자신의 의지이며 업과 같은 말이다.

인은 원인으로써 모든 일이 자신으로부터 비롯된다는 것을 말한다. 원인이 있으면 응당 결과가 있기 마련인데, 이것을 인과법(因果法)이라 한다. 그런데 업(業)을 지어 그 업이 익어 열매(果)를 맺으려면 환경이 필요하다. 그것이 연(緣)으로 환경적 요인이자 조건이 된다.

인연법은 모든 존재가 서로 연관되어 있다는 것에서 출발하는데, 육안으로 볼 수 없는 원자 하나에서 육안으로 보이는 모든 존재에 이르기까지 모두가 연계되어 있다. 우주(宇宙) 만물은 서로 연관된 유기체(有機體)이다. 어떠한 것도 단독으로 존재하는 경우는 없다. 이것이 음양사상의 기운인 인연법이다.

우주 만법이 서로 연관하여 있는 근본적인 이유는 본래가 하나인 자리에서 인연에 따라 여러 존재의 모양이 나왔기 때문이다. 나라는 존재나, 너라는 존재나, 미세한 존재나, 우주에 있는 만물 모두가 하나의 자리에서 인연에 의해 잠시간 모양을 나타내고 있는 것이다. 하나의 자리에서 본다고 생각하면 모두가 다 본래 하나의 생명이다. "천지여아·동근(天地與我同根) 천지가 나와 함께 같은 뿌리다. 만물여아동체(萬物與我同體) 만물이 모두가 나와 함께 같은 몸이다."로 표현할 수 있다.

사람은 과거 전생에 선도 행하고 악도 행하고, 그런 과보를 거쳐 잠시 지금과 같은 몸을 받아 있다. 그것을 음양오행학인 명리학에서는 인연법이라고 하는데, 한 사람의 명(命)을 통해 그 집안의 족보를 분석하는 방법으로 사용하고 있다.

우리가 보지 못한다고 해서 존재하지 않는 것은 아니다. 예를 들면 과학에서는 원자를, 자연에서는 바람을, 사람에게서는 자신의 전생과 조상, 내생을 볼 수 없는 것 등이다. 우리는 우리도 모르게 과거와 전생에 지은 업장에 의해 잠시간 사람 모양으로 존재하고 있다.

불교에서 말하기를 사람의 몸은 물론 세상에 존재하는 모든 생명은 지수화풍(地水火風), 즉 땅과 물과 해와 바람으로 사대(四大)가 얼마간 합해 있다 분리되는 것이다. 저승에서 이승으로 이동하는 것이 출생이고, 이승에서 저승으로 이동하는 것이 죽음이다. 삶은 죽음으로부터 나오고, 죽음은 삶으로부터 나온다. 한마디로 생사가 하나라는 것이다.

음양의 적대와 화합의 에너지가 바로 하나의 운동성으로 세상을 이끄는 근본적인 원리이다. 세상의 존재는 어떠한 것도 독립적으로 영원한 것은 없으며 서로의 관계 속에서 변화하면서 존재하게 된다. 따라서 우주 만물이 자신과 밀접한 관계를 맺고 있는 것으로 가깝게는 주변의 모든 인연에 선업을 쌓는 것이 곧 자신을 위한 행위로 볼 수 있다.

살아가면서 좋은 인연을 맺기 위하여 자신의 의지 작용으로 주변 환경을 좋은 조건으로 바꾸도록 노력해야 한다. 자신을 원인으로 좋은 열매를 맺을 수 있는 것이 음양의 기운인 인연법을 이해하는 지혜이다.

첫사랑은 운명적으로 헤어져야 하는가?

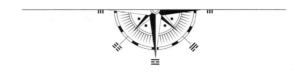

누구나 첫사랑에 대한 아름다운 환상은 있다. 그것은 수정처럼 맑고 소중한 개인의 영역이다. 우리는 지난날에 대해 좋은 기억으로 미화하며 꿈같은 세상에 사로잡히기도 한다. 아무에게도 방해받지 않는 혼자만의 세상을 마음에 담아두고 싶어 한다. 살면서 소중하지 않은 인연은 없다. 하지만 어린 시절 이성에 대한 인연은 특별한 추억으로 새겨져 오랫동안 기억의 창고를 두드린다. 한 개인으로서 언제 이성에 눈을 뜨고 또 언제 깊은 마음의 교감을 일으키는 연인을 만나는지는 사람마다 다르다. 물론 만남이 있다고 해서 모두 사랑에 빠지거나 배우자가 되는 것은 아니다.

사주에서는 원국(原局)에 있는 이성성(異性星)의 글자가 년주(초년),

월주(중년), 일주(장년), 시주(말년) 중 어디에 위치하는지, 대운이나 세운에서 이성성(異性星)이 어느 시기에 들어오는지 보고 예측한다. 그렇다면 사주에서 이성성은 어떻게 구분되는지 살펴보도록 한다.

우선 사주를 간명할 때 기본적으로 보아야 하는 것은 부귀(富貴)이다. 인생에서 부귀란 모두가 갈망하는 대상이다. 부귀를 사주의 십성(十星)으로 말하자면 재관(財官)이라 한다. 재(財)는 재물로서 부(富)를 의미하고, 관(官)은 벼슬이나 직업으로써 명예인 귀(貴)를 나타낸다. 동시에 남자에게는 재성(財星)이, 여자에게는 관성(官星)이 이성(異性)에 해당한다. 남자에게는 재성이 재물과 함께 여자를, 여자에게는 관성이 직업과 함께 남자를 가리킨다.

사주에서 재성이 많거나 강한 것을 '재성다봉(財星多逢)' 혹은 '재다신약(財多身弱)'이라 하고, 관성이 많거나 강한 것을 '관다신약(官多身弱)' 혹은 '관살혼잡(官殺混雜)'이라 한다. 남자 사주에서 재성다봉이 되거나 여자 사주에서 관성다봉이 되면 다른 사람에 비해 상대하는 이성도 더 많은 것으로 풀이한다. 그만큼 한 이성이 오래 머무를 가능성은 적다.

그렇다면 이런 사주를 가진 사람은 무조건 이성이 많은 것으로 봐야 하는가. 반대로 재성이 없거나 관성이 없는 것을 '무재사주(無財四柱)' 또는 '무관사주(無官四柱)'라고 하는데, 마찬가지로 이런 사주를 가진 사람은 이성이 없다고 봐야 하는가. 대체로 그렇게 판단하는 것이 무리는 아니지만, 단순히 숫자만 보고 모든 사주를 같다고 판단해서는 안 된다.

사주에 '다자무자(多者無者)'라는 말이 있다. 많은 것은 없는 것과 같다는 의미이다. 극과 극은 통(通)한다고 했던가. 이성이 많다는 것은 없는 것과 같을 수 있다. 남자가 재다(財多)이거나 여자가 관다(官多)인 사주는 이성이 많을 수는 있으나 인연의 기간이 짧아 진정한 연인이 되기 어렵다. 그 반대로 무재(無財)나 무관(無官)인 사람은 원래 이성이 없다 보니 진지한 만남이나 인연이 드물 수밖에 없다.

사주 원국에서 이성에 대해 비교적 빨리 알게 되는 경우는 첫째, 사주 원국의 년주나 월주에서 남자는 재성과 관성이 위치해 있거나 여자는 식상과 관성이 놓여 있는 경우이다. 둘째, 대운이나 세운에서 초년에 남자는 재성과 관성이 같이 들어오거나 여자는 식상과 관성이 함께 오는 형국이 되면 이성에 대한 인연이 높아진다.

학창 시절은 누구나 공부에 집중해야 하는 시기이므로 이성 운이 들어와서 유리할 것은 결코 없다. 호기심과 넘치는 감성으로 이성에 눈이 팔려 학업에는 관심이 없고 이성의 꽁무니를 따라다닌다거나, 어른이 되어서야 고민해야 하는 돈벌이를 생각한다면 문제가 아닐 수 없다. 살면서 어떤 시기에든 이성과 만남은 달콤한 순간이 될 수 있다. 다만 초년의 첫 만남이고 경험이기에 오랫동안 기억하며 의미를 부여한다. 꿈처럼 다가왔던 첫사랑이지만 만남이 오래된 만큼 여러 이유로 멀어질 가능성도 커진다.

이성(理性)보다는 감성(感性)이 앞섰던 시절인 만큼 시일이 지나면서 환경과 시대의 변화 그리고 이성관(異性觀)의 변화에 영향을 받지 않기란 쉽지 않다. 사주 자체에서도 이성(異性)의 운을 예측할 수 있으나 행운(行運, 대운이나 세운)에 따라서 이성(異性)의 만남과 이별은 계속 일어난다. 사람에 따라 차이는 있겠으나 이후의 여러 유혹을 뒤로 하고 옛사랑을 지킨다는 것은 오래전에 가졌던 생각을 변함없이 간직하는 것과 같다.

궁합(宮合) 보는 것이 필요한가요?

'궁합'이라는 말을 안 들어 본 사람은 없을 것이다. 요즘은 그 중 요성을 강조하거나 인식하는 사람이 점차 줄어들고, 심지어 그런 것을 아직도 믿느냐고 되묻는 사람도 있다. 하지만 정작 본인이 그런 일의 당사자가 되면 생각은 달라질 수 있다. 누구든 결혼이란 인생에서 큰일로써 어떻게든 확인하고, 물어보고, 안전성을 다지고 싶은 심정일 것이다. 궁합을 보면 여러 가지 해석과 해답을 동시에 얻을 수 있다는 얘기를 듣고 나서 외면하려니 마음이 놓이지 않는다. 그렇다고 아는 곳도 없는데 어디 가서 물어보자니 막연하여 마음의 짐이 될 수도 있다.

고민 끝에 상담하러 가게 되고, 거기서 좋은 궁합이라는 말을 들으면 다행이지만, 궁합이 안 맞아 헤어지는 게 좋다고 한다면 이러지도 저러지도 못하는 현실에 봉착할 수 있다. 그 결론에 따라 서로를 위해 헤어질 수도 있겠지만, 대부분 쉽지 않은 결정이어서 밤잠을 설치게 된다. 설령 결혼을 강행했다고 하더라도 결혼 후에 작은 갈등만 생겨도 그 마음의 걸림이 계속 갈등의 원인으로 남게 되는 것은 어쩔 수 없다.

그래서 이럴 바에야 차라리 궁합을 물어보지 않는 것이 낫다며 처음부터 아예 포기해 버리는 사람도 있을 수 있다. 하지만 우리는 어떤 일이든 자신이 한 행동에는 자신의 책임이 따른다는 것을 알고 있다. 궁합을 어떻게 생각하느냐 하는 문제도 본인의 자유의사에 달려있다. 그렇다면 궁합의 내용을 먼저 알아본 다음 각자 판단하는 시간을 갖는 것도 좋을 것이다.

우선 '궁합(宮合)'이란 글자는 갓머리(갓머리부)에 입구(口)를 위아래로 두 개 넣어 만들었다. 합할 합이라 하여 갓머리는 집을 의미하고, 입구자 두 개는 서로의 입이 함께한다는 뜻이다.

궁합의 유래를 보면 한(漢)나라 때 북방 유목민인 흉노(匈奴) 세력이 강하여 자주 침략하자 왕실의 여자를 흉노에 시집보내는 등의 화친조약을 맺는 폐단이 계속되었다. 이러한 이유로 한(漢)나라 혜제(惠帝)의 어머니인 여후(呂后)가 청혼을 거절할 계책의 하나로 궁합

법을 만들었다. 그런 다음 흉노에게 공주를 주고 싶지만, 궁합 법에는 공주가 젊어서 과부가 될 형상인데 어쩌면 좋으냐고 넌지시 의중을 떠본다. 공주가 과부가 된다는 것은 그녀의 남편 될 사람이 젊어서 죽는다는 의미가 되므로 흉노는 청혼을 단념하게 되고, 이후부터 궁합을 보는 관습이 생겨났다고 한다.

요즘 들어 드물어지고는 있지만, 혼인 의식의 과정으로 납채(納采=신랑집에서 신붓집에 혼인을 구하는 의례)라는 것이 있다. 신랑 측에서 신랑의 생년월일시를 기재한 혼장(婚狀)인 사주단자를 보내면 신부 측에서는 이를 받아 길흉기부(吉凶忌否)를 알아보고 궁합을 보는 것이다. 신부 측에서 적합하다는 결론에 이르면 '연길(涓吉)'이라고 쓰인 봉서인 택일단자(擇日單子)를 다시 신랑 측에 보냄으로써 혼인의 합의가 이뤄지게 된다. 사주단자를 보고 가부 결정과 택일을 동시에 하는 것이다. 물론 궁합에서 적합한 조건이 아니면 혼인은 성립되지 않는다. 이런 경우 양가 모두 결혼이 파기되는 것을 당연하게 받아들인다. 그래서 궁합의 유래에서 보았듯이 청혼을 적절히 거절하는 구실로도 이용했다.

사주에서는 인연법을 보고 각자 운의 흐름을 파악하는 것이 중요하다. 이상적인 궁합은 두 남녀가 만나 사랑하고 결혼 전보다 결혼 후에 더 안정적이고 상승·발전해 가는 모습이다. 상대의 필요한 부분을 채워주며 얼마나 상생·공존이 되는가 하는 중화(中和)를 알아보는 것이다. 음양(陰陽)에서 음이 강한지, 양이 강한지 그리고 어느 오행(五行)이 넘치고 부족한지를 구분하여 서로의 사주를 대조하며 맞춰보는 작업이라 할 수 있다.

예전에 서로 얼굴도 모르고 혼인을 해야 했던 시절에는 더욱 필요한 과정이었다고 할 수 있다. 당시엔 당사자끼리 만나 혼인을 결정하는 것이 아니라 궁합을 보고 집안과 집안을 보는 것이 혼인 성립의 절차였기 때문이다.

궁합에서 보는 기본적인 내용은 조후(調候, 寒暖燥濕)를 보고 십성(十星)으로 남자와 여자의 관계를 대조해 보는 것이다. 이처럼 궁합은 상호보완 관계나 장단점을 분석하는 방법만으로도 그 이점은 충분하다. 우리가 도달할 수 없는 범위는 어쩔 수 없겠지만, 우리가 도달할 수 있는 범위에서는 가장 유리한 길을 찾는 것이 현명한 생각일 것이다.

궁합과 음양오행

　궁합은 혼인 성립의 한 절차로서 남녀의 생년월일을 기본으로 음양오행을 비교, 분석하여 신랑과 신부가 될 사람이 배우자로서 적합한지를 판단하는 방법이다. 이것은 남녀가 부부로서 함께할 수 있을지에 대한 길흉을 예측, 판단하는 것이다.

　사주를 보는 절차는 혼인을 전제로 하는 한 궁합을 판단하게 된다. 궁합에 대한 답변이 곧 청혼을 받아들일 것인지 거절을 할 것인지의 중대한 결정으로 이어진다. 과거뿐만 아니라 오늘날에도 그 집안과 사돈을 맺고 싶지 않다고 해서 단번에 거절하기는 쉽지 않은 일이다. 이런 경우 궁합이 좋지 않다는 이유로 정중히 거절한다면 거절을 당하는 쪽에서도 비교적 자연스러운 상황이 된다. 이처럼 궁합은 적절히 거절하는 핑계의 역할도 가지고 있었다.

궁합은 원래 "잘 맞는다"라는 의미가 있다. 보통 결혼을 조건으로 남녀의 생년월일을 맞춰 화합을 보는 것으로만 여기겠지만, 좀 더 확대해서 보면 동업자, 친구, 상사와 심지어 가족 내에 사람 간의 궁합까지 응용할 수 있다. 흔히 명리학 공부의 목적이 자신이 누구인가에 대하여 알아 가는 과정이라고 한다. 궁합도 마찬가지로 나와 인연을 맺고 있는 모든 주변인을 비롯하여 나의 적성이나 직업 그리고 의식주 등의 포괄적인 부분을 포함하여 알아 가는 과정으로도 볼 수 있다.

따라서 현대사회에서는 사람과 사람 간의 궁합은 물론 학업, 직업, 사업 등 적성이나 연인, 부부, 가족, 동료 등 인연 그리고 의식주, 색상, 방위, 동물, 자연 등 운명으로만 언급되는 것에 이르기까지 활용하고 있다.

먼저 적성궁합에서는 학업이나 직업 그리고 사업 궁합을 보고, 학창 시절에는 어떤 학과목이 자기의 적성에 맞고 흥미를 유발할 수 있는지를 파악하고, 자신에게 맞는 과목과 그렇지 않은 과목을 구분하여 성적관리를 하는 것은 물론 나아가 대학의 학과 선택에서도 중요한 참고사항으로 활용할 수 있다. 대학을 졸업하고도 어떤 전공과 관련 직종으로 나아가야 좋을지를 파악하고, 사업을 해야 성공할 것인지 직장생활을 해야 유리할 것인지를 선택하고 판단하는 데 유용하다.

다음으로 사람과 사람 간의 궁합이다. 서로 인연 관계가 깊으면 깊어질수록 각자 개인의 특성에 머물렀던 운세가 화합되면서 얼마나 많은 기운을 주고받으며 조절되느냐에 따라서 처음 만남이 두텁다 하여도 헤어지고, 처음 만남이 얕다 하여도 깊어지는 경우가 발생한다. 이러한 것을 미리 알아보기 위해 두 사람에게 흐르는 기운의 화합을 판단하는 데 필요하다.

혼인궁합은 남녀 간의 결혼생활을 말하는 것으로 다른 인연과는 달리 인연의 지속성과 접촉성이 깊은 형태로 공감과 인생의 공유를 함께한다. 따라서 혼인궁합은 결혼 전과 후의 변화에 대한 신중한 통찰도 겸해야 한다. 서로 분리되어 상대를 바라보고 있을 때의 느낌과 두 사람의 기운이 합쳐진 후에 공유하는 느낌은 다르다. 결혼 후에도 서로 영향을 주고받으며 현실적으로 득이 되는지, 실이 되는지 등 다양한 방면으로 감정하고 판단하는 과정으로 본다.

궁합은 근본적으로 음과 양의 만남으로 볼 수 있다. 남자는 양이고 여자는 음이다. 만약 남자와 남자, 여자와 여자가 결혼한다면 음양의 원칙에 맞지 않는다. 남녀 간의 음양과 마찬가지로 태어난 계절의 음양도 서로의 궁합을 보는 데에는 중요한 사안이 된다. 사계절에서 봄과 여름은 목화로 양이고, 가을과 겨울은 금수로 음이다. 즉, 태어난 계절이 한 사람이 양이면 상대는 음이 되어야 균형에 맞다. 같은 계절에 태어난 사람이 만나는 것은 좋은 궁합이라 할 수 없다. 다시 말해 서로가 태어난 계절이 반대의 계절에 태어난 것이 좋은 궁합이다. 봄 생은 가을 생을, 여름 생은 겨울 생을, 반대로 가을 생은 봄 생을, 겨울 생은 여름 생을 만나는 것이 좋다.

궁합은 음양오행을 보고, 서로에게 부족한 부분이 음인가 양인가, 그리고 오행(목, 화, 토, 금, 수)에서 넘치는 성분이 무엇이며, 부족한 성분은 또 무엇인지를 파악하여 부족하면 채워주고 넘치면 적절하게 들어내어 하나의 형태로 균형을 맞춰보는 것이 핵심이다. 남녀 궁합은 오행이 서로 상생하고 중화를 이루는가를 보는 것은 물론, 길게는 멀리 두 사람이 살아가는 운로를 보고 공통점이나 보완점도 살펴보아야 한다.

하지만 좋다고 하는 궁합도 개인의 운로가 나쁘다면 상대와의 궁합도 소용없는 일이 될 수도 있다. 명리학에서는 개인의 운로가 모든 것에 우선이기 때문이다. 혼인 이전에 각 개인의 삶이 있음으로 자신의 행복과 불행이 상대에게 영향을 미칠 수 있다. 그래서 자신의 사주에 이성 운이 좋은 형국이라면 합이 맞는 좋은 사람을 만나게 되어 있다. 반대로 타고난 사주의 이성 운이 나쁜 형국이라면 합이 나쁜 사람을 만났다가 헤어지고 또 다른 사람을 만난다고 하더라도 헤어질 수 있다.

즉, 부부간에 궁합이 좋다고 하더라도 사주에서 누군가 한 사람이 결혼에 한 번 실패하는 수가 있다면 좋은 부부 사이를 유지하다가도 이별을 피할 수가 없다. 반대로 궁합이 나쁘다고 하더라도 이별 수가 없다면 불화를 겪으면서도 백년해로를 할 수 있다.

그렇다고 해서 부부간의 노력이 아무런 영향을 주지 못한다는 것은 아니다. 무엇보다 부부의 마음가짐이 중요한 것으로 먼저 상대로 인해 내가 행복 하고자 하는 생각은 버려야 한다. 나로 인해 상대가 행복하기를 바라는 마음을 가지고 서로 의지해 살아간다면 설령 궁합이 나쁘다 하더라도 무난한 삶을 살아갈 것으로 본다. 서로의 애정 못지않게 긴 세월 믿음과 꾸준한 노력이 해로를 보장할 수 있다. 이러한 것이 넓게는 자연의 섭리를 이해하는 것이고 사람의 운명을 파악하며, 좁게는 좋은 배우자를 만나 해로하는 방법이자 원리이다.

궁합의 종류와 응용

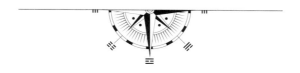

    오늘날 물질문명의 발달과 함께 결혼하지 않는 싱글족이 늘어나고 있다. 여기에 맞춰 이혼 비율도 점차 증가하는 추세이다. 궁합은 한마디로 우주의 섭리(燮理, 음양을 고르게 다스림)라 할 수 있다. 서로의 사주에서 얼마만큼 상생, 조화, 중화, 균형을 맞추고 있는지 파악하는 작업이다.

    우주의 시작은 제일 먼저 자신으로부터이다. 자신의 존재와 내면 그리고 운을 알아가는 과정이 바로 명리학이다. 종교에서 혹은 심리학에서 논하는 내용과는 달리 명리학에서는 첫 번째로 내 사주를 분석하고 나를 중심으로 가까운 가족을 비롯한 주변의 인연, 배우자, 적성과 직업, 운의 흐름 등을 파악한다. 일상에서 우리는 지인으로 지내는 사람을 얼마나 알고 있을까? 자신도 잘 모르는데 상대를 알아본다는 것은 처음부터 말이 안 되는지 모른다. 그래서 내가 상대에게, 상대가 나에게 서로가 상생 관계인가를 알아보는 일은 더욱 어렵다. 심지어 가장 가깝다는 가족조차도 상대의 깊은 내심을 감지하기는 쉽지 않다.

여기에 궁합의 필요성과 중요성이 있다. 궁합이라고 하면 혼인과 관련, 남녀 간의 관계만 국한하여 생각할 수 있다. 물론 궁합의 시작은 남녀 간의 인연으로 보지만, 그 외에도 여러 가지로 궁합이 응용되고 있으며 생활 속에서 어떻게 연관되고 또 활용되는지 주목해 볼 가치가 있다. 우선 궁합의 종류는 적성궁합(학업·전공·직업·사업 등), 인연 궁합(연인·부부·가족·동료·직원·도반·동창·사제 간 등), 의식주 궁합(음식·의상·집·색상 등) 등으로 나눌 수 있다.

특히 학창 시절에는 어떤 과목이 적합한지 덜 적합한지를 분석하는 것이 중요하다. 예·체능계에 적성이 있는 학생에게 일반과목 공부를 강요하는 것은 실효성이 떨어진다. 대학진학을 앞두고 전공을 선택하는 과정에서도 이후의 사회생활 요건인 직업 선택에 이르기까지 모두 연관되어 있다. 직업은 한 개인의 인생행로와 직결된다. 사업에서도 자신에게 맞는 사업 아이템이 무엇인지, 인적 관리에서도 자신과 생합(生合) 관계의 사람이 누구인지 찾아내는 것이 중요하다. 즉, 사업주는 동업자나 직원과의 궁합이 얼마나 효과적인지를 분석한다.

사람은 누구나 혼자 살아갈 수는 없다. 부모와 형제는 물론 연인, 배우자, 주변인 등과 인적 관계를 맺으며 살아가듯이 이러한 사람과의 상생합(相生合) 관계를 보고 인연 궁합을 판단한다. 열 길 물속은 알아도 한 길 사람 속은 모른다는 말이 있다. 누구를 만나느냐에 따라 인생행로가 결정된다. 인연이 깊어질수록 각 개인으로 머물던 운세가 상대의 영향으로 변화되어 가기 때문이다.

그 밖에 우리가 먹는 음식에도 오행(목·화·토·금·수)으로 분류되어 있어서 사주에 부족한 오행을 채워주거나 혹은 넘치는 오행의 에너지를 비워주는 음식을 알아내어 자신에게 맞는 음식을 선택할 수 있다. 또한 같이 먹으면 안 되는 음식궁합과 같이 먹으면 훌륭한 음식궁합을 아는 것도 유익하다.

의상과 색상도 마찬가지로, 자신의 사주에서 균형에 필요한 오행의 색상을 입거나 다른 생활용품에서도 활용한다면 좋은 기운을 받을 것이다. 거주지는 사주 궁합에 앞서 풍수를 참조하는 것도 좋은 방법이다.

살면서 우리는 이유 없이 끌리는 사람이나 지역이 있는가 하면 이유 없이 미워지는 것도 있다. 내가 의도하지 않았음에도 끌린다는 것은 그만큼 상호 보완적인 성분이 있어서 서로에게 도움이 되는 사주라 할 수 있다.

또 다른 시각으로 본다면 원국(原局)과 운로(運路)가 좋은 사람은 사주를 보지 않아도 스스로 선택해서 가는 길이 양지(陽地)만을 골라 간다고 한다. 자신이 가야 하는 길에 무심코 행운이 따르거나 조력자를 만나는 것은 분명히 반가운 일이다.

결점이 없는 사주는 없다. 부족하거나 넘치는 성분을 간파하고 겸손한 마음으로 하나씩 극복하는 자세를 가진 다음 대상과의 상생 관계를 맞추는 것이다. 운은 외부의 기운이 아니라 자신 내부의 기운에서 생성된다는 것을 강조하고 싶다.

사랑과 전쟁

부부 클리닉이라 하여 '사랑과 전쟁'이라는 TV 프로가 있다. 사주에서 쓰이는 합과 충을 쉬운 표현으로 말하면 사랑과 전쟁이라 할 수 있다. 사랑과 전쟁은 상반되지만, 사랑이 없었다면 전쟁이나 이별이 없듯 결혼과 이혼도 마찬가지라 할 수 있다. '님과 남이 점 하나 차이'라고 했던 유행가 가사가 떠오른다. 사주에서 합과 충은 반대 상황을 연출하지만, 연관성과 유사점도 가지고 있다.

합(合)의 원론적 의미는 둘 이상의 생물이나 물질이 모이거나 더하여 생기는 하나의 결과 또는 변화되는 형태를 말한다. 합은 음양의 합으로 남녀의 사랑에 비유할 수 있고, 사랑의 결론은 새로운 생명을 만든다. 결혼해서 아이를 갖는 것이 합의 변화다. 사주에서

합은 천간이나 지지에서 2개 또는 3개가 합하여 1개의 오행으로 변화되는 것으로 그 종류에는 천간합, 지지삼합, 육합, 방합, 반합, 암합 등이 있다.

세상 만물이 그러하듯 변하지 않는 것은 변하는 것뿐이다. 하물며 사람의 마음은 오죽할까. 사랑의 감정이 미움이나 증오의 감정으로 언제든지 바뀔 수 있는 것이 놀랄 일은 아니다. 충(沖)이란 바로 이러한 증오나 미움으로 인한 싸움이나 전쟁을 의미한다고 볼 수 있다. 충에도 천간의 충과 지지의 육충이 있다. 물론 지지에는 합과 대조를 이루는 충과 유사한 종류가 많다. 예를 들면 형(刑), 파(破), 해(害) 등이다. 합에서는 사랑으로 눈이 멀어져 본래의 임무를 상실한다고 보지만, 충에서는 싸움으로 부딪혀 깨지는 바람에 원래의 기운이 사라져 임무를 잃게 된다고 본다.

연애 중이거나 사랑할 때와 결혼하고 다툼이 있을 때의 차이는 당연하다. 사랑에 빠지면 생활의 우선순위가 연인에게 맞춰지므로 자연히 다른 일상에 소홀하기 마련이다. 반대로 싸움이나 다툼으로 서로가 멀어져도 자신의 임무에 집중할 수 없게 된다. 즉, 합이 본래의 작용을 안 하는 것이라면 충은 본래의 작용을 못하는 것이라 할 수 있다.

언뜻 듣기에 합은 좋은 것이고 충은 나쁜 것으로 생각하기 쉽다.

하지만 현실이란 좋거나 나쁘다는 식의 이분법적 사고로 끝날 만큼 단순하지는 않다. 합이라고 좋은 점만 있는 것이 아니라 나쁜 점도 함께 있고, 충이라고 나쁜 점만 있는 것이 아니라 좋은 점도 함께 있는 것이다.

사주 분석의 핵심은 명과 운의 흐름을 살펴보고 삶의 성패 시기를 판단하는 것이다. 운의 길흉을 알기 위해서는 길신과 흉신을 나누는 작업이 필요하다. 길신인 용신을 언제 만날 수 있을지 또는 흉신인 기신을 언제 피해야 하는지를 파악하는 것이다. 하지만 길신이 왔다고 해서 무조건 좋은 운을 갖는다거나 흉신이 왔다고 해서 무조건 나쁜 운을 겪는다고 할 수 없다. 그 이유는 다른 요인도 있겠지만, 합과 충에서 찾아볼 수 있다. 합이나 충으로 인해 일어난 변화로 두 배의 결과를 내거나 아니면 정반대의 결과를 낼 수도 있다.

이를테면 운에서 길신을 합하거나 충을 함으로써 불리한 운을 견뎌야 한다든지, 반대로 흉신을 합하거나 충을 함으로써 도리어 유리한 운을 얻을 수 있다. 현실에서 화합하던 부부 사이가 갑자기 불화를 겪는다든지 아니면 불화를 겪던 사이가 화합하는 관계로 변화, 변동하는 경우다. 따라서 운(대운, 세운)에서 길신과 흉신의 구분이 배경이라 한다면 합과 충은 그 배경에서 어떤 변화가 일어날 것인지 예측할 수 있는 중요한 열쇠라 할 수 있다. 합과 충의 성격적 특징을 보면, 사주 원국에 합이 많으면 정(情)이 많고 마음이 여리며 감성적이다. 대인 관계가 원만하여 화합과 조절을 잘하므로 사람을 대하는 직업에 어울린다.

합은 묶여 있다는 의미다. 정이 많은 만큼 인간관계에서 상처를 받는다. 반면에 충이 많으면 성격이 까칠하고 옳은 말을 잘하지만, 사교성이 부족하다. 충은 깨어진다는 의미다. 사람들과 관계하기보다 혼자서 분주하다. 충은 역마와 비슷하여 한곳에 머무르기 어렵다.

살다 보면 애초의 목적이나 예정과는 다른 결과를 맞기도 한다. 물론 좋을 수도 있지만, 그렇지 않을 수도 있다. 그러한 운의 작용에서 커다란 변수는 사랑과 전쟁으로 비유했던 합과 충이다. 합이나 충이 지나치거나 부족하면 곤란하듯 세상사 모두가 적절한 조화를 이루며 살아가야 한다.

사주에 여자가 많은 남자

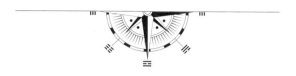

사주에는 오행(五行: 목·화·토·금·수)이 있고, 오행은 오성(五星: 인성·비겁·식상·재성·관성)으로 나뉜다. 이것은 서로 상생(相生: 목생화·화생토·토생금·금생수·수생목)하기도 하고 상극(相剋: 목극토·토극수·수극화·화극금·금극목)하기도 한다.

남자 사주에서 여자는 재성(財星)을 의미하는데, 재성은 재물, 돈, 건강, 대인 관계 등을 말한다. 육친으로 보면 부친(父親)을, 여자에게는 시모(媤母)를, 남자에게는 여자·처(妻)·첩(妾) 등을 가리킨다.

우리가 흔히 "먹을 복이 많은 사람"이라는 것이 바로 재성다봉(財星多逢)의 사주다. 재성다봉(財星多逢)은 재다신약(財多身弱=재물이 많으면 몸이 약해진다)이라고도 한다. 이런 사주의 남자는 돈이나 여자가 많다고 보지만, 문제는 내 여자가 아니고 내 돈이 아니라는 데 있다. 재물이나 여자에 대한 욕심이나 집착이 가득하다는 의미로 이해하면 된다. 그래서 돈이나 여자로 인한 스트레스가 많고 그 때문에 고생한다는 불길한 운명으로 풀이된다. 재성이 많은 사람은 보이는 것과 생각하는 것이 모두 돈이어서 돈이면 다 된다는 생각을 가지기 쉬운데, 이런 사람일수록 마음을 비우면 돈이 더 들어오는 것이 섭리(攝理)다.

사주에서 '천간(天干)'은 하늘이자 양(陽)이고 정신세계이며, 겉으로 드러나게 되어 남들이 볼 수 있는 것이라 할 수 있다. 남자라면 천간에 있는 재성은 다른 사람들에게 보이는 여자다. 천간이 정신세계인 만큼 추상적인 형태를 띠어 실존하지 않는 마음속의 여자로 해석할 수도 있다. 예를 들면, 첫사랑이나 짝사랑 혹은 멀리 떨어져 있어서 만나기가 어려운 여자다.

'지지(地支)'는 땅이자 음(陰)이고 물질세계이며, 실제 현실에서 연을 맺는 처·첩·연인, 그 외에 스쳐 지나가는 여자 등으로 볼 수 있다. 재성이 천간에도 있고 지지에도 있는 남성은 마음속에서든 현실계에서든 여자와의 관계가 빈번할 수밖에 없다. 하늘을 보아도 땅을 보아도 모두 여자가 있는 상황이어서 언제, 어느 곳을 가든지 여자와의 연(緣)이 이어질 가능성이 높기 때문이다.

관성(官星)이 여자에게는 남자를 말하듯 남자에게 재성(財星)은 여자이고 또 여자들이 좋아하는 성분을 의미한다. 그러기에 재성이 과다(過多)한 남자는 이성의 접근이 잦은 것이다. 재성다봉(財星多逢)의 남자는 바람기가 많고 모든 여자에게 친절하지만, 가정에는 소홀해 불화(不和) 가능성이 많다. 사주에서 재성에 치우쳐 있다는 것은 재성이 그만큼 나에게 부담을 줄 수 있다는 뜻이다. 긍정적으로 보면 능력 있는 처를 만나게 되어 처의 내조가 좋다고 할 수도 있으나, 부정적으로 보면 성격이 드센 악처와 인연이 되어 공처가가 되기 쉽다. 그래서 처가 가권(家權)을 갖고 자신은 처를 돕거나 보조역을 하는 경우가 흔하다.

여성도 재성이 과다하면 고부갈등(姑婦葛藤)이 많고, 심(甚)하면 두 시모(媤母)를 모실 수도 있다. 배우자의 기운인 관성(官星: 남편)이 과도하여 (재생관, 財生官) 다소 음란한 성향(性向)이 있으므로 남자관계가 복잡해질 수 있다.

재성의 종류에는 정재와 편재가 있다. 그 특징을 보면, 정재는 정직한 재물로서 고정적인 자산으로 정기적인 수입, 증권, 주식 등을 말한다. 이에 비해 편재는 보편적, 정상적 재물이 아닌 일확천금 격으로 고리대금·투기·도박·밀수·복권당첨금·횡재 등을 나타낸다. 한마디로 정재는 월급쟁이에, 편재는 사업가에 어울린다고 볼 수 있다. 정재, 편재가 섞여 재성이 과다해지면 남녀 모두 학업, 공부와는 거리가 멀어진다.

재성은 인성(印星: 학문성)을 극(재극인, 財剋印)하는 관계에 있다. 그래서 학창 시절 재성운(財星運)이 오면 학마살(學魔殺)이라 하여 공부를 안 하거나 가출하여 도중에 학업을 중단하기도 한다.

재성은 사람과의 관계를 의미하기도 한다. 따라서 재성다봉인 사람은 사교성이 있어 친구가 많은 편이다. 재성다봉(財星多逢)인 재다신약(財多身弱)의 사주를 보강하는 방법은 재물과 거리가 있는 독서와 공부, 책을 좋아하는 친구를 가깝게 하는 일이다. 그리고 봉사단체나 사회적 기업 등에 가서 나보다 어려운 사람들을 도우며 순수한 선업(善業)을 쌓는 것이다.

사주에 남자가 많은 여자

　관성이란 직업, 직함, 벼슬, 국가, 법, 규제, 통제, 명예 등을 의미하고 남자에게는 자식을, 여자에게는 남자를 뜻한다. 사주에서는 간지(干支)라고 하여 천간(天干=갑을병정무기경신임계)과 지지(地支=자축인묘진사오미신유술해)가 있는데, 천간과 지지에 관성이 중복되거나 혼잡해져 지나치거나 넘치는 경우를 관살혼잡(官殺混雜)이라고 한다. 관살혼잡을 다른 말로는 명암부집(明暗夫集=밝은 곳과 어두운 곳에 남자가 모여 있음)이라고도 한다.

　천간은 하늘로서 양(陽)이며 정신세계로써 겉으로 드러나게 되어 남들에게 보여지는 것이라 할 수 있다. 여자라면 다른 사람들이 볼 수 있는 남자들인 셈이다. 하지만 때로는 생각인 만큼 추상적인 형태를 띠어 실존하지 않는 마음속의 남자로 해석할 수도 있다. 첫사랑이나 짝사랑 혹은 멀리 떨어져 있어 만나기가 어려운 남자를 의미한다.

직업적인 면에서 본다면, 천간에 있는 관성은 명예만 있고 실권이 없는 직급을 뜻하기도 한다. 지지는 땅이자 음(陰)으로 물질이며 실제 현실 세계에서 연을 맺는 연인, 남편, 그 외 스쳐 지나가는 남자 등으로 볼 수 있다.

관성이 천간에도 있고 지지에도 있는 여성은 마음속에서든 현실에서든 남자와의 관계가 빈번하다고 볼 수밖에 없다. 하늘을 보아도 땅을 보아도 모두 남자가 있는 상황으로 언제, 어느 곳을 가든지 남자와의 연이 이어지기 때문이다. 관이 여자에게는 남자를 나타내듯 여자 사주에 관이 많다는 것은 남자가 좋아하는 성분을 그만큼 많이 지니고 있다는 뜻이다.

관성의 종류에는 정관과 편관이 있다. 그 특징을 보면, 정관은 적절한 자제력과 바른 마음, 도덕심, 신사정신, 준법정신, 이타심 등이 있어 문관(文官=공무원·법조인·기업체 임원 등)에 어울리는 것으로 본다. 그에 비해 편관은 정관보다 도덕심이 조금 부족하고 무력적인 면이 있어 거칠고 까다롭게 보이지만 책임감, 인내심, 의협심, 과감성 등이 많아 무관(武官=군인·검찰·경찰·의사·선출직 공무원 등)에 적합한 것으로 본다.

여자 사주에 관성이 많으면 살아가면서 남자와의 관계가 잦을 수 있듯이 직업이나 일에 있어서도 한 가지 일에 집중하거나 매진하지 못하여 자주 바꾸거나 옮기는 경우가 많다. 사주에서 다자무자(多者無者=많은 것은 없는 것과 같다)라는 말이 있는데, 관살혼잡의 반대격은 무관사주(無官四柱=관이 없다)라 할 수 있다.

결론부터 말하자면 관살혼잡이나 무관사주는 사실상 같은 것이라 할 수 있다. 관살혼잡에서 관성이 많아 남자가 많기는 하나 진정한 사랑을 찾기란 어려운 것이 무관사주에서 사랑할 사람이 없다는 것과 같은 의미가 된다. 물론 직업이나 일에서도 마찬가지이다.

살아가면서 많은 사람과 인연을 맺긴 하지만, 내 곁을 지키고 있는 사람이 한 사람도 없다는 형국이 외로운 면이라 할 수 있다. 하지만 이것은 오늘날 모두가 느끼는 본질적인 문제일 수도 있다.

동(動)적인 시대에서 여러 가지 사회관계를 맺으며 사람을 만나고 분주하게 살아가지만, 일과가 끝나고 돌아서면 누구나 혼자라는 시간에 잠기는 것은 피할 수 없는 현실이다. 따라서 자신의 명(命)에서 단점을 새기기보다는 장점을 파악하여 활용하는 데 충분한 에너지를 쏟는 것이 훌륭한 처사이다.

관성 다봉자(多逢者)는 사회생활에서 이성에게 인기가 높아 바쁜 일상을 꾸미고 자유분방한 경향도 있어 활동적인 점이 좋은 가치라 할 수 있다. 이러한 특성을 살릴 수 있는 관련업을 찾는다면 좋은 잠재력이 아닐 수 없다. 예를 들면, 이성과 연관되거나 접근성이 필요한 사업, 움직임이 많은 업 혹은 서비스 계통 등으로 볼 수 있다.

자신의 명(命)을 알고 다가오는 운(運)을 변화시킬 수 있는 것은 자신의 의지와 노력 그리고 현명한 대처가 아닌가 생각한다.

성적(性的)으로 매력 있는 사주

성(性)이란 누구에게나 본능적이면서도 감추고 싶은 부분이다. 개인마다 차이가 나듯 성적(性的)으로 약한 사람이 있으면 그만큼 강한 사람도 있다. 성(性)에 대한 시각은 시대에 따라 차이가 있다. 하지만 모든 시대에 걸쳐 드러내놓고 말하거나 자랑할 문제는 아니다. 그렇다고 편견을 가지고 저급하게 보거나 추하게 여길 문제도 아니다. 다만 타고난 신체에서 각자가 지닌 다양성 중의 하나로 연구할 가치는 충분하다.

'음란(淫亂)하다'는 말은 원래 부정적 의미가 더 강한 면이 있지만, 성적으로 건강하다거나 매력적인 부분이 있다는 것은 장점이라 할 수 있다. 성적 매력이 있으면서 음란하다고 할 수 있는 사주는 어떤 성분과 특징을 가지고 있는지 하나씩 살펴보도록 하겠다.

1. 오행(五行=목·화·토·금·수)에서 수(水)가 많은 사주의 경우다. (반대로 화·火
   가 많은 사주도 유사하게 본다) 수는 물로서 신체 기관으로는 신장, 방광,
   생식기로 물을 배출하는 기관이다. 수가 많다는 것은 몸 안의 수
   를 배출하려는 욕구가 많다는 의미로 음란할 수 있다. 수는 '술'
   을 뜻하기도 하여 음주 후 본능에 가까워질 가능성이 더 크다.
   수 오행이 십성(十星)으로 식상(食傷)에 해당하면 더욱 음란하다고
   본다. 식상은 표현궁이자 생식기를 말하기 때문이다. 수는 음(陰)
   의 대표글자로 어둠을 나타내 밤을 뜻한다.

2. 사주의 십성(十星)에서 식상(食傷)이 강한 사주의 경우다. 사주의
   십성에서 식상은 일간인 내가 생(生)하는 오행으로, 신체적으론
   생식기를 나타낸다. 발산을 뜻하며 표현궁에도 해당한다. 호기
   심이 많고 드러내는 것을 좋아하여 성적인 욕망에 과감하다. 재
   치와 언변술이 좋지만, 동시에 불평, 불만의 의미도 있어 관(官)
   에 해당하는 규칙이나 법 등을 어겨 범법행위를 저지르는 경우
   가 많다. 따라서 재물이나 이성을 탐하는·데 수단과 방법을 가
   리지 않는 경향이 있다.

3. 남자 사주에서 재성은 여자로서 정재·편재가 없다거나(신강이면서 무재사주) 재성이 혼잡한 경우(신약이면서 재다사주), 또 여자 사주에서 관성은 남자로서 정관·편관이 없거나(신강이면서 무관사주) 관성이 혼잡한 경우(신약이면서 관다사주)다. 부족한 것은 그만큼 갈망한다는 것이고, 많은 것은 그만큼 풍요롭다는 것이다.

4. 원국 지지에 합(合)이 많은 사주의 경우다. 합이 많으면 지나치게 유(柔)하여 발전이 늦어지는 것으로 해석한다. 합은 다른 오행을 생성 내지 변하게 하므로 합으로 인해 난잡해질 수 있다. 보편적으로 합이란 다정다감을 나타내지만, 다정다감이 지나치면 정이 헤프고 정이 헤프면 불륜이나 애정사를 저지르기 쉽다. 또한 융화되기를 좋아하여 오히려 본능을 절제하기 어려운 것으로 보기 때문이다.

5. 사주의 신살(神殺) 중 홍염살(紅艶殺)의 경우다. 홍염살은 도화살에 비해 개인적인 성향이 강하고 상대의 마음을 빼앗을 수 있는 유인력으로 요염(妖艶)하다고 볼 수 있다. 흔히 요염하고 섹시하다는 말은 끼가 많고 음란하다는 의미로도 풀이된다. 원래 홍염살이 있으면 웃음이 잦고 끼가 있는 사람으로, 광대 혹은 기생으로 여겨 좋지 않은 이미지가 있다. 현대에 들어 끼라는 것은 곧

개성이자 매력으로, 자신의 감정을 발산하여 인기를 얻는 긍정
적인 면으로 본다.

6. 12지지를 삼합(三合)으로 나누었던 것을 '인신사해'(=生支라 하여 각 계
절이 시작되는 시점. 역마살이라 부른다)와 '자오묘유'(=旺支로서 각 계절이 가장
절정인 시점. 도화살이라 부른다) 그리고 '진술축미'(=庫支라 하여 각 계절의 마
무리 시점. 화개살이라 부른다)의 3그룹으로 다시 구분할 수 있다. 이 중
왕지(旺支, 자오묘유)에 해당하는 글자가 '도화살'로, 연지보다 비중
있는 월지와 일지 등 원국에 중중(重重)한 경우 이성 관계가 많고
이성에게 인기 있는 사람으로 본다. 사주에서 천간합인 정임합
(丁壬合, 淫亂之合)이 겹치는 경우나 12신살에서의 연살, 12운성에서
의 목욕 등이 여기에 해당한다.

바람을 피우거나 음란하다는 타고난 성격은 사주에서 드러나는
만큼 그 영향을 받으며 살아가기 마련이다. 이 밖에도 인간이 환경
의 동물이다 보니 성장기를 거쳐 성인이 되고 결혼한 후에도 여러
환경요인에 의해 본의 아니게 음란에 노출되는 경우도 있다. 예를 들
면, 성장기에 부모와 떨어져 살았거나, 편부모 밑에서 사랑이 부족
한 환경에서 자란 탓에 결핍된 애정을 이성에게서 채우고자 하는 대
리심리가 강하게 발동되어 다소 음란하게 될 수도 있는 것이다.

과거에는 성(性)과 관련된 것들을 천하게 혹은 저급하게 여겼던 것이 오늘날에는 오히려 선망의 직업군으로 자리 잡기도 한다. 연예인이 아니더라도 그런 점을 자신의 이점(利點)으로 삼아 이성을 대상으로 하는 직업이나 사업에 활용한다면 현대에선 충분히 유리할 것이다.

과부와 홀아비 사주가 따로 있는가?

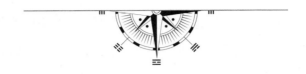

　사주학계에 입문한 이래 사주에 대한 여러 의문과 궁금증 그리고 사주를 모르는 주변인으로부터 많은 질문을 들어왔다. 다음에 이야기하고자 하는 것도 바로 그러한 물음 중의 하나로 종종 거론된 것이다. 독신자 사주 혹은 혼자가 되어 평생을 고독하게 살아가는 사주가 따로 있나요? 라는 질문이다.

　세상사 어떤 일이든 절대적인 해석은 없다. 사주도 마찬가지로 본인이 의도하든 하지 않았든 혼자 될 수 있는 개연성이 있는 사주는 있지만, 따로 정해진 사주가 있다고 단정하기는 어렵다. 보편적인 우리의 삶은 성인이 되면서 자연스럽게 이성을 만나고 결혼과 함께 가정을 꾸미고 일생을 살아가게 된다. 현실적으로 결혼이란 개인

대 개인 간의 계약체결이며, 이혼은 개인 대 개인 간의 계약해지이다. 계약이란 서로의 뜻이 맞아야 이루어지듯 그렇지 않거나 마음에 들지 않을 때 바꾸거나 새롭게 할 수 있다. 물론 사람 간의 계약은 당장의 서류나 재물 정리 등으로만 끝나는 것은 아니다. 정신적인 부분에서 서로가 느껴 왔던 감정이나 마음을 정리하는 데는 더 많은 시간이 필요하다.

계약이라는 차원에서 생각하면 과부나 홀아비 사주가 별도로 있는 것이 아니라 본인의 선택에 달려 있다는 말이 더 어울린다. 하지만 사주에서 '예측한다'라는 시각으로 본다면 그 선택조차도 본인의 선택이 아닐 수 있기에 문제는 다를 수 있다. 그래서 본인의 선택이든 아니든 혼자 외롭고 고독하게 살아가는 사주를 가진 사람을 미리 추정하는 것이다.

이와 관련된 용어를 명리학에서는 고신살(홀아비살), 과숙살(과부살), 고란살(과부살), 괴강살(과부살), 공방살 등으로 분류하고 있다. 고독한 인생을 살아가는 주된 원인은 개인의 성향이나 성격 때문이라고도 하겠지만…. 사주학상 이러한 살을 가진 사람은 실제로 혼자되기가 쉬울 뿐만 아니라 옆에 배우자가 있어도 외로움을 느끼며, 애초에 배우자를 만나는 일도 어려운 것으로 본다. 원론은 그렇지만 각각의 해석은 시대에 따라 다르다는 것을 알 필요가 있다.

개괄적인 내용을 보면, 먼저 고신살(孤神煞)과 과숙살(寡宿煞)에서 고신살이 있는 남자는 다정다감하고 감상적인 면이 많으며, 과숙살이 있는 여자는 자기주장이 강한 성격에서 비롯된다고 한다. 오늘날 고신살은 다정다감하고 육아와 가사를 잘 돌봐주는 면으로 보고, 과숙살은 생활력이 강하여 남자에게만 의존하지 않는 든든한 아내로 볼 수 있다.

다음으로 고란살(孤鸞殺)은 여자에게만 해당하는 살이다. 여성이라고 집에만 있는 시대는 이미 지났고, 여성도 사회활동을 하는 시대로 직업을 갖게 됨으로써 흉이 감소하는 것은 물론 흉(凶)이 길(吉)로 변화되는 것이다.

세 번째로 괴강살(魁罡煞)은 하늘에 괴강성이라는 북두칠성의 우두머리 별자리를 말하는 것으로, 여자 사주에 괴강살이 있으면 중성이라 하며 자기주장이 강하여 남편을 극한다고 한다. 따라서 남편은 무능하거나 무력하게 된다는 것이다. 하지만 대부분 외모가 출중한 미인들이며 여장부의 기질을 가지고 있다. 직업 활동에서 권세나 권력 계통에서 높은 지위에 오르는 경우가 많다. 그 외 여러 공방살(空房煞)에 해당하는 것이 있지만, 대부분이 오늘날에는 단점보다는 장점으로 작용한다고 보면 된다.

사주는 전생의 선업과 악업이 원인이 되어 그 결과로 나타나는 성적표라고 했다. 명리학에선 한 사람의 일생을 보면서 삶의 종합적인 내용, 즉 개인의 족보를 읽을 수 있다. 사주를 믿든 믿지 않든 그것은 본인의 자유이다. 다만 사주에서 분석한 내용을 충분히 활용함으로써 시간의 흐름에 따라 피흉취길(避凶就吉=흉한 일을 피하고 좋은 일에 나아감)한다면 일상은 훨씬 희망적일 수 있다.

동심초(同心草)

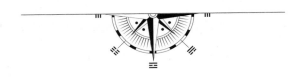

학창 시절 음악 시간에 배웠던 '동심초'가 반세기를 넘어 살아온 요즘도 나의 기억 한 부분을 차지하고 있다. 문득 바람에 스치는 낙엽 한 장이 귓전을 울린다. 어느 날 자신도 모르는 사이에 향기를 품고 숨어 있는 사연이 꿈틀거리고 있는지 모를 일이다. 다른 가곡도 많지만 유독 '동심초'만 가슴 깊숙이 들어와 마음을 통째로 흔들곤 하였다.

삶과 죽음은 한 몸이듯 남녀 간의 비밀도 하나로 묶인 채 멍든 가슴으로 살아가야 하는 운명은 무엇일까? 사람은 누구나 아련한 비밀 하나쯤은 간직하고 있다. 비밀은 자신만의 은신처이면서 동시에 누구에게도 기대지 않고 얼마간 스스로를 위로받을 수 있는 장소이기도 하다. 남녀 간의 연분(緣分)으로 인한 비밀만큼 많은 것을 간직한 것도 없을 것이다. 동서고금(東西古今)을 통틀어 문학이나 예술 분야의 주제로서 남녀 간의 사랑이 가장 많은 비중을 차지하고 있다는 것은 모두가 알고 있다.

흔히 인생에서 성공과 행복의 조건으로 돈, 사랑, 명예를 자주 거론한다. 이들 세 가지 모두 사람이면 누구나 본능적으로 갖고 싶어하는 욕망이다. 물론 사람마다 추구하는 가치의 차이는 있다. 분명한 것은 셋 중 어느 것 하나도 쉽게 얻을 수 있는 것은 없다. 한 가지만 충족하더라도 인생에서 어느 정도 성공을 거두었다고 말할 수 있다. '동심초'에는 남녀 간의 애틋하고도 지극한 그리움이 묻어 있는 '사랑'이 담겨 있다.

언뜻 듣기에 따라 동심초는 풀이나 꽃 이름 정도로 여길 수 있다. 하지만 우리말 사전에도 중국말 사전에도 동심초라는 단어는 없다. 대신 '동심결'이라는 단어가 나오는데, 띠를 두르는 매듭이라는 뜻으로 풀이되고 있다. 즉, 동심초란 종이는 풀로 만드는 것이며, 연서(戀書)를 접는 방식이 바로 돗자리 짜는 풀의 매듭 방식에서 나온 것이기 때문에 연서, 사랑의 편지, 러브레터 등으로 이해하면 된다. '동심초'는 연인(戀人)에 대한 그리움의 자취를 지면에 남긴 것으로 가사 내용을 보면 다음과 같다.

꽃잎은 하염없이 바람에 지고(풍화일장로, 風花日將老)

만날 날은 아득 타 기약이 없네 (가기유묘묘, 佳期猶渺渺)

무어라 맘과 맘은 맺지 못하고(불결동심인, 不結同心人)

한갓되이 풀잎만 맺으려는고(공결동심초, 空結同心草)

한갓되이 풀잎만 맺으려는고

가곡 '동심초'는 중국 당(唐)나라 여류시인인 설도(薛濤, 자는 洪度)의 '춘망사'(春望詞)라는, 즉 '봄을 그리다'는 뜻의 시에서 4수 중 3수에 해당하는 내용만을 '안서' 김억 선생이 번역하였으며, 서울대 음대에 재직 중이던 김성태 선생이 곡을 붙여 탄생하였다.

이와 유사한 연유로 탄생한 곡이 하나 더 있는데, 조선 중기의 예술가이자 기녀(妓女)인 황진이가 지은 '꿈'(相思夢) 이라는 한시를 역시 김억 선생이 번역하고 김성태 선생이 곡을 붙여 가곡으로 전해져 오고 있다. 비록 시대와 나라는 다르지만, '동심초'와 '꿈'은 설도와 견줄 만한 우리나라의 역사적 여성인 황진이의 한시를 동일인이 번역하고 동일인이 곡을 붙였다는 데 의미가 있다.

설도와 황진이 두 사람 모두 사랑하는 임에 대한 현실적 한계에 심적 그리움을 애잔한 몸짓으로 표현하고 있다는 것이 공통점이다. 당(唐)나라 출신의 시인인 설도의 흔적은 중국의 성도(成都)에 있는 망강루공원(望江樓公園)에 설도의 묘를 비롯하여 조각상과 기념관 등이 있다. 그녀는 직접 종이에 붉은 물을 들여 그 위에 시 쓰기를 좋아했는데, 이것을 설도전(薛濤箋, 작은 종이라는 뜻)이라 하였다. 공원에서는 설도가 설도전을 만들 때 물을 길었던 설도정(薛濤井)과 설도전을 만들었던 장소인 완전정(浣箋井) 그리고 시를 지어 설도전에 옮겼다는 음시루(吟詩樓)가 있으며, 시에 자주 등장하는 대나무 숲도 함께 있다.

설도는 장안(長安) 태생이었으나 어려서 하층 관리였던 부친을 따라 촉(蜀)나라 성도로 왔다. 촉으로 온 지 얼마 안 되어 부친은 죽고 홀어머니만 남았지만, 모친 역시 곧 병환으로 세상을 떠나게 되어 현실적 어려움으로 설도는 악적<樂籍, 악공(樂工)의 등록 원부>에 들어 악기(樂妓, 기예를 파는 기녀)가 되었다.

선천적으로 재주가 비범하였던 설도는 음률에 능통하였으며, 문학에 재능이 뛰어나 시가(詩歌)를 잘 지어 인정을 받았다. 당대 최고의 문인인 위고, 원진, 백거이, 두목, 유우석 등과 교류하며 창화(唱和)를 나누기도 했다.

당시에 문학가로 활동하기 위해서는 명망 있는 인물의 후원이 필요했는데, 천서절도사(川西節度使) 위고(韋皐)가 설도의 후원을 맡게 되었다. 후에 그는 그녀를 황제에게 주청하여 교서랑(校書郎, 벼슬 명)에 제수(除授)하려고 하였지만, 호군(護軍)의 저지로 뜻을 이루진 못하였다. 그

후 사람들은 그녀를 설교서(薛校書) 혹은 여교서(女校書)라고 불렀다.

설도가 부부의 연을 꿈꾸었던 사람은 당나라 시인이자 사천 감찰어사였던 원진으로 알려져 있다. 성도에서 그녀와 시간을 보냈던 10살 연하인 원진에게 연정을 느꼈지만, (후에 원진은 약속을 어기고 위(韋)씨와 결혼했다는 설과 또는 그가 이미 아내가 있었던 사람이었으며 바람기가 많은 사람이라는 설이 있다) 설도의 사랑은 미완(未完)으로 남게 되었다. <춘망사(春望詞)>는 설도가 원진을 그리워하면서 지은 시로 전해지고 있다. 설도는 원진과의 정분(情分)이 있은 후 평생 독신으로 살았다고 한다. 이렇게 많은 사연을 안고 태어난 '동심초'는 나라와 시대를 초월하여 이제 한국 가곡사의 명곡으로 남게 되었다.

세월은 어둠이 잠든 사이 몰래 흐르는 물처럼 언제나 몸을 엎드리며 사라져간다. 떠나간 사람도 침묵으로 어두워져 간다. 사랑은 어둠 속에서 왔다가 어둠 속으로 가버린다. 사랑이 떠난 자리엔 그리워해야 할 시간만이 남아 있다. 그리움 뒤에는 기약 없는 기다림이 시작되고 대답 없는 기다림은 나그네의 한숨이 된다. 돌아갈 수 없는 과거의 청춘과 아지랑이 같은 추억을 더듬을 때면 늘 이별 같은 가곡 하나 '동심초'가 떠오른다.

제3장

우리 문화 속의
방위, 계절, 숫자

일주일의 유래와 음양오행

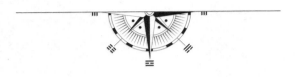

명리학을 '음양오행학'이라고도 하는데, 일주일을 보면 日 月 火 水 木 金 土로 되어 있다. 여기에서 일(陽)-태양과 월(陰)-달은 음양을 의미하고 나머지 화수목금토를 다섯 개의 행성(行星)으로 보는데, 여기에서 성(星)이란 자를 빼고 오행(五行)이라고 칭한 것이다.

오행에서의 음양(陰陽)은 만물의 시작을 의미하는 목(木)과 그 만물을 성장 발전시키는 기운을 화(火)라고 하는데 이것을 양이라 한다. 또한 만물을 숙성시키는 금(金)과 만물을 완료시키고 씨앗에 해당하는 수(水)를 음이라 한다. 그리고 목화와 금수의 기운을 조화와 중재를 하고 중앙의 의미를 나타내는 기운을 토(土)라고 한다.

하루도 낮과 밤으로 나누고 시간대를 아침(木)과 점심(火)을 양, 저녁(金)과 밤(水)을 음으로 구분하며, 1년은 낮의 길이가 길고 밤의 길이가 짧은 봄(木)과 여름(火)을 양이라 하고, 낮의 길이가 짧고 밤의 길이가 긴 가을(金)과 겨울(水)을 음이라 한다. 공간 또한 동(木) 남(火)을 양, 서(金) 북(水)을 음, 그리고 중앙(土)으로 구성되어 있다. 일주일은 음양오행이 모두 들어 있는 글자이지만, 그 외에도 음양오행은 생활 전반에 걸쳐 밀접하게 스며들어 있다는 것을 알 수 있다.

오행이 돌아서 일주일이 되는 것을 주(週,) 하루(日)가 모인 모두란 뜻으로 월(月)이 되는 것은 만유의 법칙이자 인류의 생활 정신 법도이다.

먼저 요일(曜日)이란 단어에서 요(曜)란 글자는 빛난다는 뜻이다. 태양을 이르는 일(日)과 깃 우(羽), 새 추(隹)의 의미로 요(曜)는 날개를 펴고 하늘을 가로지르는 태양 새를 나타낸다. 이집트 신화에서 매일 동쪽에서 날아올라 서쪽 바다로 떨어져 죽으면, 다음 날 다시 살아나는 불사조(phoenix)로 바로 태양을 의미한다. 동아시아에서는 봉황을 뜻하고 동서남북의 신(神)중에 남방신인 붉은 새, 즉 주작(朱雀)을 가리킨다. 이는 모두 태양을 상징하는 것으로 요(曜)의 글자 속에 포함되어 있다.

요일(曜日)이란 요(曜)는 태양을 뜻하는데 달이 추가되면서 양요(兩曜)가 되었다. 여기에 다시 목 화 토 금 수 라는 오행을 포함하면서 칠요(七曜)가 되었으므로 요일은 일월과 오행성의 복합어가 된 것이다.

우리나라에서 일주일, 즉 칠요(七曜)가 도입된 시기는 17세기쯤 가톨릭의 영향으로 알려져 있다. 조선 시대 효종부터 시헌력(時憲曆)이 쓰였는데, 이는 24절기의 시각과 1일간의 시간을 계산하여 제작한 것으로 1896년 1월 1일에 태양력을 정식 채택하면서 지금의 요일 명칭이 확정되었다.

일주일의 주기에 대한 여러 설(說)을 구체적으로 살펴보면 다음과 같다. 첫 번째, 고대 일주일은 장날이 생기면서 5, 7, 10일 주기로 정하였는데, 주(週)란 장날과 장날 사이의 기간이라고 한다. 두 번째는 보름, 상현, 하현, 그믐 등의 달의 위상이 변화하는 간격이 대략 7일이라는 의미이다. 세 번째는 고대 바빌로니아인이 7을 신성한 숫자로 여겼다는 것이며, 네 번째는 오래전 하늘에는 7개의 천체가 존재한다고 믿었다는 것이다.

다섯 번째가 유대교의 안식일 의식에서 영향을 받았다는 것인데, 유대인은 일곱 번째 날을 안식일로 정했다. 하느님도 세상을 창조하고 나서 일곱 번째 날에 안식을 취했다고 기록하고 있다. 또 노아의 방주에 짐승이 들어간 뒤 7일 뒤에 홍수가 땅을 덮었으며, 그 땅에 물이 걷히고 노아는 7일을 기다린 뒤에 비둘기를 내보냈으며, 고대 이스라엘에서는 속죄의식을 치를 때 피를 일곱 번 뿌렸다고

한다. 결혼식도 7일, 추모제도 7일, 요한계시록에는 일곱 교회의 이
야기도 나온다. 안식일도 종교에 따라 차이가 있는데, 이슬람은 안
식일이 금요일이고, 유대교는 토요일이 안식일이며 기독교계는 일
요일을 안식일로 하고 있다.

여섯 번째는 인간의 생체나 습관. 리듬, 여성의 생리 주기를 기준
으로 했다는 것이며, 일곱 번째는 도교에서 비롯되었다는 설이다.
칠(七)이라는 것은 사람이 하늘의 뜻을 받아들여 땅의 근본에 충실
할 수 있다는 의미로 평평한 땅에 새싹이 돋는 것을 형상화한 문자
라고 한다.

여덟 번째, 불교를 보면 부처는 7년간 고행했고, 명상 수행을 하
기 전에 보리수를 7바퀴 돌았으며, 극락은 7개의 하늘로 되어 있고,
깨달음에 이르려면 7개의 수행이 필요한데 보시, 지계, 인욕, 정진,
선정, 지혜의 육바라밀을 생사와 고해를 건너 열반으로 들어가는
여섯 가지 수행 방편에 만행을 넣어 7가지로 요약하고 있다. 그리고
불교에서 7을 성수로 여겼던 것은 인디아의 인식과 일치되므로 49
재(齋)는 7의 7로써 사람의 사후(死後) 49일간 이승도 저승도 아닌 세
상에서 방황하지 않도록 공양(供養)을 올리는 것이다.

그리고 이집트인들은 일주일을 태양과 달, 다섯 개의 항성(화성,
수성, 목성, 금성, 토성)의 이름으로 정했다. 로마인들은 처음에는 8일의

주(週)를 사용하다가 A.D 4세기에 이집트를 모방하여 7일을 일주일로 사용하였다.

위의 내용처럼 전 세계적으로 대부분이 7일을 한 주로 사용하고 있으나 아직도 옛 방식을 사용하는 사례도 없지 않다. 예를 들면, 우리나라 전래의 한 주는 5일이었는데, 이것은 음양오행에서 음양을 뺀 오행만을 사용한 경우이다. 우리 전통시장이 5일 장인 것이 바로 여기에서 유래된 것이다. 5일제는 우리나라뿐만 아니라 일본이나 인도네시아 자바섬에서도 지금도 사용되고 있다.

그리고 일본에서는 6일을 한 주로 여기는 육요(六曜)의 전통도 있다. 그것은 중국 한나라 시대에 오행설(五行說)이 아니라 육행설(六行說)이 한때 널리 알려져 있었는데, 이 전통에 따라 아직도 일본의 민간달력에는 이 방식을 표시하여 사용하고 있다.

이처럼 일주일은 곧 음양오행을 뜻하는 것으로 음양오행의 이치로 삼라만상이 탄생하였고, 음양오행의 법칙으로 이 세상에 펼쳐진 모든 다양성을 논리적으로 해설할 수 있듯이, 절대불변의 자연법칙인 음양오행에 대한 폭넓은 지식적 습득이 첫 번째는 자신을, 두 번째는 우주를 비롯하여 우리가 존재하고 있는 이 세상을 알아가는 방편이 된다.

서울 4대문과 음양오행

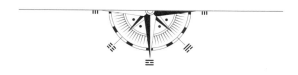

　음양오행은 우주를 구성하는 근본 요소로 대자연과 우리가 존재하는 모든 현상을 논할 수 있는 이론이다. 의학, 명리학, 풍수지리, 한의학 등 일상생활과 관련되어 있는 분야에서 국가의 안위를 설명하는 데 이르기까지 정치, 경제, 사회, 문화, 사상 등 모든 부분에 적용되는 바탕 학문으로 우리의 삶 전반에 영향을 미친다고 볼 수 있다.

　우리 역사에서 대표적 도시가 조선의 수도인 한양이다. 한양이 오늘날까지 우리나라의 심장부로 역할을 하는 배경을 설명하고, 4대문 축조 사상이 음양오행으로 이루어져 있다는 것을 분석하고자 한다.

조선을 건국한 태조 이성계는 수도를 개경에서 한양으로 옮기기 위해 궁궐과 종묘를 먼저 지었으며, 음양오행 사상을 바탕으로 1395년 도성축조도감을 설치하였다. 이듬해 한양을 방위하기 위하여 한양의 내사산(內四山- 백악산, 인왕산, 목멱산, 낙산)을 연결하는 성곽을 쌓고 4대문과 4소문을 축조하였다.

도성은 천지를 팔방으로 나타내어 8문(4대문, 4소문)을 만들었는데, 이것은 역법의 팔괘(八卦)를 본 딴 것이다. 4대문은 숭례문(남대문), 홍인지문(동대문), 돈의문(서대문), 숙정문(북대문)을, 4소문은 광희문(남소문), 혜화문(동소문), 창의문(자하문, 창의문), 소의문(서소문)으로 방위의 개념을 지명에 반영한 것이 바로 한양의 4대문과 4소문이라 할 수 있다.

사대문에 숨겨진 뜻을 보면 "도성 사람은 유교의 기본이념으로 살아가라"이다. 역사에서 알 수 있듯이 한양을 설계하는 데 대표적인 인물이 조선의 개국공신 정도전이다. 정도전은 유교의 오덕(五德)인 인의예지신(仁義禮智信)을 방위에 맞추고 4대문의 이름을 지었다. 여기에서 오덕(五德)과 방위(方位)를 이해하기 위해서는 오행(五行) 사상의 기본을 알아야 하는데, 오행은 목(木) 화(火) 토(土) 금(金) 수(水)의 다섯 가지 요소로 우주 만물의 생성, 발전을 나타낸다. 숫자 5를 근본으로 삼고 전후좌우와 중앙이라는 '오방(五方)' 관념과 동서남북과 중앙이라는 '방위(方位)' 개념, 춘(春)하(夏)추(秋)동(冬)과 환절기가 있는 '계절(季節)' 개념, 청(靑) 적(赤) 황(黃) 백(白) 흑(黑)의 '오색(五色)' 개념, 유교사상인 인(仁), 의(義), 예(禮), 지(智), 신(信)을 뜻하는 '오상(五常)' 개념으로 연결되어 있다.

정도전은 오행사상에 유교 이념을 적용하여 4대문의 위치를 정하고 이름을 지었다. 그러면 4대문에 담고 있는 내용과 중앙을 뜻하는 종루(鐘樓)의 내용을 하나씩 알아보겠다.

첫 번째로 동(東)은 목(木)으로서 봄이다. 오상으로는 인(仁)으로 동쪽에는 인이 흥한다는 흥인문(興仁門)을 만들었다. 임진왜란 이후 동쪽의 산세가 약하여 성 주위에 성곽을 쌓기도 하고 꾸불꾸불한 산세를 닮은 갈지(之)자를 더하여 흥인지문(興仁之門)으로 하였는데, 그것은 모두 풍수에서 비보(裨補, 한 지역의 풍수적인 결함을 인위적으로 보완해 주는 행위)를 한 것이다. 흥인지문은 동대문으로 현재 우리나라 보물 1호이다.

두 번째로 서(西)는 금(金)으로서 가을이다. 오상으로는 의(義)로 의를 돈독하게 한다는 뜻으로 돈의문(敦義門)이라 하였는데, 일제강점기인 1915년 도시계획 명목으로 도로 확장을 할 때 성문을 헐어버리고 경매로 팔았다고 한다. 돈의문은 서대문으로 지금은 아쉽게도 그 흔적조차 찾아볼 수 없다.

세 번째로 남(南)은 화(火)로서 여름이다. 오상으로는 예(禮)로 예를 숭상한다는 의미로 숭례문(崇禮門)으로 지었다. 현재 지어진 연대를 알 수 있는 서울 성곽 중에서 가장 오래된 건축물이다. 숭례문은 다른 문의 편액(扁額)이 가로로 쓰여 있는 데 반해 세로로 쓰여 있다. 이것은 숭례의 두 글자가 불꽃(炎)을 의미하여 경복궁을 마주보는 관악산의 화산(火山)에 대응하는 맞불을 질러 화기를 누르기 위한 것이라고 한다. 숭례를 세로로 쓰면 불이 타오르는 모양이 된다고 한다. '남대문'이라는 말은 일제가 우리 문화를 격하하기 위해 의도적으로 단순한 방향의 의미로 남대문을 사용한 것이다.

숭례문은 수도의 성문으로 당당한 면모를 지닌 조선 초기의 대표적 건축이라고 할 수 있으며 현재 대한민국 국보 1호이다.

네 번째로 북(北)은 수(水)로서 겨울이다. 오상으로는 지(智)로 "지혜로운 사람은 물을 좋아한다.(知者樂水)"라는 말에서도 수(水)와 지(智)가 통함을 알 수 있다. 북문은 숙청문(肅淸門)으로 엄숙하고 깨끗하다는 의미를 가지며, 청(淸)에 물(水)이 있어 북방의 상징인 지혜(智)의 뜻을 포함하고 있다. 중종 이후에 숙정문(肅靖門)으로 개칭되어 기록하게 되었다. 숙정문은 오행에서 물을 상징하는 음(陰)에 해당하여 나라에 가뭄이 들 때는 기우(祈雨)를 위해 열고 비가 많이 내리면 닫았다고 한다. 숙정문은 원래 방위에 맞추어 문을 내기는 했지만, 다른 문과는 달리 문의 기능을 하지 못했다. 풍수설에 의하면

북문을 열어 놓으면 음기(淫氣)가 침범하여 한양 부녀자들의 풍기가 문란해진다고 하여 문을 만들어 놓았지만, 사용은 하질 않았다. 대신 숙정문에서 서북쪽으로 약간 비켜 홍지문(弘智門)을 만들어 사용했다.

다섯 번째로 중앙은 토(土)로서 환절기이다. 오상은 신(信)으로 풍수에서 말하는 혈(穴) 자리며, 사방을 다스리는 주재자(主宰者)인 사람(王)에 해당한다. 도성 가운데에 보신각(普信閣)을 세워 오상의 마지막 덕목인 신을 나타내었다. 보신각은 사람이 출입할 때마다 문 이름을 보거나 종소리를 들으면서 사람이 지켜야 할 덕목인 오상을 널리 알렸다. 정확한 시간을 알리는 종각(鐘閣)에 믿을 신(信) 자를 사용한 것도 많은 의미를 주고 있다.

이상과 같이 음양오행의 물상(物象)을 오상(五常)과 연결하여 4대문을 쌓았다. 이렇듯 서울 도성의 4대문은 유학을 숭상했던 조선왕조의 통치이념을 그대로 반영해 놓고 있다. 서울의 유적지를 관람할 때는 유교적인 이념이 음양오행과 어떻게 결부되어 있는지를 다시 한 번 생각해 본다면 그 감상의 깊이가 달라질 것이다.

항렬(行列)의 유래와 음양오행

항렬자 법칙 6가지

1. 오행상생법(五行相生法)

2. 간지법(干支法)

3. 천간법(天干法)

4. 지지법(地支法)

5. 수교법(修交法)

6. 오상법(五常法)

오행의 상생(목생화, 화생토, 토생금, 금생수, 수생목)은 가족 족보(族譜)에
도 적용된다. 가부장적인 사회에서 이름을 지을 때 조부, 부친, 나,

손자로 이어지는 항렬(行列)에 따라 이름을 짓는다. 그것이 바로 음양오행의 원리를 근거해서 짓는 '오행상생법'이다. 또한 다른 항렬 법칙도 마찬가지로 음양오행의 범주를 벗어나지 않는다.

이름과는 달리 성(姓)은 같은 혈통을 가진 집안을 대표하는 칭호로서 항렬과는 별개이다. 이름은 개인을 지칭하는 칭호로서 성명은 한 사람의 일생에 영향을 줄 뿐만 아니라 당대로 끝나지 않고 자손으로 계속 전해진다. 따라서 이름의 중요성은 두말할 필요가 없다.

흔히 작명할 때는 그 사람의 사주를 보고, 필요한 오행이 무엇인가를 보고 작명에 필요한 조건에 맞춰 시작하는 것이 정석이지만, 항렬을 따르게 되면 그러한 여러 조건을 무시하므로 좋은 이름을 짓기가 어려울 수밖에 없다.

항렬은 같은 혈족 사이에 세계(世系)의 관계를 분명하게 하기 위한 문중(門中)의 법을 나타내는 의미가 있는 것이어서 각기 가문과 가문 내의 파에 따라서 차이가 있다. 항렬자(行列字)는 이름 글자 중에 한 글자를 같은 글자로 정하여 사용하며, 같은 세대임을 나타내는 돌림자이다.

항렬의 연유는 고종 대로 거슬러 올라간다. 고종 초 흥선대원군이 섭정할 때 왕명으로

"각 성씨들은 각기 항렬자를 정하고 여기에 맞춰 작명하되 장

파(長派)의 항렬자를 따서 동일하게 하여 성명만 보더라도 그 관향(貫鄉)과 항렬을 바로 알아보고 서로 격목하여 서차를 혼돈해서 망발(妄發)되는 일이 없게 하라."

고 하였다. 이후에 항렬의 중요성을 강조하는 사람들은 항렬을 외면하고 지은 이름을 사용한다면 첫째로 세대를 분간하기 힘들고, 둘째로 문중의 율법을 배반하는 결과이며, 셋째로 문중의 법도가 없는 가문의 자손으로 인식했다.

항렬은 씨족 사이 위계질서를 분명히 하고자 세수(世數, 조상으로부터 자손으로 이어져 내려오는 대(代)의 수)를 정하고 그 세수에 근거하여 글자를 정하였는데, 물론 집안마다 항렬을 정하는 법칙에는 차이가 있었다. 하지만 공통점은 어디에서 시작하여 어디에서 끝난다는 제한성에 있는 것이 아니고, 항렬이 끊임없이 반복된다는 데 있다. 즉, 후대 자손이 끊이지 않고 번성하라는 의미이다.

항렬이 쓰이는 방식을 살펴보자. 전반적으로 많이 사용하는 항렬의 법칙은 6가지인데, 그 외 것은 6가지에서 파생된 법칙을 사용한 것이다. 가장 널리 사용하는 방법은 앞서 말했듯이 바로 오행상생법(五行相生法)이며 간지법(干支法), 천간법(天干法), 지지법(地支法), 수교법(修交法), 오상법(五常法) 등이 있다.

먼저 오행상생법은 주역(周易)의 음양오행설(陰陽五行說)에 근거를 두고 목(木), 화(火), 토(土), 금(金), 수(水) 오행이 상생(相生)과 상극(相剋)의 원리에 의해 생성된다는 학설에 따라 항렬을 정하는 것이다. 물론 상극(相剋)이 아닌 상생(相生)의 원리(木, 火, 土, 金, 水)를 근거로 항렬을 정한다. 예를 들면, 조부가 목(木)의 글자인 동(東)을 쓰면 부친은 화(火)에 해당하는 환(煥)을 쓰고 나는 토(土)의 의미인 재(在)를 그리고 자식은 금(金)으로 현(鉉)을, 손자는 수(水)로서 윤(潤)을 쓰게 되는 것이다. 이 한자들을 보면 글자 속에 木, 火, 土, 金, 水가 모두 들어 있음을 알 수 있다. 이것은 목생화 화생토 토생금 금생수 수생목으로 이어져 앞 글자가 뒷글자를 생(生)하는 것으로 생의 근원이 된다는 원리이다.

다음으로 지구의 자전과 공전을 기준으로 탄생한 원리인 천간(甲, 乙, 丙, 丁, 戊, 己, 庚, 辛, 壬, 癸)과 지지(子, 丑, 寅, 卯, 辰, 巳, 午, 未, 申, 酉, 戌, 亥)가 있는데, 이것을 활용하는 항렬법이 간지법(干支法), 천간법(天干法), 지지법(地支법)이다.

간지는 천간과 지지를 합한 것이다. 이 가운데 천간법은 천간 글자의 파자(破字)를 반복 순환시키는 방법이다. 예를 들면, 갑(重, 萬 등) 을(九, 元 등) 병(丙, 英 등) 정(寧, 宇 등) 무(茂, 成 등) 기(範, 起 등) 경(庸, 秉 등) 신(憲, 鐘 등) 임(廷, 任 등) 계(揆, 承 등)로 항렬이 진행되는 것이다.

지지법은 지지 12글자를 순환시켜 나가는 방법이다. 예를 들면, 자(學) 축(秉) 인(寅) 묘(卿) 진(振) 등으로 연계되어 간다. 숫자 一에서 十까지의 숫자를 반복하여 항렬을 정하는 방법을 수교법(修交法)이라 하는데, 그 예를 보면 일(雨, 大) 이(宗, 天) 삼(泰, 春) 사(寧, 憲) 오(吾, 昨) 육(奇, 赫, 章) 칠(虎, 純) 팔(謙, 俊) 구(旭) 십(平, 南)으로 사용하고 있다. 이 역시 괄호 속의 한자를 파자하면 一에서 十까지 한자가 드러난다.

끝으로 오행에서 오상인 인(仁: 음양오행 木), 예(禮:火), 신(信:土), 의(義: 金), 지(智:水)와 주역(周易)의 원형이정(元亨利貞)과 같은 유교적 덕목을 사용하는 것을 오상법(五常法)이라 한다.

이처럼 우리는 음양오행이 항렬에 깊이 관여하고 있다는 것을 알 수 있다. 예로부터 우리 조상은 음양오행을 우주의 법칙으로 발견하고 우주와 하나 되기 위해 생활 속에 음양오행을 적용한 것이다. 음양오행은 우리 생활문화 속에 담겨 있기에 음양오행을 모르고는 우리 문화를 이해하기는 어렵다.

전통적으로 음양오행은 우주 만물 삼라만상의 생성 요소이며 근본 원리이다. 명리학의 과학적 근거도 바로 음양오행설을 바탕으로 하고 있으며, 이 음양오행으로 우주 대자연의 법칙을 간파하고 인간의 운명을 추론한다. 또한 모든 사물의 특성과 현상을 해석하고 감정, 방위, 색깔, 기운, 계절, 숫자, 한글, 건강, 음식 등 생활 속의 요소를 모두 해석한다. 그렇기에 모든 것이 음양오행에서 나온 것임을 인지 못하는 경우가 많다는 것이 유감스러운 현실이다.

칠월칠석(七月七夕)과 음양사상

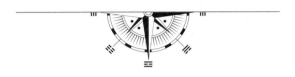

칠월칠석의 유래는 중국 한대(漢代)의 괴담(怪談)을 기록한 책인 재해기(齋諧記)에서 전해지고 있다. 한자(漢字)의 뜻에서 알 수 있듯이 견우는 끌견(牽)자와 소우(牛)자를 사용하여 목동으로 알려져 있으며, 직녀는 짤직(織)자와 계집녀(女)를 사용하여 베를 짜는 여자로 등장하고 있다.

옥황상제가 다스리는 하늘나라의 궁전 은하수 건너편에 부지런한 목동인 견우가 살고 있었다. 옥황상제는 견우가 성실하고 착하여 손녀인 직녀와 혼사를 치르도록 하였다. 혼인하고 견우와 직녀는 깊은 사랑의 달콤함에, 견우는 목동 일을 등한시하고 직녀는 베짜는 일을 게을리하게 되자, 천계의 현상과 질서가 혼란에 빠지게 되었다. 이에 분노한 옥황상제는 은하수 동쪽에는 견우를, 은하수 서쪽에는 직녀를 귀양 보내어 서로 떨어져 살게 했으며, 1년에 칠월 칠일 하루만 만나게 하였다.

이렇게 하여 견우와 직녀는 은하수를 사이에 두고 그리워하면서도 만날 수 없는 처지가 되었을 뿐 아니라 막상 칠월 칠일이 되어도 건널 수 있는 다리가 없어 은하수 강가에서 서로 바라보며 눈물만 지을 수밖에 없었다.

이러한 사연을 알게 된 까마귀와 까치가 해마다 칠월칠석이 되면 견우와 직녀를 만나게 하려고 하늘로 올라가 은하수에 다리를 놓았는데, 이것을 오작교(烏鵲橋)라 하였다. 이리하여 견우와 직녀는 1년에 한 번 칠석날 저녁 오작교 위에서 만날 수 있었다.

칠석날 전에 비가 내리는 일이 있는데, 이것은 견우와 직녀가 타고 갈 수레를 준비하기 위해 먼지 앉은 수레를 씻기 때문이며 그 비를 세차우(洗車雨)라고 한다. 이러한 연유로 칠석날에는 까마귀와 까치가 보이질 않는데, 간혹 보이는 것들은 병이 들어 하늘로 올라갈 수 없는 것들이라고 한다. 이날 까마귀와 까치는 다리를 놓느라고 머리가 벗어지게 된다고 하였으며, 칠석날 밤에 비가 오는 경우는 만남의 기쁨으로 흐르는 눈물로 칠석우(七夕雨)라 하고, 다음 날 새벽에 내리는 비는 이별의 슬픈 눈물이라 하여 쇄루우(灑淚雨)라고 한다.

또한 견우와 직녀의 슬픈 만남이 있는 칠석날 밤에는 그들의 아픈 사랑이 옮겨질까 두려워 별을 보지 않는 풍속이 있다. 별을 보게 된다면 일 년 내내 근심이 떠나질 않는다고 여기기 때문이다. 그래도 별을 보고 싶다면 그릇에 물을 담아 물에 비치는 별을 보는 것이다.

이러한 이야기는 하늘에 동서로 떨어져 있던 견우성과 직녀성의 별자리가 회전하다가 칠월칠석 저녁에 서로 가까워지는 자연적인 현상에 근거를 두고 만들어졌다. 즉, 천문학상 명칭으로 견우성(牽牛星)은 독수리 별자리(鷲座星, 취좌성)의 알타이어(Altair, 나는 독수리라는 뜻) 별이고, 직녀성(織女星)은 거문고(琴星座)자리의 베가(Wega, 떨어지는 또는 하강하는 독수리라는 뜻)별을 가리키는 것으로 원래 은하수의 동쪽과 서쪽에 있다.

이 두 별은 태양 황도상(黃道上)의 운행 때문에 가을 초저녁에는 서쪽 하늘에 보이고, 겨울에는 태양과 함께 낮에 떠 있고, 봄 초저녁에는 동쪽 하늘에 나타나며, 여름 칠석 자정 무렵이면 천장(서 있을 때 머리 위 꼭대기) 부근에서 볼 수 있는 것으로 마치 1년에 한 번씩 만나는 것처럼 보인다.

견우성과 직녀성을 저녁에 관찰해 보면 봄이나 가을에는 지평선 가까이에서 볼 수 있으며, 칠월칠석을 전후한 여름철에는 높은 고도인 중천에서 볼 수 있다. 이것은 지평선 부근의 달이 중천의 달보다 커 보이듯이, 어떤 두 별 사이의 거리도 중천에 있는 경우보다 지평선 부근에 있을 때 더 떨어져 있는 것처럼 보이게 되는 것으로 일종의 착시현상이다.

이날을 음양 사상으로 구분하여 본다면, 1년 중 양이 왕성하던 계절인 여름이 가고 음의 계절을 만나는 날이 곧 7월 7일이라 할 수 있다. 음양 사상은 상대적으로 사물을 파악한다는 의미로 하늘이 있으면 땅이 있고, 해가 있으면 달이 있고, 양지가 있으면 음지가 있듯이 인간에게도 남자는 양이고 여자는 음으로서 견우와 직녀가 만나는 날을 자연의 양과 음이 합을 이루는 상징적인 날로 여길 수 있다.

여기에서 우리는 혼인이나 결혼이란 의미를 살펴볼 필요가 있는데, 먼저 혼(婚)은 어두울 혼(昏)과 발음도 같고 글자구성도 비슷하다. 어두울 혼에 계집녀가 합쳐진 글자이다. 이것은 우리에게 혼이 저녁에 이루어지는 예식이라는 것을 짐작케 하는 대목이다. 어두울 때 예식을 거행한다는 것은 음양 사상에 따라 자연의 질서에 순응하고 있다는 뜻이다.

하루 중에서 저녁은 황혼으로 해가 점차 기울어지고 있는 시간이다. 기본적으로 낮(밝음)은 양이고 밤(어둠)은 음으로서 하루에 음양이 교차하는 시간은 황혼과 새벽 두 번이다. 황혼은 양이 약화하면서 어두워지는 음과 만나는 시간이고, 새벽은 음이 약화하면서 밝아지는 양과 만나는 시점이다. 두 번 모두 음과 양이 교차하면서 음양이 교접하는 시간이라 할 수 있다.

또한 양은 올라가는 성향(火)이며 반면에 음은 내려오는 성향(水)을 가진 것으로, 저녁땐 양이 하강하고 음이 상승하는 시점으로 음이 양을 수용하고 받아들이는 의미로도 볼 수 있다.

다음으로 인(姻)은 인(因)으로 이해할 수도 있다. 즉, 인은 독립적인 의미가 아니라 의존적인 개념이다. 부인은 남편으로 말미암아 이루어지기 때문에 인이라고 하였다. 다시 말하여 부부를 풀이하면 남편과 부인을 혼과 인으로 나타낼 수 있는데, 혼은 남자로서 '장가든다'는 뜻이고, 인은 여자로서 '시집 간다'는 뜻이라 할 수 있다. 그래서 결혼이란 말은 혼인이라고 할 때 사용하던 인을 빼버린 글자로 보면 된다.

동양철학에서 음양 사상은 모든 사유의 출발점이자 귀착점으로 남녀의 만남도 생산의 시작을 의미하고 생산은 곧 결실과 풍요를 나타낸다. 칠월칠석은 음과 양의 기운이 같은 날인 중용을 표현하고 있으며, 해와 달이 동시에 서산 위에 떠 있는 모습을 관찰할 수 있듯이 음양의 조화와 교접이 이루어지는 날이다.

따라서 칠석 일은 조상들이 일 년 농사를 수확하기 전 마지막으로 풍년을 기원하는 날이기도 하다. 칠석날이 지나야 벼가 이삭을 맺고 여러 과일도 익어가게 되어 수확할 수가 있다.

한편 칠월칠석을 비롯하여 동양사상의 핵심인 음양론에서 보는 숫자는 홀수를 양으로 하늘의 수(天數)로 여기고 짝수는 음으로 땅의 수(地數)로 보았는데, 중국과 우리나라에서는 홀수인 양수가 겹치는 날을 양기가 왕성한 날로 길일(吉日)이라 하여 그날에 의미를 두고 명절을 정했다. 그 예를 보면 1월 1일은 설날, 3월 3일은 삼진날, 5월 5일은 단오, 7월 7일은 칠석, 9월 9일은 중양절 등으로 되어 있다.

탑(塔)과 음양오행

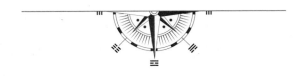

　고대에 중국을 중심으로 싹트게 된 동양철학 사상은 우리나라를 비롯하여 일본에까지 많은 영향을 끼쳐 왔으며, 그 정신세계의 주류는 천인합일 사상(天人合一思想)과 음양오행사상(陰陽五行思想)에 있다. 이것의 사상체계는 천지자연의 원리와 법칙에 하늘과 땅과 사람의 상호 감응하는 이치를 통하여 천의(天意)를 인간사에 적용하고 있다. 그래서 한글을 비롯하여 음식, 주거, 의복, 의학, 음악, 놀이문화 등 우리 문화의 대부분 뿌리가 음양오행사상에 근거하고 있다.

　그중에서 부처님의 영혼이 머무르고 있으며 불교 신앙의 대상이기도 한 탑에 얽힌 내용과 그 속에 담고 있는 음양오행 사상을 살펴보고자 한다. 탑이란 원래 탑파(塔婆)를 줄인 말로 스투파(stupa),

'투파'라는 범어를 한자(漢字)로 표기(음역)한 것이다. 그 내용은 "신골을 봉안하여 흙이나 돌로 높이 쌓아 올린 분묘"라는 의미다. 이것은 무덤, 묘, 영지가 되어 불교가 등장하기 오래전부터 인도 사회에서 전통적으로 내려오던 분묘형식이다.

석가모니가 입적하였을 때 다비(火葬, 화장)를 하였고, 여덟 말의 사리가 수습되어 여덟 나라에 사리를 나누어 탑을 세우고 부처님 사리를 봉안하였는데, 이것을 근본 8탑이라 한다. 이후 탑은 일반적인 무덤이나 건축물이 아니라 부처의 진신사리와 경전이 모셔진 성스러운 공간이 되었다. 그래서 고대에서는 불상이 만들어지기 전에 최고의 예배처로 탑이 그 역할을 하였다가 점차 탑 주위에 수행처가 만들어짐으로써 자연스럽게 탑이 수행처(寺刹)에 위치하게 되었다.

처음 인도에서 시작된 탑은 중국, 한국, 일본 등으로 전래하면서 각 나라의 특색에 따라 양식과 재료가 다른 탑들이 세워졌다. 우리나라 탑의 형식은 중국, 일본과는 달리 탑의 층수를 홀수로 하고 있으며, 반면 수평인 기단은 짝수로 하고 있는데, 이러한 관념은 불교 교리나 사상을 근거로 하는 것이 아니라 고대 동양의 우주관인 음양의 사상에 바탕을 두고 있다.

또한 동양사상의 중심인 주역에서 상수(象數)에 대한 내용을 보면 천일 지이 천삼 지사...천구 지십(天一地二天三地四...天九地十)이니 천수(天數)는 25요 지수(地數)는 30이라는 구절이 나온다. 즉, 주역에서 상수 내용은 1, 3, 5, 7, 9는 홀수로서 양수이며 양의 완성 수는 9이며 합이 25이다. 2, 4, 6, 8, 10은 짝수로서 음수로 음의 완성 수는 10이며 합이 30이다.

우리나라 탑층을 보면 수직으로 양수인 3, 5, 7, 13층 등 홀수로 만들어져 있으며, 반면에 이 탑을 바치고 있는 기단은 평면으로 음수인 4각 아니면 8각으로 짝수로 되어 있다. 그래서 탑에는 음양의 조화를 이루어 하늘은 시간을, 땅은 공간을, 탑에 계신 부처님의 영혼은 존재인 중생과 함께하는 것이다.

탑의 층수를 홀수인 양수를 택한 것은 반대로 짝수인 음수를 배척한다는 의미와 함께 길상 관념의 세계를 담고 있다. 탑의 층수에 사용된 3, 5, 7, 9의 양수이자 홀수 층의 의미와 10층으로 조성된 이유를 보면 다음과 같다.

첫 번째 3은 동양의 수리철학(數理哲學)에서 가장 완벽한 숫자로 동양의 삼재사상(三才思想)인 천지인(天地人)을 표상하고, 3은 '모든'이라는 말을 붙일 수 있는 최초의 숫자이며 처음과 중간과 끝을 모두 포함한 전체의 의미로도 쓰인다. 3은 1과 2를 더하여 이루어진 숫자로서 1과 2는 각각 양과 음을 뜻하고 있어 3은 완전한 수로 볼 수 있다. 그리고 불교를 구성하는 세 가지 기본요소인 3보(三寶: 불, 법, 승), 즉 부처님, 부처님의 가르침, 스님을 나타내고 있다.

두 번째 5는 소우주로 인간을 나타낸다. 5는 1에서 10에 이르는 중간의 수이다. 5는 천위(天位)의 수라 한다. 5는 오행<목(동), 화(남), 토(중앙), 금(서), 수(북)>을 의미하고 있으며, 5는 사방과 중심을 나타내는 것으로 원과 같이 전체를 나타내고 있다. 불교 심장에서는 네 방향과 중심을 합하여 5라는 숫자가 되어 보편성을 상징한다. 성산(聖山) 수미산(불교의 우주관에서 우주의 중심을 이루는 거대한 산)은 동(東)의 승신주(勝身洲), 서(西)의 우화주(牛貨洲), 남(南)의 섬부주(贍部洲), 북(北)의 구로주(俱盧洲)의 네 대륙에 둘러싸여 있고 아촉여래(동), 보생여래(남), 아미타여래(서), 불공성취여래(북)에 둘러싸여 있는 대일여래(중심)는 보편성을 나타내고 있다.

세 번째 7은 대우주를 나타내는 숫자이다. 천지인(天地人)과 사시(四時)를 상징하고 있다. 다른 의미로는 북두칠성, 칠요(七曜: 해, 달, 화성, 수성, 목성, 금성, 토성)를 나타내는 것으로 불교에서 7은 상승의 수로서 지고천(至高天)으로 올라가 중심에 도달하는 것을 의미한다.

부처의 칠각(七覺)은 시공을 초월하는 칠천(七天: 야마천, 도솔천, 사천왕천, 낙변화천, 타화자재천, 범중천, 대범천)을 넘어가는 것을 상징한다.

네 번째 9는 강력한 숫자인 3의 거듭제곱(3x3)이고 불후의 숫자이다. 양이 완성된 수로 성취, 달성, 처음과 끝, 전체를 의미하며 지상낙원을 나타내고, 가장 높거나 가장 많다는 의미이다. 9는 존귀, 길상적 상징부호로 사용되기도 한다. 불교에서 지고의 영적인 힘을 상징하며 구천(九天)의 의미가 있다. 구천은 지구를 중심으로 회전하고 있다고 여기는 아홉 개의 천체로 일천(日天), 월천(月天), 화성천(火星天), 수성천(水星天), 목성천(木星天), 금성천(金星天), 토성천(土星天), 항성천(恒星天), 종동천(宗動天)을 말한다.

다섯 번째 10은 음수의 완성이며 모든 수를 포함하고 있다. 모든 사물과 모든 가능성을 상징한다. 홀수 층으로 만들어지는 일반적인 탑의 관례와는 달리 10이라는 짝수로 된 특별한 경우이다. 하지만 이러한 탑도 평면이 '亞'자형을 이루고 있는 아랫부분의 3개의 층과 일반형 석탑과 같은 방형(方形)으로 된 윗부분의 7개 층으로 구성되어 3과 7의 수를 바탕으로 한 홀수로 만들어진 탑으로 볼 수 있다.

하늘에 맞닿은 탑은 천수(天)로 양수인 홀수로 만들어지고, 땅과 맞닿은 기단은 지수(地)로 음수인 짝수로 만들어 음과 양이 완전한 조화를 이루고 있는 탑 속의 부처님은 시방삼세(十方三世) 늘 중생(人)과 더불어 천지인(天地人) 합일을 하고 있다.

윷놀이와 음양오행

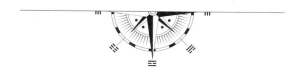

윷놀이는 우리나라에서 남녀노소 누구나 즐기는 대표적인 놀이로써 주로 정월 초하루부터 대보름날까지 행하여졌다. 그 유래는 삼국시대 이전부터 마을에서는 농사의 풍흉을 점치고 개인적으로는 한 해의 길흉을 알아보는 점술 도구로 시작하여 중세를 거쳐 근대사로 이어지면서 놀이로 변화했다.

윷놀이에 관한 구체적인 기록은 고려 말 이색의 <목은집牧隱集>에서 볼 수 있으며, 이후 서적으로는 조선 시대의 우주론을 담고 있는 사도설(柶圖說 윷판을 사도라고 함, 그래서 윷놀이를 척사대회(擲柶大會)라고도 함.)이 있다. 이것은 우주의 모양을 국자 또는 숟가락(柶) 비슷한 것으로 이해하려고 했던 김문표(金文豹)가 주장한 것으로서 윷은 도(道)

를 아는 사람의 작품이라고 하며, 하늘은 둥글고 땅은 평평하다는 개천설(蓋天說, 고대 중국 주나라 때의 우주관)에서 연유한 천원지방(天圓地方, 하늘은 둥글고 땅은 네모짐)의 천문사상에 음양오행설을 더한 것이다.

하늘은 국자의 바깥, 즉 둥근 부분에 해당하고 땅은 그 안 부분의 네모난 모양을 하고 있다고 여겼다. 즉, 윷판은 하늘과 땅을 포함한 소우주로 볼 수 있다. 그것의 전체적인 그림은 큰 원이 하늘을 뜻하고, 십자(+)는 동서남북인 4방위를 지닌 땅을 의미하고, 여기에 4개의 삼각형이 원과 방을 이루어 하늘(○), 땅(□), 인간(△)의 삼신일체 원리를 나타내며, 큰 테두리 안에 위치한 '8개의 작은 점'은 북두칠성이 정중앙에 있는 북극성(栖星)을 중심으로 28수가 7개씩 사방(4×7)으로 나누어진 것은 4계절과 4방위를 따라 돌아가는 것을 의미한다.

윷판에서 중앙은 천원(天元)으로 우주 만물은 주재자를 중심으로 움직인다. 그래서 윷판의 방(천원)을 거치는 말밭을 운용하게 되면 가장 빠르게 갈 수 있지만, 그렇지 않으면 멀리 우회하게 된다. 방을 중심으로 바깥 단위의 말밭을 포함하여 오행의 원리로 본다. 윷판에 있는 29개의 점에서 천원점이라는 중앙에 있는 점을 제외하면 28개의 별자리가 된다.

이것은 우리나라의 칠성신앙(七星信仰)과 관련이 있으며 북두칠성이 인간의 운명을 관장한다는 사상을 나타내고 있다. 그리고 달이 천구(天球)상에서 28일 만에 제자리로 돌아오는 것을 기준으로 하늘을 28분위로 나눈 것이며, 또한 황도(태양의 경로)를 가리키기도 하여 우주원리에 따라 동지에서 시작하여 춘분, 추분, 하지를 표현하기도 한다.

둥근 하늘을 중심으로 28수를 비롯한 많은 성좌가 북극성(자미)을 둘러싸고 있으며 태양의 운행이 음양오행(陰陽五行)의 순환과 관련하여 절기의 변화를 나타내고 있다. 중앙에 천원과 동서남북 네 귀를 빼면 24개의 말밭이 남는데, 이것은 24절기를 의미한다.

윷판에 적용되는 태양력 24절기를 보면, 북에서 떠난 말이 동을 거쳐 가운데로 들어왔다가 다시 북으로 나오는 것은(가장 짧은 거리로 북은 태양이 가장 짧게 뜨는 날) 동지(冬至)의 태양 궤도 그대로이다. 북에서 떠난 말이 동과 중앙을 지나 다시 서를 거쳐 북으로 나오는 것은(태양이 밤과 균형을 맞춰 뜨는 시기로 낮이 길어지기 시작한다.) 춘분(春分)의 태양 궤도이다. 북에서 떠난 말이 동, 남, 서를 거쳐 북으로 되돌아 나오는 것은(태양이 가장 길게 뜨는 날) 하지(夏至)의 태양 궤도이다. 북에서 떠난 말이 동, 남을 지나 북으로 나오는 것은(태양이 밤과 균형을 맞춰 뜨는 시기로 밤이 길어지기 시작한다.) 추분(秋分)의 태양 궤도이다.

한편 윷놀이에 있는 주역 사상을 보면, 윷 원재료인 박달나무를 우주의 본체라 할 수 있는 태극(太極)을 뜻하고 그것을 쪼개면 음양(陰陽 앞면과 뒷면) 윷가락이 된다. 윷놀이의 세 가지 구성요소인 윷판과 윷 그리고 말은 동양의 삼재 사상인 천지인을 뜻하며 동시에 우리 선조들 고유의 삼신(三神) 사상을 의미하고 있다.

앞(陽)과 뒤(陰)를 기본으로 둥근 나무토막 넷이 엎어지거나 젖혀지게 한 것은 음양을 나타내면서 네 개의 말은 사상(四象)을 뜻하며 사시(四時)를 가리키고 윷가락의 앞뒷면을 합치면 8개로 팔괘(八卦)가 된다. 또한 도(1밭), 개(2밭), 걸(3밭), 윷(4밭), 모(5밭)로 이루어진 것은 오행의 수(數)인 수(1), 화(2), 목(3), 금(4), 수(5)를 표현하고 있으며, 동물로는 도는 돼지, 개는 개, 걸은 양, 윷은 소, 모는 말을 나타낸다.

윷에 얽힌 동물들의 유래는 고대국가인 부여국의 관직명에 속하는 4출도를 뜻하는 것에서 유래되었다고 한다. 즉, 부여엔 왕 외에 마가(馬加), 우가(牛加), 구가(狗加), 저가(猪加) 등의 족장이 나라를 다스렸는데, 윷놀이에서는 여기에다 양가(羊加)를 더한 것이다.

우리말 의미로 도 개 걸 윷 모를 살펴보면, '도'는 처음을 말하는 것으로 죽음에 이른 사람은 돌아가셨다는 말로 처음으로 갔다는 '도'를 의미한다. '도'는 해가 솟아오르는 이른 아침 시각이며, '개'는 아침과 정오 사이에 해가 개였다는 밝은 시간을 말한다. '걸'은 정오를 말하고 크다는 의미와 가운데라는 의미가 있으며, '윷'은 '걸'위의 윗 시각을 나타내는 말이다. '모'는 모퉁이 모서리와 같이 해가

지는 변화되는 시각을 나타내는 표현으로써 도 개 걸 윷 모는 말이 하루해를 지나는 것을 의미하고 있으며 낮의 시각을 다섯으로 나누고 있다.

한편 4개의 윷말이 나타내는 변화(8×8=64)는 역의 64괘를 의미하기도 한다. 이처럼 윷놀이 안에는 주역에 등장하는 태극 음양 사상 오행 팔괘 64괘 등 우주 만물의 운행원리가 모두 들어 있다. 이것은 곧 윷이라는 소우주에서 한 해의 풍흉과 길흉을 예측하는 기능으로 농사나 신수를 점치는 예언적 의미를 담고 있다.

윷점은 윷을 세 번 던져 나온 끝수를 주역의 64괘와 연결하고 각각의 괘에 점사가 있는데, 이를 보고 한 해의 길흉에 대하여 점을 치는 것으로 18세기 말 유득공이 지은 <경도잡지(京都雜誌)>에서 원일(元日), 즉 설날 풍속을 소개하고 이날 노는 윷에 대해 그 구조와 방법 등을 상세하게 기록하고 있다. 윷점의 시간은 정월 대보름날 밤에 쳐야 점복이 가장 잘 들어맞는다고 여겼는데, 이것은 달을 신격 시 했던 우리 민족의 샤머니즘 사상에 근본을 두고 있다.

또한 농경사회에서 농사의 흉풍은 삶과 직결되는 것으로 농한기인 겨울철에도 세시 풍속을 통해 풍년을 기원했으며, 정월에 윷놀이는 지연, 혈연집단을 통합하는 역할도 하였다. 윷판은 우주 천체도(天體圖)를 축소한 것으로 하늘의 시간과 지상의 공간 그리고 존재인 사람들의 합일을 내포하고 있으며, 인생사와 관련된 희로애락의 모든 이치가 들어 있다.

따라서 윷은 놀이로서 협력의 의미뿐만 아니라 천문과 우주의 원리를 담고 있는 음양오행 사상으로 지상과 인간의 운을 예언하는 것과 동시에 한민족의 철학과 종교 그리고 홍익인간의 사상을 포함하고 있다.

삼족오(三足烏)

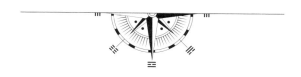

　삼족오는 몸통 하나에 3개의 다리를 가진 검은 새로서 우리나라를 비롯하여 고대 동아시아 지역 사람이 '태양'과 '새'를 결합하여 태양조(太陽鳥)로 여기고 태양신을 형상화할 때 징표(徵表)로 삼았다.

　삼족오는 '세 발 달린 까마귀'라고도 하지만 오골계(烏骨鷄), 오죽(烏竹), 오석(烏石), 오옥(烏玉), 오수정(烏水晶) 등에서 '까마귀 오'가 아니라 '검을 오'로 사용되었듯이 '세 발 달린 검은 새'를 뜻하는 것으로 태양의 흑점과도 관련이 깊다. 즉, 고대인은 태양의 흑점에서 검은 본영(本影)이 세 발 달린 검은 새를 닮았던 것으로 여겼으며 태양 속에 사는 새처럼 생각했다. 또한 눈부신 붉은 태양을 배경으로 하게 되면 어떠한 사물도 검은색으로 보이게 되는 것으로 현조(玄鳥)라고도 한다.

문헌으론 <삼국사기>권 14<고구려 본기 2 太武神王錄>에 보면
'오자흑야'(烏者黑也)라는 문구에서 삼족오의 오가 '검을 오'임을 뒷
받침하고 있다. 태양 속에 사는 새로써 천상의 신(神)과 인간세계를
이어주는 전설 속에 존재하는 상상의 새(神鳥)로 인식하고, 동아시
아에서는 태양신으로 불리며 일오(日烏), 금오(金烏), 준오(烏), 흑오(黑
烏), 적오(赤烏)라고도 부른다.

삼족오와 관련된 신화적인 상징은 동쪽에 태양(太陽)을 상징하던
원형(同心圓, 동심원) 안에 일상(日象, 陽, 東)으로 그려져 있으며(日中三足烏,
일중삼족오), 서쪽에는 둥근달 안에 두꺼비(蟾, 섬여)를 그린 월상(月象,
陰, 西)(月中三足烏, 월중삼족오)과 함께 천상에서 좌우 혹은 동서로 대응
되고 있다.

또한 삼족오는 신(神)의 사자(使者)로서 고대 동아시아의 태양숭배
사상과 관련이 깊은 것으로 알려져 있다. 고대인은 자신들이 태양
의 후손이라는 의미에서 태양 안에 삼족오를 그려 넣어 자신들의
문양으로 삼았으며, 그 대표적인 민족이 고조선의 뒤를 이은 고구
려이다.

단군신화에서 환인의 아들 환웅과 주몽의 아버지인 해모수가
종족의 부족장으로 볼 수 있다. 사전적 의미는 중국 고대 신화에

나오는 해 속에 산다는 세 발 달린 까마귀라고 해석하고 있지만, 당나라와 접전을 벌이던 시대에 우리 역사상 가장 강력한 힘을 발휘했던 고구려가 중국의 상징을 차용했을 가능성은 희박하다. 즉, 천손(天孫, 하늘 백성) 의식을 가지고 있는 한민족 고유의 상징으로 볼 수 있다.

우리 문화에서는 중국이나 일본에서 말하는 삼족오와는 달리 머리에 공작처럼 벼슬이 달려있으며, 발 모양은 조류와는 다르게 낙타나 말 같은 포유류의 발굽 형태를 하고 있다. 벼슬의 의미는 국가 통치조직에서 나랏일을 담당하는 직위나 직무를 상징하고 있다. 절대적 신권과 영원성을 상징하는 태양의 새로서 절대자, 절대 권력자의 의미로 동양에서 천자의 상징인 용봉(龍鳳) 문화에서 봉황과 관련이 있음을 짐작하게 한다. 또한 발 모양도 열 가지 동물의 장점을 두루 갖추고 있다고 묘사되는 봉황과 관련되어 있음을 알 수 있다.

고대문화에서 삼족오의 등장은 고구려 쌍영총, 각저총, 덕흥리 1, 2고분, 개마총, 상서중묘, 천왕지신총, 장천 1호분, 무용총, 약수리 벽화고분, 다섯무덤(오회분) 4, 5호 묘, 중국 요녕성 조양(朝陽)지구 원태자벽화묘(袁台子壁畫墓) 등의 벽화에서 볼 수 있다.

고구려 고분벽화에 있는 삼족오의 의미를 분석하면, 첫 번째 머리에 있는 볏(一)이 물이나 시원으로 태초의 생명성을 상징한다면 날개(二)는 화합, 부부, 상대적 균형, 따뜻함을 상징한다. 세 발(三)은 자연의 생명성(씨), 순환, 부부 사이에 태어난 자녀, 초목, 생장-소멸-순환, 시공, 힘, 완성 등을 상징한다.

한편 음양사상(陰陽思想)에서는 태양이 양이고 달이 음이며 홀수는 양수이고 짝수는 음수로 구분하고, 우주원리인 오행(五行)의 구분을 보면 목(木)은 동쪽, 청색이며 숫자로는 3, 8, 화(火)는 남쪽, 적색으로 2, 7, 토(土)는 중앙, 황색으로 5, 10, 금(金)은 서쪽, 백색으로 4, 9, 수(水)는 북쪽, 흑색으로 1, 6을 나타내고 있다.

따라서 삼족오는 태양신으로 태양은 양이며 하나의 몸통에 세 개의 발로 모두 양수가 되어 태양과 새의 조화를 이루고 있다. 삼족오의 색은 검정으로 북방의 수(水)를 상징하고 숫자로는 1의 기운을 의미한다. 1의 수는 우주 만물의 생명과 근원을 의미하고 우리 민족이 인류 태초의 시원국이라는 것을 상징화하고 있다.

삼족에서 3의 의미를 보면, 예로부터 음과 양을 합한 수로 완성의 의미가 있으며 완전한 수이기도 하다(음, 양, 중 사상). 노자 도덕경에서는 1이 2를 낳고 2가 3을 낳으며 3이란 수가 만물을 만들었다고 하였으며, 천부경에서는 일석삼극(一析三極, 하나를 나누어 가르니 셋이 된다.)이라 하였듯이 살아 있는 것의 존재 원리는 3이란 수의 원리에 있다고 한다.

동양 삼재 사상에서는 천(天) 지(地) 인(人)으로 현대과학에서 물질의 구성도 양성자, 중성자, 전자로 되어 있으며, 종교에서도 유교는 무극, 태극, 황극. 불교에서는 법신불, 응신불, 보신불, 그리고 기독교에서는 성부, 성자, 성신을 나타내며, 각각 3극 1체, 3신 1체, 삼위일체로 부르고, 3의 원리에 의해 구성된 만물은 물, 얼음, 수증기라는 3번의 변화를 갖는 것이 근본 원리로 보고 있다.

삼족오는 우리 민족 내면에서 전해져 오고 있는 천손(天孫) 민족으로서의 자긍심과 동방 문화권의 종주로서 용봉 문화에 대한 올바른 인식의 상징물로 존재하고 있다. '세 발 태양신(太陽神)'에 대해 박은식(朴殷植)은 고조선의 국교는 삼신교(三神敎)라 하였으며, 삼신은 환인(桓因), 환웅(桓雄), 단군(檀君)을 가리킨다. 고조선 사람과 그 후예에게 삼신은 생명을 주고 가호하는 신이었기 때문에 자식을 낳으면 삼신에게 제사하고 고하는 의식과 관습이 있었다고 기록하였다. 태양조는 한국의 우주관, 생명관의 반영이라 할 수 있다.

고조선에서 고구려의 상징으로 이어온 삼족오는 시조새로서 흉조(凶兆)인 '까마귀'가 아니라 길조(吉兆)인 '태양새'라 할 수 있다. 삼족오는 고구려가 생각하였던 하늘이면서 태양의 상징으로 세계의 중심이라는 것을 의미하기도 한다. 또한 삼족오는 하늘과 소통하고 하늘을 숭배하는 천손 민족의 면모를 보여주는 동시에 한민족을 대표할 수 있는 상징으로 볼 수 있다.

오늘날 한·중·일 간의 역사전쟁은 실로 치열할 정도이다. 여기에서 우리는 전통이나 역사에 대한 관심도를 더욱 고취하여야 하며, 삼족오의 의미를 통하여 자긍심을 갖고 우리의 미래와 주체성을 밝히는 계기가 되길 바란다.

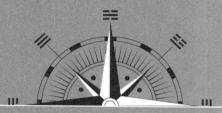

제4장

명리학으로 풀어보는
색깔과 상징

한국의 전통 색상과 음양오행

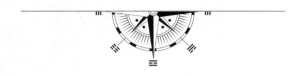

동양사상의 우주 인식과 사상체계의 중심이 되어온 것이 음양오행 사상이다. 음양은 우주 만물의 생성원리의 근본이며 존재 질서의 상징이다. 음양의 두 기운은 오행인 다섯 가지 각 원소 안에 들어 있는데, 세상 만물에 비유되어 적용되고 있는 목(木), 화(火), 토(土), 금(金), 수(水)를 말한다.

음양오행은 동양 문화권을 지배해 온 사상으로 우리나라에서도 여러 계통에 걸쳐 전통적인 뿌리를 내리고 활용되어 온 사상적 근거라 할 수 있다. 이것은 우주관과 사상체계를 나타내며 균형, 통합 그리고 조화를 뜻한다. 여기서 다루고자 하는 색채도 자연과 우주의 원리에 순응하고 균형과 조화를 이룬다는 의미로 오행 색이 활용되고 있다.

오행의 기본적인 물상은 색상을 비롯하여 방위, 계절, 요일, 행성, 의복, 음식, 건강, 지역, 숫자 한글 등 다양한 분야에 인생을 담고 있다. 오행 색상도 오행 물상의 분류에서 나온 것으로 목은 청(靑), 화는 적(赤), 토는 황(黃), 금은 백(白), 수는 흑(黑)색으로 나누어진다.

여기에서 청색과 적색은 목, 화에 해당하여 양으로 분류되고, 황색은 토로 중앙, 그리고 백색과 흑색은 금, 수에 해당하여 음으로 분류된다.

방위를 기준으로 한 오방색(五方色)을 양으로 보는데, 오방색은 순수하고 섞음이 없는 기본색이라 하여 오정색(정색, 오색, 오채)이라고 부르기도 한다. 이와는 달리 오간색(五間色)은 음으로 보는데, 정색 사이사이 중간방위에 있는 색이기 때문에 오간잡색이라 부르기도 한다.

색상의 구체적인 내용을 살펴보면, 다섯 방위를 색으로 나타내는데, 양(陽)에 해당하는 오방색은 동(東)은 청, 남(南)은 적, 중앙(中央)은 황, 서(西)는 백, 북(北)은 흑으로 구분한다. 오방색의 두 가지 색을 결합한 음(陰)에 해당하는 오간색은 녹(綠) 벽(碧) 홍(紅) 자(紫) 유황(硫黃)으로 나눈다.

청과 황의 동방 간색을 녹, 황과 흑의 중앙 간색을 유황, 흑과 적의 북방 간색을 자, 적과 백의 남방 간색을 홍, 백과 청의 서방 간색을 벽으로 구분한다. 오방색과 오간색은 오랫동안 우리 생활과 사상 전반에 영향을 끼쳐 온 상징적인 색으로 우리나라 전통문화를 계승하고 발전시키는 소재로 널리 사용하였다.

정색과 간색인 10가지 색을 음양과 오행에 따라 적절하게 사용하는 것은 우주의 질서와 조화를 유지하여 화평을 얻는다는 의미이다. 또한 이것은 단순히 색깔로서의 아름다움만이 아니라 종교, 철학, 생명, 지혜 등 여러 의미를 내포하고 복을 기원하며 나쁜 기운을 몰아내는 역할까지 했다고 한다.

몇 가지 그 활용 예를 보면, 돌이나 명절날 어린아이에게 혹은 혼례에서 입는 색동저고리는 건강과 화평을 의미한다. 색동은 또 신(神)과 인간을 이어주는 무당의 옷으로도 사용되었다.

궁궐이나 사찰 건축물에서 보이는 단청은 오방색의 방위와 위치에 따라 조화를 이루도록 그려지고 있으며, 전통음식에서는 오훈채(五菜)라는 개념이 도입되어 있다. 오훈채는 중앙의 의미를 가지고 있는 노란색 나물을 가운데에 놓고 주위에 청, 백, 적, 흑의 나물을 놓는다. 다섯 가지 덕과 신체의 모든 기관에 균형과 조화를 이루어 건강을 준다는 의미이다.

잔칫상의 대표적 음식인 다식(茶食)도 오색의 빛깔로 장식하여 일상 음식과 구분하여 무병장수의 기원과 경사스러움을 나타내었다. 김치인 백채(白菜)에도 오색을 포함한 주재료가 들어가 오행의 조화를 이루고 있다. 각종 음식, 즉 국수, 갈비찜, 잡채, 육회, 떡국 등 음식의 종류에 따라 다양하게 올려지는 오색(五色) 고명도 이러한 음양오행의 색깔을 바탕으로 하고 있다.

이 밖에도 색(色)에는 상징적 의미가 있는데, 귀신과 저승을 음으로 보고 양의 기운으로 귀신과 저승을 멀리할 수 있다고 여겼다. 그 예로 아기가 태어난 집에 금(禁)줄을 두르거나 전통결혼식에서 신부의 얼굴에 바르는 연지곤지를 들 수 있다. 연지곤지는 양(陽)의 의미가 있는 것으로 시집가는 여인을 시기, 질투하는 음귀(陰鬼)에 대한 방어로 사용했다.

동짓날 양의 색인 붉은색 팥죽을 끓여 먹고 대문과 담벼락, 마구간 등 집안 곳곳에 뿌렸는데, 사람의 몸과 집 안에 숨어 있는 잡귀를 내쫓는다는 의미이다. 고사를 지낼 때나 이사를 할 때도 시루떡 위에 팥고물을 올리는데, 이것도 같은 맥락으로 볼 수 있다. 간장 항아리에 붉은 고추를 끼운 금줄을 두르는 것도 역시 나쁜 기운의 근접을 막기 위한 것이다. 반면 잔치나 제사 때에는 떡고물의 색깔이 붉은색 대신 흰 팥이나 콩, 녹두, 깨 등으로 바꾸었다.

혼례에서는 청(음)색과 홍(양)색이 주를 이루는데, 폐백 음식의 보자기, 음식이 곁들여진 실, 양초, 등 모두가 남녀를 상징하는 홍색과 청색으로 이루어져 있다.

오행에서 오방색과 오간색의 의미와 근원 등을 살펴보면 다음과 같다.

첫 번째 청색은 좌청룡으로 용을 나타낸다. 오행에서는 목에 해당하며 동쪽과 나무를 의미하고 계절은 만물이 소생하는 봄으로서 창조, 생명, 성장, 숭고, 신생을 상징한다. 해가 떠오르는 동쪽을 의미하여 귀신을 물리치고 복을 기원하는 데 사용하는 색이다.

두 번째 적색은 남주작으로 공작, 봉황을 나타낸다. 오행에서는 화로 남쪽과 불을 의미하고 계절은 여름으로서 태양, 불, 피 등과 같이 생성, 창조, 정열, 애정, 적극성을 상징한다. 자연의 생명력과 태양의 에너지를 나타내고 잡귀와 병마의 접근을 막는 주술적 의미를 지니고 있다. 가장 강력한 벽사의 색으로 청색과 함께 양기의 대표적 색으로 본다.

세 번째 황색은 황룡으로 우주의 중심이다. 오행에서는 토로 중앙과 흙을 의미하고 계절로는 환절기로서 존귀, 부귀, 풍요를 상징한다. 오방색에서 가장 고귀한 색으로 인식되어 있으며, 세계의 중심이라는 의미로 황제나 왕만이 황색 옷을 입을 수 있었다. 역사에서 고려시대까지는 왕이 황색 곤룡포의 전통을 이어 왔지만, 조선의 태조는 청색 곤룡포를 입었다. 이것은 토를 극하는 오행이 목으로 목은 청색에 해당하기 때문이다.

네 번째 백색은 우백호로 해태를 나타낸다. 오행에서 금으로 서쪽과 쇠를 의미하고 계절은 가을로서 결백, 진실, 삶, 순결, 신성, 영광 등을 상징한다. 가공하지 않은 소색(素色)으로 온화하고 너그러운 자연의 색이며 빛의 색이다. 우리 민족이 상서로운 징조로 여겨 흰옷을 즐겨 입는 원인이기도 하다.

다섯 번째 흑색은 북현무로 거북을 나타낸다. 오행에서 수로 북쪽과 물을 의미하고 계절은 겨울로서 태양이 사라진 어둠을 상징한다. 죽음을 나타내고 정체 등 소극적 의미도 있지만, 만물의 생사를 관장하는 신으로도 여기며 지혜 등을 상징하는 색이다.

다음으로 오간색의 의미를 보면,

첫 번째 녹은 청과 황의 간색으로 평화와 생장을 상징한다.

두 번째 유황은 황과 흑의 간색으로 비옥함과 풍요를 상징한다.

세 번째 자는 흑과 적의 간색으로 고귀와 위엄을 상징한다.

네 번째 홍은 적과 백의 간색으로 기쁨과 즐거움, 온화함을 상징한다.

다섯 번째 벽은 백과 청의 간색으로 이상과 희망을 상징한다.

오늘날 단순히 이미지로만 색을 사용하는 색채관과는 다르게 우리 선조들이 활용하는 색채를 보다 더 이해하고 연구하여 전통적인 색 활용을 계승하는 데 관심을 기울일 필요가 있다. 선조들의 사상은 삼라만상의 모든 이치를 소우주인 인간이 대우주와의 균형과 조화를 맞추는 데 역점을 두고 있는 것이다.

만자(卍字)와 태극(太極)

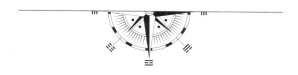

　고대에서부터 사용한 만자(卍字) 부호는 태극(太極)과 함께 하늘의 은하계에 있는 회선과 유사함을 알 수 있으며, 이것은 우주 만물의 근원인 음양을 상징하고 있는 것과도 동일한 것으로 이해할 수 있다.

　卍자는 본래 고대 인도의 스바스티카(Svastika)라 부르는 범자(梵字)로서 중국 당나라시대의 측천무후 때 한문(漢文) 문자로 채택하여 卍을 만으로 발음하게 되었다. 우리나라에서는 신라시대부터 사용하기 시작하였으며, 많이 쓰였던 시기는 숭불정책을 펼쳤던 고려시대 이후로 보고 있다.

　卍자에서 S자 모양의 2개의 회선과 태극 내 원을 가르는 S자 모양의 곡선은 역동적인 우주의 기운을 의미하고 태양계의 회전운동과 음양의 조화로운 관계를 표현하고 있다. 즉, 천지와 일월이 경(經, 세로)과 위(緯, 가로)가 되어 우주 변화의 기강(紀綱)을 잡고 세로축은 양, 가로축은 음을 나타내고 있다.

태극에서는 바람개비 모양의 양의(兩儀)가 원상 안에서 상하로 상대하며 회전하는 형태로 위쪽에는 양의(陽儀)가 아래쪽은 음의(陰儀)로 되어 있다. 우주의 상징모형으로 양의(兩儀)는 공간개념이고, 회전운동은 시간 개념이다. 태극은 시간과 공간의 융합체로 회전하는 우주라 할 수 있다.

이것은 卍자에서 내포하고 있는 영원이나 무한 그리고 우주의 개념과 같다. 卍자 역시 十자에서 음양을 간직하고 나아가 사방으로 뻗어 나가 날개가 회전하는 형태로 되어 사방 끝이 종횡으로 펼쳐져 계속 이어지는 운동성과 회전개념에서 연상된 무한성으로 해석된다.

태극의 뜻은 클 태(太), 덩어리 극(極)으로 '큰 덩어리'라는 것이고, 시간상으로는 처음 태(太), 끝 극(極)으로 '처음부터 끝까지' 또는 '태초로부터 궁극에 이르기까지'를 의미하고 있다. 卍자에서 의미하고 있는 '끊임없이 무한하다'라는 뜻을 가진 무시무종(無始無終)과 동일하다고 볼 수 있다.

태극은 동양 문화권을 중심으로 생성되었던 것으로 보고 있지만, 卍자는 아시리아, 그리스, 로마 등 고대 세계 여러 문화에서 사용되었고, 주로 강력하고 긍정적인 부호로 전해져 오고 있다.

중국 고전인 역경(易經)에 나오는 태극은 동양철학 전반에 걸쳐 사상적 배경으로 삼고 있지만, 卍자는 우리나라를 비롯하여 동양에서는 부처나 불교, 절을 나타내며, 불심(佛心)을 상징하고 존재의 바퀴 또는 윤회를 뜻하고 있다.

조선의 통치이념이었던 성리학에서 태극은 우주 만상의 근원이며 인간 생명의 원천으로서의 진리를 표현하고 있으며, 사멸(死滅)이 없는 구원(久遠, 영원하고 무궁함)의 상(相)으로 되어 있다. 불교에서의 불성(佛性)도 만물의 실체(實體)를 불생불멸(不生不滅)하는 것으로 태극과 함께 우주와 인간의 본성을 나타내고 있다.

태극은 불교에서 법성(法性, 우주에 존재하는 모든 사물의 실체), 근원, 진공묘유(眞空妙有, 생겨나지도 않고 멸하지도 않는 절대의 진리)의 근본을 의미한다. 태극 속에는 영생불멸의 생명체가 모두 들어 있어서 진공묘유의 법칙을 안고 있는 것과 같다.

조선의 대표적 유학자 이황은 태극을 "그것은 지극히 존귀한 것으로 만물을 명령하는 자리이며 어떠한 것에도 명령을 받지 않는 것이다."라고 하였다. 우주에 존재하는 모든 것이 태극의 원리를 내포하고 있지만, 원리는 인간으로부터 인식되는 것으로 인도(人道)의 극치가 태극이며 태극이 바로 인극(人極)이라고 보고 있다.

불교에서 석가모니가 탄생하였을 때 사방으로 일곱 걸음씩 걸으면서 한 손으로는 하늘을, 다른 한 손으로는 땅을 가리키며 "천상천하 유아독존"이라 하였다. '나'는 하늘 위, 하늘 아래 홀로 높고 가장 존귀한 위치에 있음을 설파하였다. '나'의 존재는 '참된 나'로서 불성을 가리킨다. 불성을 깨달아 만물을 명령하는 높고 존귀한 경지에 이르고 있는 것이 '유아독존'이며 성리학에서 말하는 인극의 경지와 상통한다. 즉, 태극의 극치인 인극의 경지는 불교에서 말하는 해탈의 경지라고도 할 수 있다.

천상의 달이 지상의 천강(千江)에 비칠 때 강마다 둥근 달이 떠있는 것처럼 천지를 태극이라 할 수 있으며, 만물이 태극의 원만성을 구비한 것이라 할 수 있다. 불교에서는 우주의 모든 존재가 평등하며 무한한 불성을 가지고 있는 것으로 본다.

卍자에 숨어있는 불성이 모든 것을 통섭하는 진리이며 우주의 실상(實相)으로 태극의 원리와 일치하고 있다. 우주의 운동은 생성(陽)과 죽음(陰)의 끝없는 연속이다. 생명은 화이트홀(陽)이 주도하고, 죽음은 블랙홀(陰)이 주도한다. 화이트홀의 작용은 빅뱅이라는 폭발이고, 블랙홀의 작용은 빛까지도 빨아들이는 흡인(吸引)이다.

卍자와 태극은 둘 다 우주 만물의 근원인 음과 양의 의미를 담고 있는 것으로 우주의 본질이며 조화라 할 수 있다. 색과 형체가 있어 눈에 보이는 색(色)은 음(陰)이고, 색과 형체가 없어 눈에 보이지 않는 공(空)은 양(陽)이다. 불교에서 말하는 색즉시공(色卽是空)은 음즉시양(陰則是陽)이고, 공즉시색(空卽是色)은 양즉시음(陽則是陰)으로 볼 수 있다.

물론 이것은 물리학에서 말하는 우주의 질량과 에너지 보존 법칙과도 같은 개념이다. 그 외에도 卍자는 길상만덕(吉祥萬德)이 모이는 곳을 뜻하기도 하고 불타의 깊은 내용을 구상화하였다는 점에서 일종의 만다라(曼茶羅)로 이해할 수도 있다.

생명의 근원적인 측면에서 태양은 전 세계에 걸쳐 신으로 상징되는 것이 일반적이다. 영적, 자연적 생명의 근원으로 태양을 숭배하여 왔다. 생명은 운동이고 운동은 원이며, 원운동은 회전을 낳고 회전은 卍자에서 뜻하는 소용돌이를 형성하고 있다.

태극에서 양의는 공간이고 회전운동은 시간 개념으로써 하나의 융합체로 보듯, 卍자도 또한 가로로 그은 선은 삼세(三世)이고 세로로 그은 선은 시방(十方)을 가리키는 것으로 과거, 현재, 미래의 삼세는 무형적인 시간이고 시방은 방위적으로 공간이다.

공간은 평등이고 시간은 차별이다. 그래서 卍자는 일심의 덕이 시방삼세를 관통해서 종횡무진한 것을 나타낸다. 또한 무불상(無佛像) 시대에 예배 대상의 하나였던 바퀴 모양의 법륜(法輪)을 도식화한 것으로도 본다.

한편 서구의 일부 불교학자들에 의하면, 卍자를 4개의 L자가 결합하여 있는 것으로 보고 생명(Life), 광명(Light), 자비(Love), 자유 혹은 행운(Liberty, Luck)을 뜻하는 머리글자로 해석하기도 한다.

태극과 卍자는 음양의 의미를 지닌 동시에 우주의 근원이며 역동적인 기운으로 돌아가는 원을 그리고 있으며, 희망(希望)과 길상(吉相), 상서(祥瑞)의 의미를 지니고 있음으로 보는 것만으로도 마음의 고요와 안정을 찾는 데 도움이 될 것이다.

단청(丹靑)과 음양오행

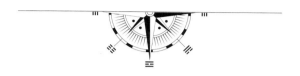

    단청은 주로 목조건물에 여러 가지 우아하고 매력적인 빛깔로 무늬를 그려서 장식한 것이다. 거대한 규모로 장엄하게 장식함으로써 건물을 돋보이게 할 뿐만 아니라 사람들에게 위압감을 느끼도록 하여 위엄(威嚴)과 권위(權威)를 나타내고자 하는 목적도 있다.

    외형적으로는 기후변화에 대비하여 풍해, 부식, 건습 등을 방지하고 내구성을 강화하며, 목재 표면의 옹이나 흠집을 감추고 기념비적인 건축물의 전시와 기록을 위함이다. 단청은 사찰의 불전, 보살전, 궁궐의 전각과 서원, 향교, 객사, 성문, 누각 그리고 왕릉의 정자각, 침전, 사당, 효자각, 열녀각, 심지어 작은 정자 등 다양하게 사용되고 있다.

넓은 의미로 보면 단청은 조각이나 공예에 채색하는 것과 그림을 그려서 장식하는 서(書), 회(繪), 화(畵)를 포함하고 있어 전통 목조 건축물은 물론 고분, 동굴벽화, 칠기, 공예, 조각, 장신구 등에도 활용되고 있다.

단청의 사상은 태극에서 보았듯이 붉을 단(丹) 푸를 청(靑)으로 음양(陰陽)과 오행설(五行說)에 기조(基調)를 두고 있다. 그 기본적인 색상도 오행에서 나타내는 목(木)화(火)토(土)금(金)수(水)의 색인 청(靑) 적(赤) 황(黃) 백(白) 흑(黑)을 기본으로 일정한 규칙에 따라 문양을 그려 넣었다. 태양에서 오는 열기(火)와 지구에 있는 물의 시원인 광물(金)에서 물(水)을 섭취한다. 이를 토대로 땅(土)에서 자라나는 것은 식물(木)을 비롯한 생명체들로 그들과 함께 생활하는 것이 또한 인간이다.

음양오행의 원리에서 나온 색상과 채도는 서양에서 말하는 단순한 색이나 시각적 개념을 넘어서 동양사상에서 말하는 우주의 생성과 소멸이라는 변천 과정의 원리에 바탕을 두고 있다.

단청의 오방색에는 동양의 근본 사상과 자연현상의 문양, 문자나 민간신앙적인 것이 있으며, 서로 향유하는 집단 간의 약속된 부호의 성격을 내포하고 있다. 오행에서 목(木)과 화(火)는 양(陽)이며 금(金)과 수(水)는 음(陰)으로서 이승은 양이며 저승은 음으로 구분된다. 그래서 예로부터 악귀를 쫓거나 예방하는 데에는 양을 대표하는 적색을 사용하였으며, 흉례에는 음을 대표하는 흑색이 사용되었다.

단청에서도 오행의 상생(相生. 목생화, 화생토, 토생금, 금생수, 수생목)과 상극(相剋. 목극토, 토극수, 수극화, 화극금, 금극목)을 응용하고 있다. 즉 청생적, 적생황, 황생백, 백생흑, 흑생청으로 색상이 상생 관계가 되면 우주만물의 화합이 이루어진 것으로 서기(瑞氣)가 충만하게 되고 따라서 악귀가 근접하지 못한다고 여겼다.

물론 미(美)적인 요소를 가미하여 오방색의 정색(陽)만이 아니라 간색(陰)을 섞어 사용하기도 하였다. 그 순서를 보면 녹색, 청색, 자색, 적색, 감색, 황색, 밤색, 백색, 회색, 흑색 등을 원칙으로 하였으며, 색의 선호도에 따라 동일계통을 가미하는 방법도 사용되었다.

단청의 무늬는 한 채의 건물에도 쓰이는 부재(部材)에 따라 다르므로 무늬의 종류는 다양하다. 무늬의 체계는 건물의 부위와 장식 구성에 따라 머리초와 별지화로 나누고 있다. 머리초는 건물의 평방, 창방, 도리, 대들보, 서까래, 부연 등 부재의 양 끝에 그리는 무늬이며, 주된 무늬는 연화, 웅련화, 파련초, 주화, 녹화 등의 꽃으로 장식되지만 드물게는 국화, 모란꽃 등의 기타 꽃무늬가 도안화되기도한다. 별지화(別枝畵)는 평방, 창방, 도리, 대들보 등 큰 부재의 양 끝에 머리초를 놓고 중간 공백 부분에 회화적인 수법으로 그린 장식화를 말한다. 별지화는 사찰건축에서 많이 볼 수 있는데, 주로 용, 봉황, 기린, 거북 등의 사령(四靈)을 비롯하여 천마, 사자, 운학 등의 상서로운 동물과 사군자나 불교 경전에 나오는 장면 등이 있다.

단청의 종류에는 보통 다섯 가지 혹은 여섯 가지로 나누는데 가 칠단청, 긋기단청, 모로단청, 금모로단청, 금단청, 갖은 금단청 등이 있다. 대표적으로 사용되는 범위를 보면 금단청은 사찰, 모로단청은 궁궐, 긋기단청은 서원이다.

단청을 그리는 사람은 두 가지 계통이다. 하나는 궁전계통으로 화원, 화공, 도채장 등이 맡아서 궁전과 객사, 관아, 사묘 등의 단청을 하였으며, 다른 하나는 사찰계통으로 승려의 신분으로 금어, 화사, 화승이라 불렀으며, 그들은 사찰뿐만 아니라 사찰 내에 필요한 불상, 불화, 조각 등의 제작도 맡고 있었다.

단청의 역사를 보면, 멀리는 신석기 시대의 원시인들이 외계의 적, 즉 그들이 이해하기 힘든 신비한 힘과 맹수, 맹금, 독충의 침해로부터 자신을 보호하기 위한 수단으로 온몸에 여러 가지 색을 칠하고 또는 문신을 하는 데에서 시작되었다.

고대에서는 지배 세력이나 나라의 길흉에 관한 의식이나 종교, 신앙적인 의례를 행하는 건물과 의기 등을 엄숙하게 꾸며서 일반기물과 구분하기 위하여 의장하는 데서 비롯되었다. 따라서 탑, 신상,

비석, 고분이나 무덤의 벽화, 출토된 부장품에 그려진 갖은 문양 등이 단청의 시원이라 할 수 있다.

　또한 단청은 건축물의 성격에 따라 궁궐 단청, 사원 단청, 유교 단청 등으로 구분된다.

　첫 번째로 궁궐 단청에는 정전, 대문, 편전, 침전 등 다양한 건물이 있는데, 이들 건축물에는 각기 등급에 따라 다양한 종류의 단청이 사용되었다. 정전에는 국왕의 권위와 위엄을 상징하는 문양들이 있는데, 정전의 단청 양식은 정적이고 웅건한 멋을 나타내며, 독특하고 인위적인 상징무늬와 색채가 호화로우면서도 은근한 기품을 보여준다. 색조는 다소 어두운 것으로 적, 녹, 흑, 청색이 주로 사용되었다.

　두 번째로 사찰 건물에는 대불전(대웅전, 대적광전, 무량수전 등), 보살전(원통전, 명부전, 미륵전 등), 영산전, 팔상전, 조사전, 판전, 삼성각, 종루, 요사채 등에 다양한 단청형식이 사용되었다. 색채 사용에서는 매우 원색적이고 표면적이며 다채로운 특징이 있다. 따라서 밝고 화려한 색조의 적, 녹, 홍, 황, 청색이 주로 사용되고 있다.

　세 번째로 유교 단청은 검소하고 겸양하면서도 건실한 의장이 특징이다. 고상한 예의 정신을 강조하고 있으며 연화, 주화, 여의두 등으로 장식된다. 연꽃은 군자를 상징하고 동시에 속세를 떠나 유유자적하게 살아가는 은일지사(隱逸之士)의 의미이다. 주화문은 감꼭지를 도식화한 문양으로 만사형통을 나타내고, 여의두 무늬는 평안하며 일이 뜻대로 잘 풀리기를 기원하는 의미가 있다. 검소하고 수수한 색조로 적, 녹색이 주로 사용되고 있다.

단청은 하나의 예술작품으로서 음양오행에 바탕을 두고 수평선과 수직선의 이원적 요소는 음양으로 그리고 청, 적, 황, 백, 흑색은 오행의 오채(五彩)로서 강하고 화려한 원색으로 그려져 하나의 기품을 유지하고 있으며, 주변의 자연환경과 조화를 고려하여 완성된다. 또한 단청의 오행사상에는 현세의 강령과 내세의 기원을 담고 있다.

단청은 우주로부터 전해 오는 감동을 받고 하늘의 순리(順理)를 파악하려는 인간의 고뇌가 들어 있으며, 음양오행 사상의 질서를 통해 벽사진경(邪進慶)과 제액(制厄)은 물론 천지인(天地人)의 합일(合一)을 표현하고 있다.

만다라(曼茶羅)

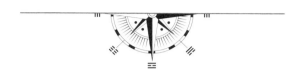

　만다라는 세상에 있는 모든 것은 각기 고유의 존재 의미를 가지는 동시에 상호연관성을 지니고 있다는 불교의 연기법(緣起法)으로 우주 전체를 뜻한다. 원을 그리는 것에서 시작되어 우주 속의 나 자신과 자신의 위치를 알고자 하는 욕구에서 비롯된 원형디자인으로 깨달음의 세계를 상징적으로 나타내고 있다.

　오랜 세월 여러 문화권에서 원은 우주를 나타내는 것으로 그 속에 있는 점(dot) 하나는 모든 것의 정수(essence) 또는 원천(source)을 의미한다. 만다라는 산스크리트어 만달라를 한자음으로 표현한 것으로 '완전한 세계', '치유 능력을 가진 원'이라는 의미가 있으며, 불교에서 마음을 통일하는 수행의 방법으로 우주의 형상을 나타내는 의식이다. 어원은 본질, 정수(Mandal)+소유, 얻다(la)의 복합어로 '우주의 진리를 깨우쳤다' 또는 '우주의 본질을 담고 있다'는 뜻이다.

불교에서 불법의 완성을 형상 또는 그림으로 도형화한 불교미술의 하나로 행자가 명상을 통하여 우주의 핵심과 합일하고자 하는 깨달음의 안내도이며, 깨달음을 통해 얻은 진리의 세계를 상징적 형상으로 체계화한 우주 법계도이다. 또한 만다라는 우주의 본질 또는 생명의 진수가 원형의 바퀴로 나타낸 것이기도 하다. 따라서 인류가 꿈꿀 수 있는 가장 완전하고 성스러운 아름다움을 표현하고 있다.

만다라의 형태는 대부분이 둥근 원 안에 사각형 모양이 그려져 있으며, 사각형이 삼층탑 모양으로 이뤄져 몸, 입, 정신을 나타내고 정중앙이 정신이자 부처의 눈을 비유하기도 한다. 우주의 원리와 본질을 상징하며 완전한 경지와 통일된 형상은 모든 것이 끝없이 연결되어 세상에 존재하는 것은 모두 연기관계(緣起關係)에 놓여 있다는 것을 말한다. 따라서 우주의 법은 고정된 것은 없으며 끊임없이 변화하는 것으로 이것이 바로 본질이자 진리이다.

만다라에서 깨달음의 형상은 원을 이루는 오색으로 나타내고, 그것은 지구상의 5가지 존재 요소인 지(地) 수(水) 화(火) 풍(風) 공(空)

으로 표현된다. 오색은 각각의 방위에 따라 대각선으로 바탕을 구획하여 해당하는 색을 사용한다. 가장 바깥 원에는 청적황백흑의 오색으로 화염의 무늬를 나타내는데, 이것은 오선정불(五禪定佛) 신체를 상징하는 신성한 색으로 외부의 적을 막는 역할을 한다.

여기에서 오선정불(다섯 명의 명상하는 붓다)이란 첫 번째 중앙에 위치하고 에테르(空界), 물질의 집합체(色蘊)를 관장하는 바이로차나(비로자나불) 부처, 두 번째 동쪽에 위치하고 물(水界) 의식의 집합체(識蘊)를 관장하는 바즈라사트바(금강살타) 부처, 세 번째 남쪽에 위치하고 흙(地界) 촉각의 집합체(受蘊)를 관장하는 바가반 라트나삼바바(보생불) 부처, 네 번째 서쪽에 위치하고 불(火界) 감정의 집합체(想蘊)를 관장하는 아미타바(아미타불) 부처, 다섯 번째 북쪽에 위치하고 공기(風界) 의지의 집합체(行蘊)를 관장하는 아모가싯디(불공성취불) 부처를 나타낸다.

또한 오색은 동양사상의 핵심인 음양오행(陰陽五行)의 원리에서 여러 분야에 걸쳐 응용되고 있는 것으로 음양과 오행인 목(청색) 화(적색) 토(황색) 금(백색) 수(흑색)로 구분하여 표현하고 있다.

먼저 음양의 의미로는 선의 형태와 굵기 등으로 나누어지는데, 예를 들어 켈로그 곡선은 음으로 여성이 그린 만다라에 주로 사용되고, 반면에 양인 직선은 남성이 그린 만다라에 주로 사용된다. 음인 곡선으로 만들어진 꽃은 감정적인 여성상을 나타내고, 양인 직선으로 구성된 3각형은 이지적인 남성상을 나타내는 등으로 구분할 수 있다.

다음으로 만다라를 구성하고 있는 5색의 의미로 첫 번째 청색은 밖에서 안으로의 귀의, 조복을 상징하고, 두 번째 적색은 악을 연소하며 열정과 자기 현시욕의 현실적 색, 사랑, 좋은 결연, 부부화합을, 세 번째 황색은 우주의 중심에서 방사하는 색, 발전, 수명장수, 사업번창을, 네 번째 백색은 청정과 영의 빛, 대일여래의 근본 색, 안정과 액운 방지를, 다섯 번째 흑색(녹색)은 생에 대한 휴식, 조복을 상징하고 있다.

만다라는 종교적으로 기독교의 십자가, 원불교의 일원상, 불교사찰의 만자 등 여러 가지 모양으로 인간의 정신세계에서 자기를 나타내는 상징으로도 볼 수 있다. 원래 만다라는 수행의 한 방법으로 깨달음을 얻기 위한 목적이었지만, 현대에 와서는 미술치료, 놀이, 수행 및 안정 등을 목적으로 다양한 방면에서 사용되고 있다.

그 대표적 사례가 종교적 색채가 강한 만다라를 치료 분야에 적용하게 되는 역사의 시작이다. 분석심리학자인 칼 구스타브 융 박사는 자신의 학문 생활과 심리적인 위기로 인해 개인적으로 은둔 생활을 하게 되면서 매일 자신의 내면을 표현하는 원의 형태를 그리게 되었다.

이후에 그 원이 자신의 무의식을 표현하고 있다는 것을 발견하게 되었고 스스로 치유되는 경험도 갖게 되었으며, 자신이 그려왔던 원형의 그림들이 인도의 전통 속에서 그리는 만다라라는 것도 알게 되었다. 그래서 칼 융 박사는 처음으로 만다라에 심리학적 의미를 부여하고 본격적으로 치료 분야에 적용하기 시작하였다. 환자들에게 만다라를 그리도록 하여 그림이 조화되며 완성되어 가던 중 심리상태도 호전되는 것을 보면서 치료적 효과를 증명하였다.

인간의 내적 세계를 반추하는 거울과 같으며 무의식을 분석하는데 만다라와 같은 문양들이 도움이 된다는 것이다. 즉, 만다라를 통하여 내면을 들여다보고 내적인 조화를 이루어 나가며 자아정체감을 확립하는 것이 바로 치료의 효과이다. 융의 연구 이후 만다라는 개인의 의식적인 정체감을 찾아 나가는 과정으로 인식되어 다양한 분야에서 시도되어 왔다.

만다라는 단순한 도상(doctrine)을 넘어 조화와 질서가 있는 완전체계(cosmos)의 도식화로 시간과 공간을 초월한 우주 체험을 시각적(視覺的)으로 표현하고 있으며, 명상을 통한 내면의 우주적 체험을 밖으로 드러내고 우주와의 합일(合一)에 이르는 메커니즘(mechanism, 정신분석학에서는 무의식적 방어 수단을 지칭)을 담고 있다. 만다라는 보이는 것은 물론 보이지 않는 영성의 에너지까지 함축되어 살아 숨 쉬는 진리로써 모든 세상 만물을 가리킨다고 할 수 있다.

　또한 영원한 시간의 수레바퀴를 뜻하면서 '내가 이 세상의 중심'이고 '내가 곧 부처'임을 깨닫게 하는 그림으로 만다라의 주인공은 우리 자신이 곧 붓다가 될 수 있듯이 붓다이면서 바로 우리 자신을 말하고 있다.

마이산(馬耳山) 돌탑과 음양오행

　전북 진안군에 위치하고 있는 마이산은 암석으로만 이루어진 두 개의 봉우리가 말의 귀 모양을 닮았다고 하여 붙여진 이름이다. 보이는 왼쪽인 동쪽 산을 숫마이산, 오른쪽인 서쪽 산을 암마이산이라 한다. 마이산은 신라 때는 서다산(西多山), 고려 때는 용출산(湧出山), 조선 초기에는 이성계가 속금산(束金山)으로 불렀다. 오행설(五行說)에 의하면, 태조 이성계가 이(李) 씨로 자원(字源, 글자가 구성된 근원)이 목성(木星)이고, 마이산은 목(木)과 상극인 금(金)의 산으로 금이 왕성하면 목성인 이 씨가 해(害)를 받으므로 금을 묶어 두려는 의도로 속금산이라 불렀다고 한다.

　하지만 태종 때 산신께 제사를 올린 후 마이산을 보고 '말의 귀'

같다고 하여 이때부터 마이산이라 부르게 되었다. 마이산은 계절에 따라 각각의 이름이 있는데, 봄에는 자욱한 안개 속에 솟은 배의 쌍돛대 같다는 돛대봉, 여름엔 울창한 수목 속에 솟은 용의 뿔 같다는 용각봉, 가을에는 천고마비의 계절다운 마이봉 그리고 겨울에는 내리는 눈이 먹물에 찍은 붓끝 같다는 문필봉으로 불리어지고 있다.

풍수적으로는 산(山) 태극과 수(水) 태극의 한가운데 위치하고 있어 영험한 기운이 모이는 곳으로 알려져 있다. 즉, 산 태극의 둘레 산을 보면 북쪽으로는 운장산, 대둔산, 계룡산이, 남쪽으로는 팔공산, 지리산이, 서쪽으로는 만덕산, 모악산이, 동쪽으로는 덕유산, 민주지산으로 연결되어 산맥들이 십자형을 이루고 있다. 그리고 암마이봉과 숫마이봉 사이의 천황문을 분수령으로 하늘에서 내리는 빗줄기가 북쪽으로는 금강이, 남쪽으로는 섬진강이 가로지르는 수태극을 만들고 있다.

현재 마이산은 지방 기념물 제66호로 지정되어 있으며, 1979년에는 도립공원으로 지정되었다. 마이산 탑사(塔寺)의 사찰 내에 있는 돌탑들은 세계에서도 보기 드문 탑으로 주목을 받고 있으며 신비함으로 덮여 있다. 처음에는 경내에 돌탑이 108기가 있었다고 하였는데, 그 동안 훼손돼 나머지는 없어지고 지금은 80여 기의 돌탑들이 전해지고 있다.

이 돌탑들은 효령대군(조선 태종의 둘째 아들이자 세종의 형) 16대손인 이 갑용 처사(본명 경의, 호 석정)가 암울한 세속을 한탄하며 도탄에 빠진 백성을 구제하겠다는 일념으로 기도와 함께 탑 쌓기를 하였다. 이 갑용 처사는 30여 년 동안 돌을 날라 기단 부분을 만들고 전국의 명산(名山)에서 가져온 돌로 상단 부분을 쌓았는데, 이것은 삼국지에 등장하는 제갈량의 팔진도법(八陣圖法, 군사들의 조련법, 전술사상)과 음양의 이치에 맞춰 축조하고 기공법(氣功法)을 이용하였다고 한다.

이갑용 처사는 25세 때 마이산에 들어와 솔잎으로 생식을 하며 수련을 하던 중 만민의 죄를 속죄하는 의미에서 석탑을 쌓으라는 신의 계시를 받았다고 한다. 마이산의 석탑들은 자연석을 쌓아 올린 적석탑(積石塔)으로 탑사(塔寺)를 들어서면 앞쪽에 있으면서 음양을 상징하는 월광탑(月光塔)과 일광탑(日光塔)으로 시작하고 있다. 여기에서 돌탑의 종류는 두 가지 유형이 있는데, 하나는 같은 크기의 돌들을 첩첩이 수십 개 쌓아 올린 외줄 탑이고, 다른 하나는 크고 작은 돌들로서 3~4m 높이의 기단부를 만들어 놓고 그 위에 외줄 탑을 세워 놓은 피라미드형 돌탑이다.

외줄 탑 중 가운데 있는 중앙 탑은 바람이 심하게 불 때도 조금 씩 흔들리기만 하고 그대로 있다. 이것은 한 개인의 지극한 정성이 선행되었다고 볼 수 있다. 다음으로 돌을 쌓을 때 음양의 원리를 적극 활용하였다. 즉, 돌에도 암수인 음양이 있음을 알고는 음의 날에는 양의 돌을, 양의 날에는 음의 돌을 쌓는 것이다. 게다가 탑들의 위치와 모양도 음양오행(陰陽五行)의 원리에 맞춰 소우주(小宇宙)를 구성하는 배치로 우주의 순행원리를 나타내고 있다.

오행(五行, 목화토금수)의 뜻이 담긴 오방탑(五方塔, 사방과 중앙)의 호위를 받는 돌탑에서 가장 규모가 큰 천지탑(天地塔)은 제일 높은 곳에 있으며 역시 오행과 함께 좌우로 음양의 의미를 담고 있다. 돌덩이 자체는 밑에서부터 음으로 시작해서 위 칸은 양이고 음양, 양음 순으로 구성하여 조화를 이루도록 하였다. 상판의 널판 돌은 음은 지(地)로서 짝수인 14기로 되어 있으며, 양은 천(天)으로서 홀수인 15기로 되어 있다.

위치는 탑사 내 중앙에 있으며 동서남북 사방으로 기운이 펼쳐져 있는 것을 느낄 수 있다.

또한 일반적으로 고드름은 겨울철에 추녀 밑이나 계곡 등에서 아래로 매달려 있는 것을 볼 수 있는데, 마이산 탑사에서는 겨울에 정한 수를 떠 놓고 기도하면 하늘로 솟구치는 역고드름이 생기는 신비한 현상을 볼 수 있다.

그리고 이갑용 처사가 신의 계시를 받고 그 내용을 30여 권의 책으로 기록하였다는 신서(神書)도 알려져 있으며, 모든 재난과 재앙을 막아준다는 부적도 전해지고 있다. 사적비에 의하면 언젠가 신서를 해독하는 사람이 나타날 것이라고 예언하고 있지만, 아직은 없다. 한편 탑사 내 돌탑들은 풍수적 견해로는 국토를 비보(裨補, 도와서 모자라는 것을 채움)하기 위한 목적의 축탑으로 보는 견해도 있다.

탑사(塔寺)라는 절 이름은 절을 지을 당시에는 없었으나 그가 평생 동안 탑을 축성했기 때문에 자연히 탑사로 불리기 시작했으며, 이후 이갑용의 손자 이왕선이 한국불교 태고종에 사찰등록을 하면서 정식으로 탑사라는 이름을 사용하게 되었다. 그리고 돌탑들은 마이산탑(馬耳山塔)이라는 이름으로 1976년 전라북도 지방기념물 제35호로 지정되기도 하였다.

탑사(塔寺) 내의 탑군(塔群)은 우주의 모양으로, 천상의 질서를 지상으로 옮겨놓은 것으로 천상인 우주와 지상인 인간 세상 그리고 인간의 조화와 일치를 표현하고 있다. 누구든 돌탑을 쌓는다는 것은 간절함과 정성이 내면에 담기지 않고는 할 수 없는 일이다. 목적과 방향이 절실할수록 기도하는 심정이 강화되듯 이갑용 처사가 30여 년간 탑 쌓는 일을 멈추지 않은 것은 정신적 고뇌와 감득(感得)으로써 돌 하나에 기도와 염원 하나씩을 실어 자신을 비롯하여 세상 사람의 속죄와 현세의 고해를 극복하려는 간절한 의도가 숨겨져 있을 것이다. 돌을 든 손이 흐트러질까 숨을 고르며 간절함 하나씩을 담아 올려야 하는 돌탑에서 정성과 소원이 싹트고 세상에서 어느 것 하나 함부로 할 수 없다는 것과 동시에 함부로 삶을 살아갈 수 없다는 것을 무언(無言)으로 알려주는 수양(修養)의 미(美)라 할 수 있다.

일월오봉도(日月五峰圖)

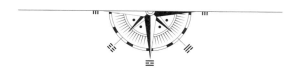

    일월오봉도는 다른 이름으로 일월오악도(日月五岳圖) 또는 일월곤륜도(日月崑崙圖)라 불리기도 한다. 그림을 앞에서 보면 왼쪽에는 달이 오른쪽에는 해가 떠 있고 양쪽 산에서 두 줄기의 폭포가 내리고 있으며, 아래로 넘실대는 파도 모양과 중앙을 기점으로 다섯 개의 산봉우리가 솟아있고 역시 좌우로 붉은 기둥의 소나무가 대칭으로 짝을 이루도록 그려져 균형감과 안정감을 주고 있다.

    우주를 상징하는 그림으로 동양의 핵심 사상인 음양오행을 나타내며, 해와 달은 음양을 표현하고, 다섯 봉우리 또는 목화토금수와 색상은 오행을 표현하고 있다. 일월오봉도는 하늘로부터 부여받은 왕의 존재를 의미하는 것으로 조선 시대 주로 용상(龍床, 왕이 정무를 볼 때 앉던 자리)의 뒤편에 놓였다고 한다.

먼저 음양은 우주를 이루는 해와 달로서 자강불식(自强不息, 하루도 쉬지 않고 정확한 시간에 자신의 행로를 가는 것)을 뜻하는 것으로 왕은 정해진 시간에 정사를 시작해야 하며, 모든 업무가 질서와 체계 그리고 균형 속에서 정확하게 이루어져야 한다는 의미이다.

예부터 동양에서 군주는 북극성(제왕의 별)에 비유되어 북쪽 하늘에 안거하는 것으로 여겨졌으므로 남면(南面)이라 하였다. 따라서 왕은 남쪽을 향하여 앉아야 한다는 사상이다. 왕이 있는 북에서 남으로 보면 좌측이 동쪽이 되고 우측이 서쪽이 된다. 음양 사상에서 동쪽은 해가 뜨는 곳이면서 낮의 상징으로 양이 되고, 서쪽은 해가 지는 곳이면서 밤의 상징으로 음이 된다. (左-東-陽-日, 右-西-陰-月)

군주는 남면으로 왕의 시각에서 좌측인 동쪽은 양으로 문신(文臣)들이 위치하였고, 우측인 서쪽은 음으로 무신(武臣)들이 위치하였다.(양인 좌가 우선이듯 문을 무보다 중요하게 여겼다.) 물론 정승도 좌의정이 우의정보다 높은 위치라는 의미이다. 즉, 왕이 북쪽으로 가장 높고 다음으로 문신은 동쪽, 무신은 서쪽에 위치하고 남쪽이 위계가 가장 낮은 것으로 그 외 신하와 백성들이 북면(北面)하는 위치에 있게 된다.

다음으로 음양은 우주를 이루는 하늘과 땅으로서 땅은 후덕재물(厚德載物, 덕을 두텁게 하여 자애롭게 만물을 포용하고 기르는 것)을 뜻하는 것으로 우리나라는 지리적으로 많은 산악에다 사이사이에 강과 하천이 숨어있는 듯 낮게 흐르고 있다. 하늘과 조화를 이루고 있는 대지에 풍요로운 생명력을 품은 어머니와 같은 지상을 표현하고 있다.

가운데 솟아있는 오악(五岳)은 땅의 상징으로 오행의 뜻과 함께 중앙의 산과 그 산을 둘러싼 동서남북 네 산을 의미한다.

중국 기준으로는 중앙의 숭산, 동방의 태산, 남방의 형산, 서방의 화산, 북방의 항산을 말하고 있으며, 우리나라는 조선시대 기점으로 보아 동쪽은 금강산, 남쪽은 지리산, 서쪽은 묘향산, 북쪽은 백두산, 중앙은 삼각산(북한산) 등을 나타낸다고 주장한다. 혹자는 중국 고대 신화에 나오는 전설적인 산인 곤륜산이라고 주장하는 경우도 있다.

그림 아랫부분에 수평으로 출렁이는 물은 햇빛, 달빛과 함께 생명을 키우는 원천으로 지상에 존재하는 만물에 생명을 불어넣고 있다. 또한 넘실대는 파도 모양은 조수(潮水)의 조(潮)와 국사(國事)를 논의하고 집행하는 조정(朝廷)의 조(朝)가 발음이 같다는 데서 유래한 것이라는 설이 있으며, 밀려드는 파도는 조정에 출입하는 신하들을 의미한다고 한다. 두 줄기의 폭포는 음과 양의 조화로움에서 생명을 잉태한다는 의미와 동시에 왕과 왕비가 화합하여 생명의 힘을 널리 전달하라는 뜻을 내포한다. 양쪽에 서 있는 두 쌍의 소나무는 우주목(宇宙木)으로 하늘과 땅을 연결하는 매개체라는 것을 상징하고 있다. 적송(赤松)은 전통적인 조선 소나무의 특징으로 성스럽고 귀하게 여겼다.

원래 일월오봉도의 목적은 궁중에선 기록화를 그리게 되어 있는데, 왕의 얼굴은 용안(龍顔)이라 하여 신성시하고 있었으므로 만약 그림으로 그려진 왕의 얼굴이 조금이라도 훼손되면 용납될 수 없는 심각한 상황이 발생하게 된다. 이러한 연유로 인해 왕의 얼굴 대신에 일월오봉도를 그렸으며, 이는 왕과 관련이 있는 그림으로 왕의 존재와 권위를 상징하게 되었다.

따라서 큰 규모의 궁궐 어좌(御座, 왕이 앉는 자리) 뒤에나 왕의 초상인 어진(御眞)을 모신 진전(眞殿)과 혼전(魂殿) 등의 뒤에 비치(備置)하게 되었다. 또한 왕이 거처하는 곳이나 행차 시 일월오봉도의 병풍을 치거나 장식했으며 왕은 그 그림 앞에 앉게 되어 있다. 일월오봉도는 그림 그 자체로는 미완성으로 보며 병풍 앞에 왕이 앉아야 비로소 완성된 그림이 된다. 또한 그림은 위에서부터 삼등분으로 나누어 우주를 이루는 삼재(三才, 천지인)의 원리를 내포하는데, 왕(丨)이 정좌(正坐)하면 삼재를 관통하는 대우주의 원리(三 + 丨 = 王)가 완성된다.

일월오봉도를 뒤로 하고 옥좌에 앉은 왕은 우주의 질서를 잡는 중심에 있으며 천지간에서 가장 신령스러운 존재가 된다.

즉, 왕은 하늘의 이치를 받들어야 하며 음양의 조화와 오행인 인의예지신(仁義禮智信)을 갖추어 백성과 함께 태평성대의 세상을 지향해야 한다. 한편 병풍 뒤에 있는 공간은 상궁이나 내시 등이 대기했다고 하며 왕이 죽을 때에는 그 그림도 함께 묻었다고 한다.

조선시대 왕의 일상이나 궁중의 의례에서 일월오봉도가 차지하는 비율은 매우 높다고 할 수 있다. 하지만 그 도상(圖象)이나 유래와 관련된 기록은 전해지는 바가 없다. 일부 학자들은 중국유교의 고전인 '시경'(詩經)에 실려 있는 '천보'(天保)라는 시의 내용(왕의 덕을 칭송하고 왕에게 하늘과 조상의 축복을 기원하는 내용)을 표현한 것으로 보고 있다. 유교 경전인 '주례'에 기초하여 경복궁을 건립하였듯이 '시경'에 입각하여 아름답고 장엄하면서도 우주의 기운을 담고 있는 일월오봉도를 탄생시켰다고 한다.

우주의 중심으로 역대 조선 왕의 상징인 일월오봉도는 국가 통치이념인 성리학 사상을 공간으로 옮겨놓고 대우주에 순응하는 소우주인 인간의 존재를 표현하려고 하였다. 후기 조선에 이르러서는 민화의 범주가 되어 병풍이나 옷장 등 생활소품에 장식화로 그려지기도 하였다. 현존하고 있는 우리나라의 유명한 일월오봉도는 덕수

궁 중화전(中和殿), 경복궁 근정전(勤政殿), 창경궁 명정전(明政殿), 창덕궁 인정전(仁政殿) 등에서 만나 볼 수 있다.

국왕의 존재를 상징하는 그림으로 다른 나라에서는 찾아볼 수 없으며 조선에만 있는 독특한 형태를 지닌 궁중 회화라 할 수 있다. 우주의 중심인 왕의 위엄과 권위 그리고 국가의 번영을 기원하는 그림으로 그 가치는 특별하며 우리의 자부심이 아닐 수 없다.

제5장

운명(運命)과 숙명(宿命)
그리고 예언서

운명(運命)과 숙명(宿命)

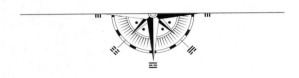

　사람의 명(命)은 태어날 때 타고나는 선천운(先天運)인 숙명(宿命)과 가변적 후천운(後天運)인 운명(運命)으로 나눌 수 있다.

　하루를 매일 필연적으로 맞이한다는 불변의 의미(宿命)와 하루가 똑같은 날이 없다는 변화(運命)의 양면성을 내포하고 있다. 마치 창과 방패의 이야기에서 나온 모순(矛盾)과 같은 것으로 동양철학에서는 음양(陰陽)으로 설명하고 있다. 음양이란 유교 대사전에서는 태양의 향배(向背)를 가리키는 말이다. 태양이 비치는 쪽을 양(陽)이라 하고 그 반대쪽을 음(陰)이라 하였다. 이후에 이것이 추상화되어 일체 사물의 상호 대립하는 측면을 의미하게 되었다.

　먼저 운명(運命)과 숙명(宿命)의 사전적 의미를 살펴보자. '운명(運

命)'은 첫째, 인간을 포함한 모든 것을 지배하는 초인적인 힘, 또는 이미 정(定)하여져 있는 목숨이나 처지이다. 둘째, 앞으로의 생사나 존망에 관한 처지라고 되어 있다. '숙명(宿命)'은 날 때부터 타고난 정해진 운명 또는 피할 수 없는 운명이라고 되어 있다. 즉, 운명에는 선택의 여지가 있지만, 숙명은 선택의 여지가 없다는 것이다.

다음으로 한자에서의 뜻을 살펴보자. 운명에서 운(運)자는 '돌리다', '회전하다', '옮기다', '움직이다'라는 뜻이다. 숙명에서 숙(宿)자는 '묵다', '머무르다'라는 뜻이다. 여기서 보면 운명은 숙명과는 달리 운전할 운(運)자로 자신의 인생을 차를 운전하듯이 어디로 어떻게 몰고 갈지는 자신에게 달려있다. 즉, 옮기는 것이 가능한 목숨이라 볼 수 있다. 숙명은 숙박(宿泊)이란 말에서처럼 머물러 있는 상태로 옮기는 것이 불가능한 목숨이다. 그래서 '운명을 개척하다'라는 말은 할 수 있지만, '숙명을 개척하다'라는 말은 할 수 없다. 한마디로 개척할 수 있는 것이 운명(運命)이고 개척할 수 없는 것이 숙명(宿命)이다. 인생이란 운명과 숙명 사이에서 의지적 선택으로 연결되어 이어져 가고 있다.

선천적이고 유전적인 사람의 본질은 바뀌지 않지만(宿命), 후천적이고 환경적인 요인에 의해 삶은 달라질 수 있다(運命). 음양오행 사상에서 변화와 불변의 과정에서 세상의 만물은 존재하는 것으로 인식한다. 운명과 숙명도 마찬가지로 보면 된다.

시간의 흐름은 변화를 뜻하는 것으로 배우자나 친구, 직업의 선택 등은 운명으로, 사주 명리학에서는 대운의 주기 변화로 각각 나타내고 있다. 반면 숙명이란 사람이 자신의 의사와는 무관하게 태어나는 시기가 정해지고, 부모를 만나고 일생을 살다가 죽어야 하는 것 등이다.

일상적인 언어에서 우리는 흔히 '안 했다' 와 '못 했다'라는 말을 자주 접하는데, 여기에는 재미있는 의미가 들어 있다. 먼저 '안 했다'라는 말은 하지 않았다는 것으로 부작위(不作爲)의 성질을 가지고 있다. '못 했다'는 말은 사정에 의해 할 수 없었다는 것으로 불가항력(不可抗力)의 성질을 가지고 있다. 공통점은 두 가지 모두 무언가 해야 하는 의무가 있음에도 각각의 성질에 따라 하지 않았다는 의미이다.

이것은 인간의 자유의지가 개입되었는지 안 되었는지에 따라 다시 나눌 수 있다. '못 한다'는 것은 자유의지가 개입할 수 없음을 의미하고, '안 한다'는 것은 자유의지가 개입하였음을 의미한다. 즉, 자유의지가 개입되지 않았던 '못 했다'라는 말은 숙명이라 할 수 있고, 자유의지가 개입된 '안 한다'라는 말은 운명으로 구분할 수 있다. 인간사에서 운명을 숙명이라 여기고 자포자기하는가 하면, 숙명을 운명으로 여겨 소모적인 노력을 반복하기도 하는 어리석음이 다반사라 할 수 있다.

동양에서 미래를 예측하는 방법은 크게 두 가지로 나눌 수 있다. 첫 번째로 대자연의 반복되는 변화 패턴 등 일정한 법칙에 근거하여 논리적 과정을 통하여 예측하는 명리학(命理學)이다. 두 번째로 일정한 법칙이나 논리적 근거와는 관계없이 개인의 직관이나 영적 능력 또는 초자연적인 힘에 의존하는 점학(占學)이 있다.

명에 대한 이치를 다루는 학문인 명리학(命理學)에서 미래를 예지하는 것은 대부분의 사람이 운명의 틀을 벗어나기가 어렵다는 것을 전제조건으로 해서 분석하고 있다. 명리학을 통해 자신의 명을 이해하고(知命) 분수와 때(時)를 안다면 분명 삶은 달라질 수 있다.

고대 중국 전한(前漢)시대 때 경학가 유향(劉向)이란 사람이 말하기를 "명각자불원천 기각자불원타(命覺者 不怨天 己覺者 不怨他), 즉 운명을 아는 자는 하늘을 원망하지 않고 자기 자신을 아는 사람은 타인을 원망하지 않는다."라고 했다. 사람들이 자신의 미래에 대해 두려움과 호기심을 갖고 있으며, 미래를 미리 알고 대비하려는 것은 현명한 처사이자 당연한 본능이라 할 수 있다.

천명(天命)은 하늘로부터 명을 부여받았다는 의미로 하늘의 도(道)라 할 수 있다. 지명(知命)은 인간의 의지에 따라 달라질 수 있다.

그래서 지명(知命, 운명을 아는 일)을 위해 사람들 사이에서는 명학(命學)과 점술을 통한 길흉화복(吉凶禍福)을 예측하고 판단하는 여러 행위가 전해져 오고 있다.

그 점복 행위의 종류를 보면 주역(周易), 매화역수(梅花易數), 육효(六爻), 육임(六壬), 자미두수(紫薇斗數), 기문둔갑(奇門遁甲), 관상(觀相), 사주(四柱), 무속의 신점(神占) 등이 있다. 지명(知命)하는 데 있어서 대표적으로 꼽을 수 있는 것이 명리학이다. 그렇다고 명리학이 인생 전부를 흔들 수 있는 절대적인 운명 감정이라 여겨서는 안 되겠지만, 우리가 흔히 말하는 팔자(八字)라는 말도 명리학에서 나온 것이다. 인간 본래의 내면에 존재하는 성향과 인격의 본성과 운명을 분석, 판단할 수 있는 학문이다.

명리학(命理學)에서는 숙명과는 달리 운명은 삶의 과정이다. 운명의 틀을 전제로 해석은 하고 있지만, 불변의 숙명으로 규정하고 해석하는 것은 아니다. 따라서 운명(運命)을 알고 각 개인이 유도되는 경향성(傾向性)이나 유인력(誘引力)보다 강한 의지와 노력을 기울인다면 인생 행로는 달라질 수 있다. 즉, 운명은 자유의지를 가진 인간 자신의 의향으로도 극복할 수 있다.

운명과 자신이 함께 공존(共存)하는 길을 찾는 것이 운명을 지혜롭게 대처하는 길이다. 숙명은 불변으로 바꿀 수 없지만, 운명은 바

꿀 수 있는 변화라고 하였듯이 자신의 의향과 명리학을 통해 운명
을 이치로 이해하는 것이 전생의 기록을 커버할 수 있는 방법이다.

운명(運命)과 자유의지

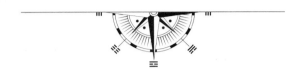

　세상을 살다 보면 뜻밖의 결과를 많이 경험한다. 그것이 좋은 일이면 다행이지만, 나쁜 일을 겪거나 기대했던 일이 잘못된다면 안타까운 일이 아닐 수 없다. 이 모두가 의도치 않았던 다른 현실을 맞이해야 하기 때문이다. 이런 일을 지나칠 때마다 삶에서 자신의 의지와 운이 차지하는 비율이 과연 얼마나 될까라는 호기심이 드는 것은 당연하다. 이와 관련, 우리는 운칠기삼(運七技三·運七氣三)이라는 표현을 종종 듣게 된다. 운이 칠 할(70%)이고 재주나 노력이 삼할(30%)로써 재주나 노력에는 한계가 있다는 의미이다. 일상에서 누구나 재주나 노력 외에 자신과는 무관한 기운이 작용하여 예상치 못한 결과를 겪게 되는 경우가 있다. 그렇다면 '운칠기삼'이란 말은 어디서 나온 것일까?

　중국 청나라의 작가 포송령(蒲松齡)이 저술한 '요재지이(聊齋志異)'라는 단편소설집이 있다. 이것은 늙도록 과거에 급제하지 못한 한 선비가 탄식하며 옥황상제에게 묻는 내용이 들어있다. 선비는

　"저는 늙도록 공부를 게을리하지 않고 정성을 다하여 매진했지만 낙방하였습니다. 그런데 저보다 변변치 못한 자들도 과거에 급제해 입신양명하는데 그 연유가 무엇인가요?"

라며 물었다. 이에 옥황상제는 정의의 신과 운명의 신에게 술 내기를 시켰다. 정의의 신이 술을 많이 마시면 선비가 옳은 것이고 운명의 신이 술을 많이 마시면 세상사가 그런 것이니 선비가 체념해야 한다는 다짐을 받았다. 그 결과 정의의 신이 석 잔, 운명의 신이 일곱 잔을 마셨다. 옥황상제는 세상사의 칠 할이 운명의 작용에 따라 정해지지만, 삼 할은 실력과 이치에 의해 정해진다는 것을 선비에게 말한다. 인생사가 노력이나 재능보다는 자신의 운명에 좌지우지된다는 뜻으로, 듣기에 따라 다소 부정적으로 들릴 수 있다. 하지만 어떤 일이 순조로운 것보다 그렇지 못한 상황에 놓였을 때 그 사람의 능력보다 어쩔 수 없는 운이 영향을 미쳤다는 것을 경험을 통해 알 수 있다. 흔히 일이 잘되어 좋은 결과를 갖게 되면 운이 좋

았다고 한다. 반대로 일이 뜻대로 되지 않아 결과가 좋지 않으면 운이 나빴다고 한다. 그래서 운은 인생에서 노력과 함께 엄청난 경쟁력이라 할 수 있다.

세상사 모두 운명의 장난은 아니지만, 살면서 이러한 예상 밖의 현실을 체험하지 못한 사람은 없을 것이다. 어떤 사람은 '운칠기삼'이 아니라 '기칠운삼'이 적절하며 그러한 다짐으로 살아야만 성공할 수 있다고 강조한다. 물론 '기칠운삼'이라 하여 노력이 칠 할이고 운이 삼 할이라는 마음으로 삶에 임하는 것이 여러 면에서 긍정적인 부분도 있다.

하지만 '운칠기삼'이든 '기칠운삼'이든 운과 노력의 비율을 나누는 것이 무의미하다. 가장 좋은 방법은 최선의 노력 못지않게 운명을 분석하여 때를 알고 기회를 잡아 삶을 유리하게 이끄는 것이기 때문이다. 여기에서 필요한 것이 바로 명리학(命理學)이다.

명리학에서는 사주원국에 해당하는 명(命)이라는 것과 행운(行運, 대운과 세운 등)에 해당하는 운(運)을 합하여 운명(運命)이라 한다. 운명은 사주를 말하는 것으로, 이것은 한 개인의 전생과 현생에서 이어진 인연의 결과물이다. 명에서는 한 사람의 타고난 그릇의 크기나 근본적인 성향, 적성 등을 알 수 있고, 운에서는 명과의 관계를 보고 그때그때 상황의 변화를 분석할 수 있다.

운명 풀이에서는 먼저 자신이 어떤 존재인지를 알아 노력을 기울이도록 하고, 다음으로 시간의 흐름을 파악하여 그 시기를 미리 대비하도록 알려 준다. 이것을 명리학에서는 피흉취길(避凶取吉, 나쁜 일은 피하고 좋은 일은 취하다)이라 한다. 지도와 시계도 없이 목적지를 향하는 사람과 그것들을 지니고 출발하는 사람은 분명히 다르다. 노력한다고 모두가 성공하는 것은 아니다.

　물론 운의 중요성보다 인생에서 선행되어야 하는 것은 삶을 개척하려는 자유의지이다. 이것이 좋은 운을 만드는 첫 번째 조건이다. 누구나 행운을 가질 수 있지만, 가만히 있는다고 주어지는 것은 아니다. 항상 노력하며 좋은 운을 기다리는 자세야말로 아름답다. 다음으로 마음공부와 수행하는 자세로 겸손을 배우고 선업을 쌓는다면 과거와 현재 그리고 미래의 내 운명을 근본적으로 바꾸게 될 것이다.

정감록(鄭鑑錄)

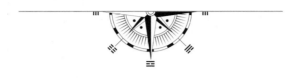

　사람은 누구나 미래에 대하여 막연한 두려움과 기대감이 섞인 호기심을 가지고 있다. 그래서 현재 살고 있는 시대와 개인적인 운명을, 그리고 당장의 신년운세에 이르기까지 다가올 나날을 알아보기 위해 토정비결을 보거나 역술인이나 무속인을 찾는 경우가 많이 있다. 이 모두가 인간으로서 생명의 유한성(有限性)과 미래를 알 수 없는 한계성에서 비롯되었다고 볼 수 있다.

　이것은 우리나라뿐만 아니라 세계적으로 알려진 예언자와 예언서들이 시대를 초월하여 많은 사람에게 읽히고 거론되는 이유이기도 하다. 세계적으로 널리 알려진 예언서로는 성서를 비롯하여 불경과 유교, 도교에도 수록되어 있으며, 노스트라다무스의 예언집,

베니힌 등 서양 신학자의 예언서가 있다.

우리나라에서는 한국도참서(韓國圖讖書)의 대명사인 정감록을 비롯하여 원효결서, 격암유록, 용담유사, 송하비결 등이 전해지고 있다. 도참(圖讖)이란 인간 미래의 길흉화복(吉凶禍福)과 왕조 미래의 흥망성쇠(興亡盛衰)를 징험하는 예언비기류(豫言秘記類)의 총칭을 말한다. 역사적으로는 우리나라 조선 중기 이후로 민간에 널리 유포되어 온 예언서로 정감록과 송하비결 그리고 격암유록은 대표적인 3대 예언서로 지목되고 있다.

인류 역사에서 어느 시대 할 것 없이 새로운 왕조와 인물이 출현하려면 기존의 왕조와 정권이 무너져야 하고, 새로운 시대와 인물의 운명을 미리 예견하고 추정하는 사람 혹은 서적 등이 등장하기 마련이다. 이러한 상황에 정감록은 예언을 던져주고, 버려진 민중에 의한 비서(秘書)로 결집(結集)되어 조선시대를 지나 개화기 이후까지 사회적으로 많은 영향을 끼쳐왔다.

기본적으로 민중의 뜻은 조정이나 정권이 올바를 때는 이를 지지하지만, 그렇지 않을 경우엔 새로운 조정을 기원하는 것이 민중에게 나타나는 자연스러운 기류이다. 정감록에 들어 있는 문헌은 여러 가지의 감결류(鑑訣類)와 비결서(秘訣書)의 집성으로 이본(異本, 기본적인 내용은 같지만, 부분적으로 차이가 나는 책)이 많다. 이것은 기존 질서에 대한 저항

과 변화를 열망하는 염원의 소리로, 억눌린 민중의 원(怨)과 망(望)의
표출이기에 저작자가 불분명하며 원본이 없는 것이 당연하다.

따라서 저자나 성립 시기가 확실치 않으며, 전제 군주 시대에서
반(反) 왕조적 현실 부정적인 내용을 담고 있었으므로 조선시대 이
래 세상을 어지럽히고 백성을 미혹(迷惑)하게 하여 속이는 민중 선
동적 참서(讖書, 미래의 일에 대해 주술적 예언을 기록한 책)로 보아 금서(禁書)로
구분되었고 민간에 은밀히 전승되어 왔다.

정감록은 민중의 고달픈 삶이 미래에는 해소될 것이라는 희망과
기대감이 구전(口傳)으로 전해 오다가 궁극에는 역성혁명론(易姓革命
論)으로까지 이어지게 되었다. 금서(禁書)임에도 불구하고 민간에서
은밀하게 전해져 올 수 있었던 것은 반 왕조적 사회구성원의 도움
없이는 불가능했을 것이다. 또한 금서로서 사본으로 수전(手傳)되어
왔던 만큼 언제 어디서 누구에 의해서든 여러 첨삭이 가해졌을 것
으로 보인다.

대표적으로 추정되는 작자는 조선의 선조(先祖)인 이심(李沁)이 이
씨의 대흥자(大興者)가 될 정씨(鄭氏)의 조상인 정감(鄭鑑)이란 사람과
금강산(金剛山) 비로대(飛蘆臺)에서 문답을 기록한 책으로 정감(鄭鑑)
또는 이심(李沁)이라고 보는 주장도 있다.

하지만 앞에서도 언급하였듯이 정작 두 사람은 실존 인물이라는

증거도 없으며, 또한 이 두 사람의 문답 외에 도선(道銑), 무학(無學), 토정(土亭), 격암(格庵), 서산대사(西山大師), 서계(西溪), 정북창(鄭北窓), 두사총(杜師聰), 삼봉(三峰) 등의 세칭 도인(道人) 또는 이인(異人)이라 불릴 만한 사람들의 예언서에서 나온 내용도 함께 수록되어 있다. 이러한 내용의 다양성과 수십여 편의 비결류의 집성이라는 점을 고려하면 한두 사람에 의하여 집필된 것이 아니라는 것을 쉽게 예측할 수 있다.

마찬가지로 성립 시기는 대체로 외적의 침입에 의하여 사회 혼란이 극심하였던 임진왜란과 병자호란 이후로 보는 설이 있다. 주요 내용으로는 난세에 풍수설에 따라 복정(卜定, 점쳐서 정하는 것)된 피난처에서만 지복(至福)에 이를 수 있으며, 정씨(鄭氏) 성의 진인(眞人)이 출현하여 이 씨 왕조가 멸망하고 새로운 세계가 도래할 것이라는 내용의 예언서이다. 이어 조선의 흥망대세(興亡大勢)를 추수(推數)하여 이 씨의 한양(漢陽) 500년 다음에는 정 씨의 계룡산 800년이 있고, 그다음으로는 조 씨(趙氏)의 가야산 몇백 년, 그다음으로는 범 씨(范氏)의 완산(完山) 몇백 년과 왕 씨의 어디 몇백 년 등으로 계승될 것을 논하고, 그 중간에 언제 무슨 재난과 어떠한 화변이 있어 세태민심이 어떻게 될 거라고 기술하고 있다.

즉, 미래에 다가올 멸망에 대비하여 이상경(理想境)에 대한 동경(憧憬)

을 나타내고 있다. 표현기법은 직설적이지 않고 은어(隱語), 우의(愚意), 시구(詩句), 파자(破字)를 사용하여 해석이 어렵고 애매한 표현이 많다.

처음에는 병(病)이나 화(禍)를 피하는 정도로 소극적이고 은둔적인 사상으로 남았지만, 조선 후기로 내려오면서 반(反) 왕조적인 경향이 짙어져 반란이나 대규모의 민란(民亂)의 원인이 되기도 하였다.

형식 면으로는 예언설, 참요(讖謠, 어떤 정치적 징후를 암시하고 있는 것으로 해석되는 민요), 역수(易數, 음양으로 길흉화복을 미리 아는 술법)의 풀이나 풍수지리설에 의한 해석 등이 다양하게 서술되어 있다. 사상으로는 유교의 외도(外道)나 도교 및 참위설, 음양오행설의 여러 배경을 가지고 있다.

사회변동의 와중에서 몰락한 양반이 풍수지리설이나 음양오행설에 관한 지식을 바탕으로 왕조 교체와 사회변혁의 법칙을 우주론에 입각한 운세(運世)의 법칙과 결부시키려 하였다. 미래의 이상적 주권자(主權者)와 그가 나올 지기(地氣)를 예측하는 것은 현 지배계층에 대한 불만과 동시에 현실에 대한 탈출구로써 신앙적 사상을 의미하기도 한다.

이것은 마치 신앙적 시각에서 아브라함으로부터 시작된 종교들, 즉 유대교, 기독교, 이슬람교에서의 메시아와 불교에서의 미륵불은 구원자라는 의미가 있는 것과 같이 정감록도 넓게는 그와 유사한 의미로 보이며, 민간신앙으로 지칭되어 일부 민중에게는 희망의 메시지가 되었다.

요범사훈(了凡四訓)

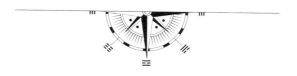

우리는 흔히 명운(命運)을 접하는 이유가 미래를 대비하는 삶의 한 가지 방법으로 길운과 흉운을 파악하여 길운은 최대화하고 흉운은 최소화하자는 데 의미를 두고 있다. 하지만 명(命)에서 병을 찾는 것만큼 그 병에 대한 처방이나 약도 중요한 사안이 아닐 수 없다. 즉, 명이 좋지 않고 운도 불리하게 흘러가는 경우 어떻게 해야 하는가? 명이 불리한 사람은 다른 방법이 없는가? 운명은 정해진 대로 체념하고 살아야 하는가? 나쁜 운을 좋게 할 수 있는 방법은 없는가? 등의 의문에 대한 답은 어쩌면 바다에서 닿지 않는 수심을 측정하듯 막연할 수도 있다.

운명에 지배당하지 않고 운명의 주인이 되는 방법은 없는 것인가? 이러한 의문에 대해 우리나라를 비롯하여 여러 나라에 걸쳐 고금을 막론하고 다양한 견해가 등장하고 있다. 물론 타고난 명(命)은 바꿀 순 없겠지만, 개운(改運)의 방법으로 여러 주장이 있다.

이러한 개운에 대한 고민을 해결하는 데 도움이 될 수 있는 서적이 바로 <요범사훈>이다. 이 책은 명대(明代)의 학자인 원황<袁黃 1533~1606, 호를 학해(學海)에서 후에 요범(了凡)으로 바꾸었다.>이라는 사람이 자식을 훈계하기 위해 남긴 것으로 운이 바뀐 사람의 성공사례를 모은 이야기 집이다. 선과 악을 가리고 선행을 함으로써 운명을 바꾸는 법을 자신의 경험과 불교의 인과 법칙을 바탕으로 하여 지은 책으로 중국인 사이에서는 수백 년 동안 개운서(改運書)로 전해져 오고 있다.

책의 구성은 1, 입명지학(立命之學) 운명을 세우는 공부. 2, 개과지법(改過之法) 과오를 고치는 방법. 3, 적선지방(積善之方) 선행을 쌓는 방법. 4, 겸손지효(謙遜之效) 겸손한 덕의 효험. 이렇게 네 가지 가르침으로 나누어 운명을 개척해 나가는 경험담을 열거하고 있다.

그 내용을 소개하면 원황은 일찍이 부친을 여의고 생계를 위하여 의학 공부를 하고 있었다. 어느 날 상수역학(象數易學)에 정통한 공(孔) 선생을 만나 자신의 운명을 듣게 된다.

> "의학 공부를 그만두고 학문을 해서 벼슬을 할 운명이며, 초
> 시엔 14등으로 합격하고 그다음 시험은 71등 합격하고 마지막
> 시험은 9등을 할 것이다."

라고 예언하였다. 이후 시험에 응시하였는데, 세 번의 시험등수
가 모두 적중하였다.

> "모년에 공생(貢生)이 되고 공생에 뽑힌 후 모년에는 사천성의
> 대윤이 된다. 대윤에 부임한 지 3년 반이 지나면 관직을 사임
> 하고 고향에 돌아가서 53세 8월 14일 축시에 거실에서 죽으며
> 자식은 없다."

고 하였다. 10대 후반에 들었던 이 예언은 관직 생활을 하면서
모두 현실로 되었다. 그래서 원황(袁黃)은 삶에서 일어나는 모든 현
상을 자신은 한 치도 벗어날 수 없다고 여기고 숙명론적인 생각으
로 더 이상 다른 생각은 시도해 보지도 않았다. 하지만 37세가 되던
해에 지방파견 근무를 나갔다가 1569년에 남경 서하산(棲霞山)에 운
곡(雲谷) 선사를 만나면서 인생관의 전환을 맞이하게 되었다. 운곡
선사는

"운명이란 것이 있고 그것을 바꿀 수 없다면 선인(先人)들이 평생 수행 정진할 까닭이 없지 않은가? 그대가 호걸인 줄 알았더니 알고 보니 범부(凡夫)에 불과하다."라고 꾸짖으며 "명유아작 복자기구(命由我作 福自己求), 즉 운명은 자기 스스로 만드는 것이고 복은 자기 자신에게 구하는 것이다."

라고 하였다. 여기에서 원황은 사흘 밤낮을 운곡 선사와 토론하면서 크게 깨달으며 운명은 바뀔 수 있다는 신념을 가지게 되었다. 운곡 선사는 공덕과 과실을 기록하는 공책<공과격(功過格: 12세기 전반 중국 도교의 선행과 악행 계산법)>을 주고는 매일 선행을 베풀면 숫자를 적고 반대로 악행을 하면 기록된 숫자를 지우는 식으로 하여 3천 가지 선행을 하도록 하였다.

운곡 선사의 가르침 내용의 핵심은 '지금 당장 생각과 습관을 바꿀 것'과 '다른 사람에게 좋은 일을 많이 할 것'이다. 여기에 감동을 받은 원황(袁黃)은 이날 이후 '평범을 끝마친다.' 즉, 운명에 끌려가는 보통 사람의 삶을 끝내겠다는 각오와 확신으로 자신의 호를 학해(學海)에서 요범(了凡)으로 바꾸었다.

원요범은 팔자를 바꾸기 위해 3천 가지 공덕을 쌓기로 결심하고 장부를 만들어 실천하였다. 그러던 와중에 팔자에 없었던 아들을 48세 때 낳게 되었고, 1583년에는 드디어 3천 개의 동그라미가 완성되었다. 그로부터 얼마 후 벼슬이 현감으로 승진되었다. 현감이 된 후에는 1만 가지 공덕을 쌓기로 결심하고 또다시 실천에 옮기게 되었다. 벼슬을 가지고 있었기 때문에 공덕을 쌓을 기회는 다른 사람에 비하여 훨씬 많았다.

요범은 정신수양과 공덕으로 10대 때 공 선생이 예언하였던 벼슬자리와 53세라는 운명적 한계를 넘어 74세까지 장수를 누렸다. 69세 때 아들을 위한 처세훈으로 '요범사훈'을 저술하여 현재에도 개운서로 널리 알려져 있다.

불교의 인과법에 의하면, 전생에 선행을 쌓은 사람은 금생에 부와 장수를 누릴 것이고, 전생에 악행을 저지른 사람은 금생에 가난과 단명의 고통을 겪게 된다. 하지만 여기에 예외라 할 수 있는 것이 있다. 즉, '운명은 정해져 있지만 바꿀 수 있다'는 것이다. 운명에는 상수(常數)와 변수(變數)가 작용하는데, 과거의 업은 상수로 변할수 없지만, 현재 생각하고 말하고 행동하는 업은 변수로 자신의 의지에 따라 변화할 수 있다는 것이다.

자신의 운명을 알지 못하는 사람이 겸허한 마음으로 매일 참회하며 선행을 베풀어 공덕(적선)을 쌓는다면 운명도 움직일 수 있다. 오늘 우리가 겪는 어려움이나 고난은 운명이 만든 것이 아니라 어제까지 내가 살아온 삶이 만들어낸 결과라고 볼 수 있다. 중요한 것은 명운(命運)을 알고 '요범사훈'에서 말하는 내용을 이해하더라도 실천이 없으면 무용지물이다. 따라서 운명을 알더라도 바꾸기 힘든 이유가 실천력이 부족한 탓이다. 그것은 곧 원래 예정된 길을 갈 수밖에 없는 것을 의미한다.

'요범사훈(了凡四訓)'에서 요범 선생이 말하였듯이 사람은 자신의 의지에 따라 얼마든지 운명을 개척하고 바꿀 수 있다. 지금부터라도 개운을 위한 공과격(공덕과 죄과를 기록하는 표)을 기록하면서 적선(積善), 즉 일상에서 선행 쌓기를 하나씩 실천해 본다면 삶은 반드시 나아질 것이다.

토정비결(土亭秘訣)

　명운(命運)에 관심이 있는 사람은 물론 관심이 없는 사람까지도 '토정비결'(土亭秘訣)이라는 책이 운세를 보기 위해 활용되고 있다는 것은 모두가 알고 있는 사실이다. 우리나라에서는 매년 정월마다 '토정비결'을 보고 한 해의 길흉화복을 예측하는 풍습이 조선시대부터 전해져 오고 있다. 물론 오늘날에도 한 해 운세를 알아보고 대비하기 위해 많은 사람이 토정비결을 찾아보고 있다.

　'토정비결'이라는 책이 알려지게 된 것은 19세기 후반으로 지은이가 이지함이 아니라 그의 이름만 빌려 썼다는 설도 있다(假託). 하지만 일반적으로는 조선 중기 명종 때의 학자이며 예지력이 뛰어난 토정(土亭) 이지함(李之菡)으로 알려져 있다.

이지함은 북창 정렴, 매월당 김시습과 함께 조선시대 3대 기인(奇人) 중 한 사람으로도 유명하다. 토정비결은 정감록이나 격암유록 등과는 차이가 있지만, 일종의 도참서(圖讖書, 미래의 길흉을 예언하거나 그런 내용을 적은 책)이다.

이지함(李之菡, 1517~1578)은 조선 중종 12년 충남 보령에서 태어났으며 본관은 한산(韓山), 자는 형백(馨伯)·형중(馨仲), 호는 수산(水山)·토정(土亭), 시호는 문강(文康)이며 '토정유고(土亭遺稿, 내용은 시 2편, 논설 3편, 상소문 2편이 실려 있다)'의 저자이다. 이지함은 서울 마포 강변의 흙담 움막집에서 청빈하게 지냈다고 해서 토정(흙으로 만든 정자)이라는 호를 갖게 되었다. 목은(牧隱) 이색(李穡)의 6대 후손으로 현령을 지낸 이치(李穉)의 아들이다. 북인의 영수이자 영의정이었던 이산해(李山海)의 숙부이기도 하다.

어려서 부모를 여의고 맏형인 성암 이지번(李之蕃)에게 글을 배우다 서경덕(徐敬德)의 문하에 들어가 학문을 익혔다. 경사자전(經史子傳)에 통달하였고 역학, 의학, 수학, 천문, 지리 등에 능통했다.

토정이 살았던 당시의 조선은 당쟁으로 많은 선비가 수난을 겪던 시대이다. (갑자사화, 을사사화, 청홍도 사건 등) 토정의 삶에 변화가 있었던 계기는 1548년 그의 친한 벗 안명세(승정원 사관)가 사초(史草, 조선시대 사관들이 그때그때의 역사적 사실을 기록해 둔 史記의 草稿. 實錄의 원고)에 을사

사화(乙巳士禍, 조선 명종 대 문정왕후 일가의 권력 다툼으로 사림이 화를 입은 사건)를
비판한 기록을 남겼다는 이유로 죽임을 당한 사건과 토정의 장인인
이정랑이 역모 사건의 괴수로 연루되어 처형되고 처남들도 처형을
당하였던 청홍도(清洪道) 사건(명종실록)이었다.

양반의 후손으로 앞날이 창창한 성리학자였지만, 이러한 비극적
사건들을 보면서 심적 변화를 일으키면서 관직을 포기하고 미치광
이처럼 세상을 유람하며 기인(奇人)으로 방외인(方外人)의 삶을 택했
다. '재물이란 많으면 많을수록 재앙이 따르는 법'이라며 스스로 청
빈함을 신조로 삼았다.

토정은 수십 년간 쓰고 다녔던 갓이 망가져 버리자 집에 있던 구
멍 난 낡은 밥솥으로 갓을 대신하였으며, 필요에 따라 휴대용 밥솥
으로도 사용했다고 한다.

1570년대에 토정이 유람 중 금강산에 이르자 날이 저물어 바위
위의 한 암자에서 잠이 들었는데, 꿈속에서 전국 명산의 산신령들
이 나라에 사변이 생길 것을 걱정해 모임을 가졌고 삼각산 신령, 지
리산 신령, 금강산 신령 등이 대화를 갖고 헤어지는 것을 보면서 잠
에서 깨어나 임진왜란의 발발(勃發)을 예견했다는 이야기가 있다. 백
성의 삶과 국가 경제에 관심과 고민이 깊었던 토정은 전국을 돌아
다니며 민생을 직접 체험하기 위해 스스로 백성과 동고동락했다.

토정은 그들이 궁핍한 생활을 벗어나도록 돕기 위해 직접 고기를 잡아 팔고, 야채를 재배해 곡식과 바꾸는 등 상거래를 활성화해 부(富)를 꾀하려고 했다.

또한 백성이 은광을 개발하고 장사를 하게 하며, 전국 해변에서 소금을 만들어 곡식과 바꾸게 하고, 인삼과 도자기를 생산해 외국과 교역하게 해 백성의 생업을 부흥시켜 부국의 기초를 다지자고 주장했다. 그 외에도 각종 질병을 퇴치하기 위해 도가의 신체 단련법이면서 치료법이기도 하였던 풍욕(風浴)과 단식요법 등을 전파하고, 풍수와 주역을 연구해 백성의 불안감을 완화하고 희망과 용기를 불어넣으려 노력했다.

한편 토정은 화담을 비롯한 당대 최고의 학자인 율곡 이이와 남명 조식 선생 등과의 교류도 깊었다. 선조 6년, 능력과 지식을 가진 재야의 선비를 기용하는 정책을 이용해 남명이 선조에게 상소를 올려 토정을 천거, 56세가 되던 비교적 늦은 나이에(1573년) 포천 현감으로 벼슬을 시작하게 되었으며, 이후 1578년에는 아산 현감으로 재직하다가 세상을 떠났다.

평생 전국을 떠돌며 백성의 생활을 지켜보던 토정은 포천 현감이 되던 첫날부터 진수성찬은 치우고 잡곡밥과 우거짓국 한 그릇만 올리라고 명하였으며, 밥상도 필요 없고 삿갓을 넣은 상자를 사용하도록 했다. 또한 포천지방의 관리들이 부임 인사를 왔을 때는 시래기죽을 내놓았는데, 당시의 벼슬아치들에게는 고역이었을 것이다.

　토정이 포천 현감으로 재임한 지 1년 정도 지날 무렵 조정에 올린 건의가 받아들여지지 않자 병을 구실로 사직했다. 토정이 떠나던 날 '고을 백성들이 길을 막고 만류했다.'(邑民攔道留之)는 기록이 있으며 이후 아산 현감 재임 시에는 '걸인청'(乞人廳)을 만들어 부랑인의 구호와 자활사업에 힘썼다. 아산에 부임한 지 3개월 정도 지나 유명을 달리하였을 때 고을의 백성들이 거리로 나와 눈물바다를 이루었다고 실록은 전하고 있다. 이러한 정황을 보면 토정이 얼마나 많은 존경을 받은 지도자였는지를 짐작할 수 있다.

　토정비결의 철학은 70% 이상이 행운의 괘로서 앞일을 정확하게 알리는 것보다는 삶에 찌든 민중에게 희망과 용기를 주려는 데 중점을 둔 그의 사상과 의도가 반영되어 있다. 그 책에서는 요행이나 횡재를 말하지 않고, 불리할 때에는 준비하며 시기를 기다리고, 유리할 때는 계절이 지나가는 비유로 이치를 일깨워 겸허하게 살며 대비하라고 충고하며 인내와 슬기를 가르치고 동시에 희망을 심어주고 있다. 따라서 당시에 살고 있었던 백성의 정신적 위안이나 구원처가 되기도 했다.

조선의 다른 도참서처럼 국가나 왕조의 운명을 유추하고 새 시대의 도래를 예견하는 것과는 달리 토정비결은 개인의 미래에 대한 운세를 해설하고 처세훈을 제시하고 있다. 어떤 일이든 마찬가지겠지만, 그것의 내용에 지나치게 집착하는 태도는 경계해야 할 것이다.

토정의 발자취가 곧 토정비결의 교훈이자 사상인 것처럼 선업을 실천하는 삶에서 반드시 좋은 일이 찾아온다는 확신과 희망의 메시지를 전해 주려고 하였던 토정의 정신은 시대를 초월하여 오늘날 우리들에게 많은 것을 훈계하고 있다.

북창비결(北窓秘訣)

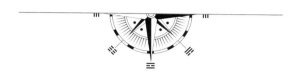

　정렴(鄭磏, 1506~1549)은 조선 중종, 명종 때의 문인으로 본관은 온양(溫陽), 자는 사결(士潔), 호는 북창(北窓)이다. 충남 온양(아산) 태생으로 조선 시대 선인(仙人), 이인(異人), 도인(道人)을 대표하는 인물로서 민간인으로부터 조정(朝廷)에 이르기까지 널리 알려져 있었다.

　용호대사(龍虎大師)로도 불리는 북창은 조선시대 도가(道家) 내단(內丹) 사상, 즉 단학(丹學)의 중시조(中始祖, 쇠퇴한 집안을 다시 일으킨 조상) 또는 비조(鼻祖, 어떤 일을 가장 먼저 시작한 사람)로 평가되고 있으며 토정 이지함, 매월당 김시습과 함께 조선의 3대 기인(奇人) 중 한 사람이다.

　북창은 생이능언(生而能言, 태어나면서 말을 할 줄 아는 능력)과 생이지지(生而知之, 배우지 않아도 스스로 깨우쳐서 모든 것을 알다)하며 영적(靈的)으로 뛰어날 뿐만 아니라 무불통지(無不通知)한 대학자였다. 북창은 깨달음이 부처의 경지에 이르렀으며, 행동은 노자와 견줄 만 했으며, 사람을 가르치는 데는 성인(聖人)의 가르침을 표본으로 삼았다.

선천적으로 학문 능력이 탁월하여 스물이 되기 전에 천문, 지리, 의약(醫藥), 복서(卜筮), 한어(漢語), 유불선(儒, 佛, 仙), 율려(律呂), 산수(算數), 외국어 등을 두루 통달하였다. 저서로는 선가(仙家)에서는 필독서인 북창비결과 예언서인 궁을가(弓乙歌) 외에도 북창집(北窓集), 동원진주낭(東垣珍珠囊), 유씨맥결(劉氏脈訣) 등이 있다. 북창은 신(神)과 통했다고 하며, 산사(山寺)에서 선가(仙家, 도교)의 육통법(六通法)을 익히기 위해 3일간 정관(靜觀)하고 난 뒤에는 배우지 않고도 저절로 통하였고, 천 리 밖의 일도 생각만 일으키면 알 수 있었다고 한다.

과거시험에 관심이 없었던 북창은 부모의 강압적 권유로 사마시(司馬試, 조선시대 생원과 진사를 뽑던 과거)를 통과하여 관직에 진출하였다. 중종 때는 조정에서 등용하는 인재로 발탁되어 장악원<掌樂院, 궁중 음악과 무용에 관한 일을 담당하는 관청> 주부(主簿, 종육품 벼슬), 관상감<觀象監, 천문(天文), 지리(地理), 역수(曆數), 측후(測候), 각루(刻漏) 등의 사무를 맡아보던 관청>과 혜민서<惠民署, 궁중에서 일반 서민의 치료를 담당하던 관청>의 교수(教授)를 역임하였으며, 후에 포천 현감을 마지막으로 벼슬과 세상을 등지고 스스로 은일군자(隱逸君子)가 되었다.

관직을 그만둔 이유는 크게 두 가지로, 첫 번째는 부친과의 갈등, 즉 부친인 정순붕이 을사사화를 일으키려 하자 만류하였지만 소용없었던 일. 두 번째는 인종(仁宗)의 이른 승하(昇遐, 임금이나 존귀한 사람의 죽음에 대한 높임말)이다. 성군(聖君)으로 칭송되었으며 인재를 알아보는 능력이 뛰어났던 인종은 세자시절부터 공부방 병풍 위에 영의정 피장(皮匠, 白丁), 좌의정 서경덕, 우의정 정북창이라고 써놓을 정도로 그를 높이 인지(認知)했다고 한다.

즉, 북창은 부친이 주도한 사화를 막지 못했다는 고뇌와 자신의 재능을 알아주던 인종의 승하에 대한 비애감으로 관직을 포기하고 산중으로 들어가 하루에 천 잔의 술을 마시며 스스로 촉수(促壽)하여 44세라는 나이에 좌화(坐化, 앉은 채로 입적함)하였다.

북창이 지은 북창비결(北窓秘訣)은 도교 내단수련법(內丹修鍊法)에 대한 입문서로, 역사적으로 보면 정신수련에 관한 저작이 희소한 만큼 그 위상은 가히 독보적이라 할 수 있다. 정렴의 호를 붙여 북창비결이라고 하였으며 용호비결(龍虎秘訣), 단기요결(短氣要訣)이라고 부르기도 한다.

판각본이나 단행활자본의 출판은 없고 '북창비결', '북창결', '용호결' 등과 같이 필사본으로 세간에 널리 전해지고 있다. 근대에 들어서서 구한말의 석학이었던 무능거사(無能居士) 이능화(李能和)의 조선

도교사(朝鮮道教史)라는 책 속에 수련사 전문이 수록되어 있다. 북창은 북창비결에서 내단수련법을 이해하기 쉽게 그 요점만을 서술하여 초학자라도 실행이 가능한 특징이 있다고 알려져 있다.

용호(龍 물, 虎 불)란 호흡 수련의 이치를 상징하는 수화상생(水火相生)의 의미를 담고 있다. 호흡의 가장 근본적인 가르침으로 내용이 간단하면서도 수도(修道)의 본질과 요체를 보여주므로 민간에 널리 전승될 수 있었던 계기가 되었다. 이 책의 장점은 조식수행(調息修行)을 통하여 도(道)에 이르는 과정을 매우 쉽게 설명하고 있어 지도무난(至道無難, 지극한 도는 어려움이 없다.)을 저절로 떠올리게끔 하는 책이다. 신선(神仙)이 되기까지 과정이 불과 다섯 장도 채 안 되지만, 금과옥조(金科玉條, 소중히 여기고 지켜야 할 규칙이나 교훈)로만 구성되어 있다.

먼저 폐기(閉氣, 기운을 닫는다는 뜻으로 숨을 멈추지 않고 기운이 단전에 머물게 하는 것)로 시작하여 태식(胎息, 코와 입이 아닌 모공으로 이루어지는 호흡)이 능해지고 주천화후(周天火候, 단전의 기운이 저절로 움직여 전신을 훈훈히 맴도는 것)가 일어난다는 세 가지로 나누어 설명하고 있다.

조식수행을 '폐기'라는 한마디로 함축하고 현빈일규(玄牝一竅, 氣가 충만하여 구멍이 열리는 징후)를 이루어 '태식'에 능해지고, 대주천을 완성하여 주천화후가 일어나고, 결태(結胎, 단전에서 이루어지는 선천의 기운, 즉 지극히 높은 수준의 觀이 이루어져 참다운 자신을 깨닫게 되는 것.)를 이루기까지 폐기에서 시작하여 폐기로 끝맺음을 강조하고 있다.

단학(丹學)과 관련된 서적이 너무 많아 혼란을 방지하기 위하여 서두에 폐기가 조식수행의 핵심임을 소개한다. 그리고 폐기, 현빈일규, 태식, 주천화후, 결태라는 신선 수련법에 대하여 정수(精髓, 사물의 가장 중심이 되는 알짜)만을 차례로 설명하면서 '비록 하늘을 나는 술법이라 할지라도 모든 것이 여기에서 벗어나는 것이 없으니 오직 배우는 이의 정성에 달려있을 뿐이다.'라는 글로 끝을 맺고 있다.

한편 무병장수를 지향하는 우리나라 최초의 도교 수련서인 '북창비결'의 저자 본인은 44세의 짧은 수명으로 세상을 떠났다는 사실에 의아해할 수도 있다. 이것은 물론 은둔생활을 하면서 스스로 촉수(促壽)하였던 것이라 여길 수도 있지만, 여기에는 다음과 같은 일화가 있다. 먼저 북창은 자신의 수명이 80세임을 알고 있었지만, 과거를 준비하던 한 친구의 딱한 사정을 뿌리칠 수가 없어 30년을 넘겨주었으며, 또 한 번은 다른 친구의 부친이 찾아와 죽어가는 3대 독자인 자식의 목숨을 간청하는 바람에 다시 10년을 옮겨주었던 것으로 두 친구를 위해 대명요사(代命夭死, 남의 목숨 대신 죽는 것)를 하였다.

또한 그가 좌화(坐化, 앉은 채로 입적함)하던 날 구름을 타고 승천하였다는 백일비승(白日飛昇, 도를 극진히 닦아 육신을 가진 채로 신선이 되어 대낮에 하늘로 올라감)의 설화가 전해지고 있다. 북창은 그의 탁월한 천재성과 저서로도 주목받아야 하겠지만, 어진 마음과 일생 청렴한 처세, 그리고 인명(人命)에 대한 진정한 희생정신은 더욱 주목받아야 할 사항들이라 할 수 있다.

다음은 북창집(北窓集)에 나오는 시로써 북창은 스스로 자신의 죽음을 위로하는 만사(挽詞, 죽은 사람을 위해 쓴 글), 자만(自挽) 시(詩)를 남겼다.

> 일생독파만권서(一生讀破萬卷書)
>
> 일생에 만권의 책을 읽고
>
> 일일음진천종주(一日飲盡千鐘酒)
>
> 하루에 천 잔의 술을 비웠네.
>
> 고담복희이상사(高談伏羲以上事)
>
> 위로는 복희 이전의 일을 담론하고
>
> 속설종래불괘구(俗說從來不掛口)
>
> 속세의 오가는 말은 입에 담지 않았네.
>
> 안회삼십칭아성(顔回三十稱亞聖)
>
> 안회(공자의 제자)는 30세에 아성이라 불렸거늘
>
> 선생지수하기구(先生之壽何其久)
>
> 선생의 수명은 어찌 이리도 길단 말인가?

잠시 머리를 들어보니 한 마리 학으로 변해 이승을 날아왔던 신선이 공중에서 한 바퀴 원을 그리고는 이내 먼 하늘 구름 위로 멀어져 가는 것을 보았다.

송하비결(松下秘訣)

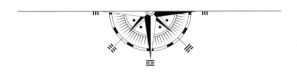

송하비결은 소나무 아래에서 쓴 비결서(앞날의 길흉화복을 얼른 보아서는 그 내용을 알 수 없도록 적어놓은 책)란 뜻으로 조선 헌종 때 김씨 성을 가진 송하옹(松下翁, 1845~ ?)이라는 도인이 조선조 말부터 2015년까지 120년간을 2,800여 자의 사자성어(四字成語) 형태로 국운을 기술한 참서(讖書, 미래에 일어날 일에 대한 예언을 적은 책)이다.

송하옹은 집안이 멸문지화(滅門之禍, 한 집안이 멸망하여 없어지는 재앙)를 당하여 평생 은거(隱居)하면서 천문, 지리, 주역을 탐구하며 살았다고 한다. 이 책의 원본 중 한 부를 동학도였던 이석(1900~, 김세옹의 모친)이 보유하고 있다가 김세옹(金世翁, 1919~1996년)에게 전했으며, 김세옹은 한국 전쟁 중 북한에서 월남할 때 가져왔으나, 분실한 나머지 부분은 암송과 필사를 통하여 그의 아들인 김성욱에게 전해졌다.

이후에 책 내용이 처음 세상에 알려진 것은 2000년 12월 김성욱의 저술 '소강절의 매화역수'(도서출판 신지평)란 책의 부록 난에 집안에서 물려받은 송하돈비결의 내용 중 2001년에서 2010년까지를 뽑아 매년 운세 풀이를 해 놓았는데, 그중 2001년에 미국의 9.11테러를 예언한 것을 시작으로 세간에 화제가 되면서 수면 위로 떠오르게 되었다. 당시 인터넷을 통해 예언서의 내용을 확인한 황병덕 박사(통일연구원 선임연구원)는 김성욱(강원도 거주)을 찾아가 2,800여 자의 송하돈비결의 전문을 함께 해석하자고 권유하여 마침내 2003년 5월 공저(황병덕, 김성욱)로 해석서를 출간하게 되었다.

책의 구성은 약 40% 정도가 조선말부터 1999년까지의 내용을 기술하고 있으며, 나머지 60%는 2000년 이후, 즉 2000~2015년까지 15년 동안의 상황을 집중적으로 싣고 있다. 이것은 저자인 송하옹이 2000년 이후에 펼쳐질 한반도의 변화무쌍(變化無雙)한 미래를 예견하고 국란을 지혜롭게 대처하길 원했던 것으로 보고 있다.

2000년 송하비결 예언이 세상에 알려지면서 2001년 9.11테러의 언급과 함께 한일 월드컵, 노무현 대통령 당선, 탄핵정국 등 초기엔 많은 적중률을 보였다. 하지만 2004년 후반기를 지나면서 예언 내용은 모두 빗나갔다. 한반도 전쟁, 미국 대통령 저격, 괴질로 인한 많은 사람의 살상, 2007년 대선 등 여러 예언이 맞질 않았다. 모든 예언서가 그러하듯 신뢰성이 무너지면 책의 수명은 다한 것이나 다름없다고 볼 수도 있다.

유전(遺傳)되고 있는 비결서는 해석자에 따라 내용에 있어서 많은 차이가 있다. 예언서는 기본적으로 모든 사람에게 드러내어 놓고 밝히는 글이 아니다. 오직 후세에 인연 있는 사람만이 그 뜻을 알라고 전하는 글이라고 한다. 그래서 해석에 따라 자칫 식자우환(識字憂患, 아는 것이 도리어 근심이 된다는 뜻)이 될 수도 있다. 또한 예언이란 앞으로 일어날 일에 대하여 예지력을 가진 사람에 의해 생성되는 것처럼 그 이면(裏面)에는 사회적 혼란과 고단한 현실에 대한 민중의 불안심리를 바탕으로 생성되는 것이다.

미래가 불확실할수록 희망적인 세상의 도래에 대한 기대심리가 더 간절해지는 것이 사람의 자연스러운 현상이다. 역사적으로 민중 속에 알려진 대표적인 한국도참서(韓國圖讖書)를 보면 정감록을 비롯하여 원효결서, 격암유록, 용담유사, 송하비결 등이 전해지고 있다. 그중에서 정감록, 격암유록과 함께 송하비결은 조선 중기 이후의 3대 예언서로 지목되고 있다.

이들 책의 주된 내용은 정감이란 인물과 이심. 이연이란 인물의 대화록을 담은 '감결'에서 볼 수 있듯이 조선조 이 씨 왕조가 망하고 새로운 정 씨 왕조가 건국된다는 것과 외적의 침입 등 환란이 발생하는 때와 그때 전란을 피하여 몸을 보전할 수 있는 피난처인 십승지(十勝地)를 열거하고 있다.

물론 송하비결에서도 예언과 더불어 십승지에 대한 내용을 언급하고 있다. 하지만 송하비결의 해석서를 저술한 황 박사는 다른 예언서들과 더불어 연구한 끝에 얻은 결론이 십승지는 지리적 개념을 넘어 고도의 상징개념으로 이해되며, 십승지로 가라는 것은 결국 한반도 주변 4강을 연결한 십자선 위에 위치하라는 뜻으로 4강 균형 외교만이 살 수 있는 길이라는 상징적 표현으로 해석하고 있다. 이처럼 해석하는 사람에 따라 전혀 다른 결과가 나오기도 하는 것이다.

한편 예언서가 생기는 배경을 보면, 예언의 주된 담당 계층은 일부 지배 세력에서 피지배층으로 확산하여 혼란기에 민중 지식인이 국가권력을 상대로 정치. 사회적 운동을 전개하게 되었다. 그래서 도참을 담고 있는 이러한 비결서의 공통점은 국가가 성립된 이후 조정(朝廷)에서는 탄압의 대상이 되었다.

실제로 예언은 국가가 통제력을 상실한 혼란기에 국가권력에 대항하는 새로운 사회 세력이 저항하는 무기로 사용되는 경우가 많았다. 예를 보면, 라말 려초(羅末麗初, 신라말 고려 초)에는 계림황엽 곡령

청송(鷄林黃葉 鵠嶺靑松, 신라는 누런 잎이고 개성은 푸른 솔이다.)와 려말 선초(麗末鮮初, 고려말 조선 초)에는 목자득국(木子得國, 이 씨가 나라를 얻는다.)이라는 예언이 떠돌았다. 조선조(朝鮮朝) 정감록에서는 병자호란 이후 오랑캐를 몰아내어야 한다는 북벌론의 대세에 힘을 불어넣는 예언 등이 등장하고 있다.

어느 시대를 막론하고 민심이 흉흉하고 사회가 어수선할수록 미래에 대한 불안으로 예언서를 통하여 새로운 희망에 의지하려는 심리가 증폭되는 것이다. 하지만 이러한 예언서를 맹목적으로 믿고 추종하며 기대하는 심리는 경계해야 한다.

따라서 예언서는 미래에 대하여 새로운 희망을 주고 민중으로 하여금 상황을 미리 대처하도록 한다면 본래의 목적대로 사용되었다고도 볼 수 있다. 하지만 이러한 희망 심리와 불안심리를 역(易)이 용하여 사회 혼란을 더욱 조장(助長)하는 무리 또는 사람이 있다면 이것은 분명 큰 문제가 아닐 수 없다.

각종 예언서를 신비주의로 치장하고 숨겨진 답을 자의적으로 해석, 혹세무민(惑世誣民)하여 정치적, 종교적 혹은 돈벌이 수단 등으로 이용하는 경우는 차단해야 할 부분이다. 그래서 우리나라에 있는 여러 예언서 내용 중에서 몇 개는 맞고 몇 개는 틀렸다라는 시시비비(是是非非)를 따지는 것은 의미가 없을 수도 있다. 그보다 중요한 것은 예언서들이 생겨나고 퍼지는 사회적 배경, 그리고 민중의 분출 심리와 방향 등에 주목해야 할 것이다.

따라서 송하비결의 내용이나 해석에 연연하기보다도 먼저 우리의 사고와 시각을 달리하는 것이 더 중요할 것이라 여기며, 이와 더불어 사회 전반에 걸쳐 불안을 달래고 민중들의 마음에 위안과 격려 그리고 희망이 될 수 있는 서적이 어떠한 예언서보다도 가치가 있지 않을까라는 생각도 해본다.

격암유록(格菴遺錄)

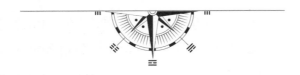

격암유록은 남사고(南師古, 1509~1571) 선생의 호를 따서 지은 책으로 역리(易理)로서 우리나라의 미래를 예언하는 역사서이자 비결서(秘訣書)이다. 남사고는 조선 명종 때 경북 울진에서 태어났으며, 학자이자 도사로서 어린 시절부터 총명하여 사람들이 신동(神童)이라 불렀다고 한다.

이후에 불영사(佛影寺)에서 신승(神僧)을 만나 비결을 전수 받았으며, 수련을 위해 전국의 명산을 찾아다니며 천문(天文), 지리(地理), 역학(易學), 상법(相法), 복서(卜筮) 등을 통달하였다.

벼슬을 탐한 것은 아니었지만, 종6품의 관상감(觀象監, 조선시대 천문, 지리, 역수, 점산, 측후, 각루 등에 관한 일을 맡고 있는 관서)이라는 벼슬을 한 적이 있는데, 이것도 선생이 천문, 지리, 역학, 상법, 복서 등에 탁월하기 때문이었다.

책의 구성은 세론시(世論視) 계룡론(鷄龍論) 궁을가(弓乙歌) 은비가(隱秘歌) 출장론(出將論) 승지론(勝地論) 등 총 60여 편의 논(論)과 가(歌)로 짜여 있으며, 국한문 혼용체로 되어 있는 참서(讖書, 미래에 일어날 일에 대하여 예언을 적은 책)이다. 대부분의 예언서가 그러하듯 미래의 시기나 사건의 중요성 등을 은어(隱語)나 파자(破字), 속어, 변칙어 등을 사용하여 인봉(印封)된 비밀내용을 명확하게 알기는 어렵게 기록되어 있다.

이 책은 선생의 자손들이 말세(末世)에 생명을 보호할 수 있도록 예시(豫示)한 것으로 천기(天機, 하늘의 기밀)에 관한 책이라 하여 노출하지 않고 비밀리에 보관하여 왔다. 그러다 1945년 8.15 광복 후에 선생이 예언한 말세가 왔다고 생각한 자손들이 세상에 공개하게 되었다고 한다. 현존하고 있는 책은 1977년 이도은(李挑隱, 본명 이용세, 1907~1998)이 필사, 기증했다.

이도은(박태선이 세운 신흥종교인 천부교의 추종자)에 의하면, 1944년경 지인인 김길환으로부터 일심교<一心敎, 갱정유도(更定儒道)라고도 하며 1945년 강대성(姜大成)이 창시한 종교>에서 가져 온 고서 한 권을 받았으며 이것을 자신이 직접 필사했다고 주장하였지만, 사실인지는 신빙성에 많은 문제가 있다.

통상 이도은이 남사고의 이름을 가탁(假託)하였다고 하여 오늘날 학계에서는 격암유록을 검토할 가치조차 없는 위서(僞書)로 간주하고 있다. 구체적인 이유를 보면 첫 번째, 남사고가 기록한 원본은 발견되지 않고 필사본만 남아 있으며(일부는 진본이 남아 있다고 주장하는 사람도 있지만, 혹자는 특정 종파에 관계된 사람들이 진본을 토대로 많은 내용을 조작 부언하여 덧붙이고 본래의 진본을 없애 버렸다고 주장한다.) 그리고 시기적으로 현대라 할 수 있는 1977년이 되어서야 국립중앙도서관에 소장되었다는 것.

두 번째, 부분적으로 100년밖에 되지 않은 현대어 한자표기(예를 들면, 개화기 이후에 사용된 일본식 한자 말인 철학, 도로, 정거장, 공산 등)로 되어 있고, 심지어 일부 내용에는 기독교의 성경을 그대로 인용하고 있다는 것.(역사적으로 한국에서 성경이 처음 전래된 것은 남사고가 죽은 지 200년 이상이 지난 19세기 초이다.)

세 번째, 특정 종교인과 종교단체를 구체적으로 가리키는 표현이 자주 등장하고 있다는 것 등이다. 원래 책명도 격암유록이라고는 어떠한 기록이나 사서에도 나와 있지 않다고 한다. 따라서 책 이름의 근거도 바로 이도은이라는 사람이 복사하였다는 필사본에 근거하고 있다고 한다.

물론 남사고의 호인 격암을 붙여 격암이 남긴 기록이라는 포괄적인 의미로 이해한다면 선생이 썼다고 알려진 '남사고 비결'과 '남격암산수십승보길지지'를 종합한 내용이라 할 수 있다.

책에서 어떤 내용이 맞다, 맞지 않다 혹은 위서이다, 진본이다라는 판단은 각자의 견해이자 몫이기도 하지만, 적어도 책을 둘러싼 진실은 바로 알아야 할 것이다. 사람들은 누구나 자신만의 체험이나 세계관을 가지고 있으며, 또한 그러한 바탕으로 모든 사물이나 현상을 이해하려는 경향이 있다. 각기 자기 분야에서 자신만의 사고방식으로 풀이하여 해석하려고 한다. 즉, 종교인은 종교적으로, 학자는 학문적 관점에서, 역술가는 역술적 관점에서, 수련하는 사람은 수련가 대로 각자의 해석 방식과 시각으로 접근한다.

격암유록은 우리나라에 존재하는 유교, 불교, 도교, 동학, 증산교, 기독교 등 거의 모든 종교사상을 아우르고 있으며, 실제 우리나라에 현존하고 있는 여러 도참이나 비결서 중에서 사상과 내용 면에서 가장 포괄적인 것으로 알려져 있다. 따라서 그만큼 부정적인 결과(예를 들면, 신흥종교의 경전으로 악이용)를 만들 수 있는 소지도 많이 있다. 물론 선생은 특정 종교의 교리나 신앙과는 관련이 없으며, 우리 고유의 사상과 전통을 바탕으로 후손들에게 유용한 서적으로 사용되길 바라고 예시를 하였을 것이다.

문제는 책의 내용이나 진위를 떠나 덮어놓고 450년 만에 신비의 베일을 벗는 민족의 경전이며 인류를 구원할 영원불멸의 신서(神書)라고 받들면서 맹신하고, 심지어 종교적으로 이용하여 혹세무민(惑世誣民)하는 것은 경계하지 않을 수 없다. 그렇다고 예언서를 마치 허무맹랑한 미신으로 혹은 부정적인 온상으로 여기고 무시하거나 거부하는 태도를 주장하는 것은 아니다. 모든 예언서 탄생의 뿌리가 민중의 염원이나 희망을 담고 있는 것으로 민중의 향방을 표현하고 있다. 따라서 기록이 시대나 상황에 따라 변화되는 것은 피할 수 없는 과정이다.

민중의 지배 세력에 대한 저항 이데올로기로써 우리 역사와 문화에 많은 영향을 끼쳐왔으며 종교와 같은 무게로 민중의 심리를 반영하고 있다. 불확실한 미래에 대한 불안한 마음을 달래고자 하는 인간의 의도가 종교사상의 배경이 되듯이, 예언서도 이와 같은 것으로 현실에 대한 민중의 두려움과 고충이 클수록 동시에 희망을 찾고자 하는 심리도 강하게 작용하는 것이다.

예언적인 저서는 비단 우리나라뿐만 아니라 동서고금을 통틀어 인류의 역사와 함께 전해져 왔으며, 크게 보면 각종 종교의 경전도 모두 일종의 예언서라 할 수 있다. 예언서의 내용이 얼마나 적중하였는가 또는 얼마나 위조, 변질되었는가를 분석하는 것도 중요하지만, 그보다 민중의 무거운 어깨를 들어주고 희망적인 미래와 따뜻한 민중애(民衆愛)를 담고 있다면 그 자체만으로도 가치는 충분하다고 할 수 있다.

제6장

명리학으로 풀어보는
직업과 예술

명리학으로 분석하는 적성과 직업

　현대과학이 발달하고 사회가 다원화되면서 여러 분야에 걸쳐 있는 다양한 직업과 적성을 분석하고자 하는 시도는 점점 더 많아질 것이라 예상된다. 우리가 흔히 이상적으로 여기는 것은 적성이 바로 직업이 되기를 바란다. 하지만 불행하게도 현실에서는 적성과 직업이 일치하지 않은 사람이 많다. 그래서 많은 사람이 적성과는 다른 직종에 종사하고 있거나, 자신의 소질이나 의사와는 관계없이 여러 사정으로 본인은 이전에 생각도 해본 적 없는 일을 한다.

　또 다양한 재능이 있어서 여러 방면으로 두각을 나타내는 사람도 있지만, 한 가지 재능도 뚜렷하지 않아 어디에도 제대로 적응하지 못하는 사람도 있다. 그런가 하면 자신의 소질을 여러 사람에게

이득을 주는 방향으로 활용하는 사람이 있기도 하지만, 반대로 자신의 소질을 악용하여 일신만 챙기고 다른 사람에게 피해를 주는 사람도 있다. 그리고 재능은 있지만 제때 알지 못해 세월을 허비하는 경우가 있으며, 비록 재능은 적지만 시기를 알고 노력을 기울여 성과를 거두는 삶도 있다.

명리학에서는 위의 모든 조건과 상황을 초월하여 한마디로 자신의 운로가 길(吉)하면 성공하고 운로가 흉(凶)하면 실패한다고 보고 있다. 우리가 말하는 적성과 소질은 간접적인 영향은 있으나 참고 사항일 뿐이며 인생의 성패와는 직접적인 관련이 없다고 말할 수 있다. 물론 명리학이 적성과 소질을 분석, 파악하는 데 활용이 될 수 있다는 것과는 다른 의미라 할 수 있다.

적성과 소질을 파악하는데 명리학을 활용할 수 있다는 것은 필자를 비롯하여 현대의 여러 명리학자가 공통으로 인식하고 있는 부분이다. 하지만 적성이 직업으로 연결되든 그렇지 않든 명리학에서는 자신 운로(運路)의 길흉에 따라 삶의 성패가 결정되는 것으로 보고 있다. 그렇다면 명리학에서 말하는 사주명식을 숙명론으로 보아야 하는가?라는 물음도 나올 수 있지만, 숙명론은 결코 아니며 오히려 운명론으로 보고 있다. 스스로 길을 개척할 수 있으며 적절한 길을 가는 데 도움을 주는 것이 명리학이라고 할 수 있다.

예를 들면, 사주명식이 그다지 좋지 못한 사람일지라도 명식과 운로의 상관관계를 미리 알고 대비한다면 큰 효과를 볼 수도 있다. 물론 경계해야 할 것은 과욕을 부려 무리한 운행으로 운의 범위를 벗어나는 경우는 도리어 실패를 초래할 수 있다.

명리학에서는 이러한 행동을 특히 금기하는데, 이것은 사람에겐 누구나 본인만이 가지고 있는 그릇의 크기가 있다는 것을 의미한다. 즉, 분수를 지키며 살아야 한다는 뜻이다. 그리고 성공 여부에 있어서는 길신에 해당하는 인간관계나 그와 관련된 업종이 유리한 것은 사실이지만, 만약 흉운이 오면 패하는 것은 어쩔 수가 없다.

따라서 적성에 맞는 업종을 택하여 일생 살아오더라도 길운이 왔을 때는 흥하겠지만, 흉운이 오면 손패가 있기 마련이다. 반대로 적성이 맞지 않는 업종에 종사하더라도 길운이 이어지면 흥하며 성공하게 된다. 다가오는 운의 흐름에 따라 결정된다고 해서 적성과 진로, 나아가 직업 파악이 덜 중요하다는 것은 아니다. 다만 성패를 판단하는 데는 운로가 결정적이라는 의미이다.

명리학에서는 명식을 통해 한 사람의 성격, 적성과 소질 등을 분석, 판단할 수 있다. 그것을 이용하여 직업을 선택하거나 사업을 한다면 그렇지 않은 다른 사람에 비해 적은 노력으로도 유리한 고지를 차지할 수 있다.

일반적으로 우리가 알고 있는 적성검사는 검사받는 시기의 나이, 환경 상태 등을 고려하여 결과가 다르게 나올 수도 있지만, 명리학은 생년월일시를 분석, 판단하는 것이어서 언제나 동일한 결과가 나온다.

명리학에서의 명식은 크게 음양으로 나누어 음(陰)은 사고력으로 내근(內勤)에 해당하고, 양(陽)은 행동력으로 외근(外勤)에 해당한다. 또한 음은 정신 활동이며 섬세하고, 양은 육체 활동이며 대범하고, 음은 기억력이며 양은 발표력으로 분류하며 유추할 수 있다.

다음으로 오행 성향을 미래, 현재, 과거로 나누어 어디에 비중을 두는 성향인지를 파악한다. 이어 생일을 보고 기질과 적성을, 그리고 생일과 생월을 비교 분석하여 본인의 그릇의 크기를 가늠한 후 적성과 진로 나아가 직업을 유추하게 된다. 여기에 오행의 주도 세력과 약한 세력을 보고 계절의 조후를 분석한 뒤 운의 흐름을 고려하여 최종 판단을 하게 된다.

보다 더 세부적으로 분류해 보면 문과와 이과의 선택부터 진학운, 학문운, 건강운 그리고 직장운, 사업운 등의 방향을 종합적으로 분석할 수 있다. 예를 들면, 학창 시절 우리나라 전체 대학생 중 10%에 해당하는 학생만이 특기나 적성을 고려해 진학했다는 것이다. 이러한 현실에서 나머지 학생이 학습에 흥미를 잃는 것은 불을 보듯 뻔한 일이다. 이것과 연계하여 반수를 하거나 또는 학교를 그만두어 다시 진학을 고민하거나 방황하게 되고, 설령 학교를 졸업했다 할지라도 취업이라든지 진로에 심각한 고민을 하게 된다.

따라서 명리학으로 적성과 소질 분석을 미리 한다면 오늘날 전 문화 시대에 유리한 출발은 물론 대입과 취업, 그리고 인생 전반에 걸친 진로에 유리해질 수 있다. 삶은 한 번뿐이므로 시행착오를 겪을수록 그만큼 늦어진다. 물론 삶이란 단편영화가 아니라 장편영화에 비유할 수 있는 것으로 단기간의 목표보다도 인생 전반에 걸친 계획이 더 중요하다. 명리학의 핵심 내용인 음양오행의 성정과 직업 분석을 간단하게 살펴보면 다음과 같다.

양의 성정인 목화는 이론적, 인문계열이고 음의 성정인 금수는 현실적, 자연계열이다.

목(木) 갑목(이론적, 성장, 통솔력, 교육 등),

　　　을목(현실적, 외교, 세일즈맨 등)

화(火) 병화(정치, 용역, 예술, 문화 등),

　　　정화(탐색, 수사, 전자공학, 과학, 역사학 등)

토(土) 무토(보수조직, 참모, 종교지도자 등),

　　　기토(종교, 법률, 비밀, 조직원 등)

금(金) 경금(군인, 경찰, 의사, 공업 등),

신금(보석세공, 병원업 등)

수(水) 임수(분석가, 목공예, 무역 등),

계수(종교, 교육, 사법, 연구, 과학 등)

위와 같이 명리학을 통하여 적성과 소질을 분석, 판단하여 흔들림 없이 노력하며 목표를 향한다면 윤택하고 순탄한 삶이 보장될 것이다.

학문에 능하고 재능이 비범한
문창귀인(文昌貴人)

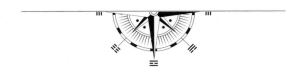

사주에서 길신(吉神)은 여러 가지가 있다. 북두칠성의 첫 번째 별인 문창성(文昌星)은 대표적인 길신 중 하나로 '문창귀인(文昌貴人)'이라 불리기도 한다. 학예(學藝)와 관련되어 학문이나 예술, 기술 계통의 재능을 말한다.

인문학적 능력으로 공부를 잘할 수 있는 기운으로 지적 호기심과 지식욕이 강하여 성공 가능성이 높아 유명인이 될 소질이 다분하다. 지혜롭고 총명하며, 문채(文彩)가 있고 창의력이 있다. 교육자, 학자, 교수, 예술가, 작가 등 학계나 예술계에서 이름을 떨치는 사람이 많다.

문창성을 천간(天干: 갑·을·병·정·무·기·경·신·임·계)의 기준으로 보자. 양간(陽干=甲丙戊庚壬)은 12운성(運星)에서 일간(日干)의 장생지(長生地)와 충(沖)이 되는 지지(地支)인 병지(病地)이고, 음간(陰干=乙丁己辛癸)은 일간의 장생지에 속한다.

사묘지(四墓地)에 해당하는 진술축미(辰戌丑未)인 토(土)를 제외하고 양간(陽干)은 인신사해(寅申巳亥)의 사맹지(四孟地)에 있고, 음간(陰干)은 자오묘유(子午卯酉)인 사패지(四敗地)에 있다. 즉, ①갑(甲) 일간은 사화(巳火) ②을(乙) 일간은 오화(午火) ③병(丙)과 무(戊) 일간은 신금(申金) ④정(丁)과 기(己) 일간은 유금(酉金) ⑤경(庚) 일간은 해수(亥水) ⑥신(辛) 일간은 자수(子水) ⑦임(壬) 일간은 인목(寅木) ⑧계(癸) 일간은 묘목(卯木)이다.

문창성을 천간의 기준으로 보면 ①갑(甲) 일간은 병화(丙火) ②을(乙) 일간은 정화(丁火) ③병(丙)과 무(戊) 일간은 경금(庚金) ④정(丁)과 기(己) 일간은 신금(辛金) ⑤경(庚) 일간은 임수(壬水) ⑥신(辛) 일간은 계수(癸水) ⑦임(壬) 일간은 갑목(甲木) ⑧계(癸) 일간은 을목(乙木)이 된다.

양간(陽干)에서 병지(病地)는 불쌍한 약자의 모습으로 육체적, 정신적 아픔을 나타내어 상대에게 도움이 되는 언행이나 문장 등을 뜻한다. 음간(陰干)에서 장생지(長生地)는 세상에 막 태어나 자기 존재를 드러낸다는 의미로, 스스로의 만족에 의한 진행으로 타인에게도 동반 만족을 이끈다.

일간(日干)을 중심으로 문창성의 십성(十星)은 주로 식신(食神)이지만, 병화와 정화는 재성(財星)이다. 이러한 십성은 언어 능력과 예술적 감수성을 바깥으로 드러내는 발산, 표출, 표현이라는 의미가 있다. 외모나 언행, 기술 등에 친근함을 나타내어 매력적인 능력으로 외부의 주목을 받는 것이다. 부정적인 작용으로는 식신이나 재성이 되는 문창성이 중첩되거나 사주에서 기신(忌神) 작용을 하는 때 또는 행운(行運)에서 훼손(刑, 沖, 破, 害)되는 경우 등이다. 문창성의 지지가 기신(忌神)일 경우 긍정성보다는 부정성이 부각되어 문(文)이 도리어 망신이나 구설의 원인이 되기도 한다.

12운성(運星)을 강약으로 나누면 ①사왕지(四旺地=제왕·건록·관대·장생) ②사평지(四平地=병·쇠·양·목욕) ③사쇠지(四衰地=사·묘·절·태)가 된다. 다른 육친이나 길성도 마찬가지이지만, 문창성도 사쇠지(四衰地)에 속하게 되면 길성의 빛을 잃고 만다. 또한 공망(空亡)을 꺼리며 일주는 신강(身强)해야 하고 신약(身弱)하면 길성(吉星) 작용이 어렵다. 그 이유는 명(命)에서 식신이나 재성은 일간(日干)의 몸을 설기(泄氣)시키는 역할을 하여 나를 더욱 신약하게 만들기 때문이다.

문창성의 우선순위는 일지를 가장 강한 작용으로 보고, 다음으로 시지, 월지, 년지 순으로 보며, 어디에 위치하는지에 따라 연령

별로 추정한다. 년지에 있으면 어린 시절에, 월지는 20대 이후에, 일지는 30대 이후에, 시지는 50대 이후에 재능을 발휘하는 것으로 본다.

다른 특징으로는 괴강살(魁剛殺=경진·경술·임진·임술·무진·무술)과 함께하면 의학, 약학, 실험 계통에서 유리하다. 또한 천의성(天醫星=하늘의 의사를 만남)과 함께 있으면 이로공명(異路攻名)으로 자신이 노력하고 걸어온 분야와는 다른 계통에서 이름을 얻는 경우가 있다.

명(命)에서 문창성이 있으면 관성과 인성이 동행하면 좋다. 관성은 국가이고 인성은 자격증으로 국가에서 인정하는 자격이 되어 국공립학교나 정부기관과 인연이 있고, 관인이 없으면 실력은 있더라도 무자격자가 되거나 사립학교, 사설기관에서 근무하는 경향이 있다. 문창귀인은 학문에 정통하여 생전문장(生前文章)이라 하지만, 면학(勉學)을 게을리하고 지모(智謀)로 임하는 경우가 많다. 따라서 문창귀인이 있다고 해서 저절로 문재(文才)가 되는 것은 아니며, 후천적인 노력도 함께 가미되어야 함은 당연한 일이다. 타고난 재능이 있어서 도리어 부정적인 작용이 발생할 수 있는 사실을 보았듯이 늘 낮은 자세로 자신을 객관적으로 볼 수 있는 시각이 삶의 지혜일 것이다.

하늘의 의사를 만나는 천의성(天醫星)

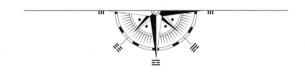

천의성(天醫星)은 '하늘의 의사를 만나는' 치료를 담당하는 별로서, 사람의 마음과 몸을 치유하는 것을 말한다. 즉, 본인이 사람을 치료하거나 살려내는 직업에 종사하거나, 반대로 그러한 직업의 치료사나 의사를 만날 수 있는 기운이다. 장점은 선천적으로 병에 대한 저항력이 강하고 질병에 대한 고통이 덜하다는 것이다.

천의성은 월지라는 글자의 바로 앞 지지가 원국에 있는 것을 말한다. 예를 들면, 월지가 축토인데 일지나 시지에 자수가 있다거나, 인월에 태어났는데 일지나 시지에 축토가 있는 경우 등이다.

특히 월지가 해수인데 다른 지지에 술토가 있을 경우, 술과 해는 천의성도 성립되지만 하늘의 글을 뜻하는 '천문성'에도 속하므로 명석한 두뇌로 활인 업계에서도 이름을 떨칠 가능성이 더 높다. 또한 지지를 천간으로 대신하여 보기도 한다. 만약 월지가 해수이면 자수가 천의성이 되지만, 자수가 지지에 없다면 천간에 있는 계수를 천의성으로 본다.

계절은 봄, 여름, 가을, 겨울로 흐르는 것이 순행인데, 이것은 이전의 계절이 다음 계절을 생한다는 뜻으로 오행에서 말하는 상생의 의미와 같다. 지지를 적용해 보면 오화는 미토를 생하고 미토는 신금을 생하는 것이 된다. 사주의 지지에서 가장 중요한 자리인 월지가 누군가로부터 도움을 얻는다는 뜻이다. 월지를 생해 주는 지지를 가지고 있다는 것은 살면서 그만큼 힘이 될 수 있는 요소이다. 이것이 바로 하늘의 의사에게 도움을 받는다는 의미라 할 수 있다.

하지만 천의성은 보상이나 목적 없이 선심을 실천함으로써 전생에 저지른 죄를 후생에서 속죄해야 하는 운명도 함께 가지고 있다. 전생에 지은 죄를 현생에서 돌려받거나 나쁜 일을 면하려고 한다면 스스로가 선행을 실천해야 한다는 말이다. 선의를 베풀어 남을 돕거나 그런 직업을 갖지 않으면 자신에게 액운이 올 수 있는 흉살이기도 하다. 피를 보며 죽는다는 흉살인 백호대살이 있는 사람도 액운을 면하기 위하여 타인을 살려내는 직업이나 일에 종사하는 것이 유리하다는 뜻과 같은 맥락이다.

따라서 천의성이 있는 사람의 직업은 의사, 약사, 한의사, 목회자, 종교인, 변호사, 상담가, 역학자 등의 활인업(活人業)에 적합하다. 천의성이 있으면서 관성과 인성 그리고 문창성이 함께 있으면 의사이면서 교수를 겸하는 경우라 할 수 있다.

이밖에 양일간(陽日干)의 천의성은 의사나 한의사가, 음일간(陰日干)의 천의성은 약사, 간호사, 침술사 등에서 흔하다. 천의성에 양인살(羊刃殺)을 함께하면 외과 의사에 적성이 있고, 괴강살(魁罡殺)과 함께하면 한의사, 약사나 종교지도자 등에 어울린다.

지지별(地支別) 의사의 전공을 보면 사생지(四生地)의 천의성은 외과, 정형외과, 소아과 의사 등에서, 사왕지(四旺地)의 천의성은 성형외과, 피부과, 치과의사 등에서, 사고지(四庫地)의 천의성은 내과, 산부인과, 이비인후과, 한의사 등에서 많이 본다. 또한 천의성은 기부와 봉사활동을 하는 성향이 있으며, 개인적으로는 자기주장이 강하여 어떤 권력이나 권위에 저항하는 기질도 있다.

물론 사주에서는 어떤 특정한 신살이나 귀인 등으로 한 부분을 보고 전체를 말하듯 하는 것은 금물이다. 종합적으로 추론하는 안목을 살려야 한다. 말하자면 천의성을 가지고 있다는 것이 긍정적인 면도 있는 반면에 천의성이 많다는 것은 곧 월지를 생해 주는 지지가 넘친다는 의미가 된다. 이것은 사주 전체로 보면 어떤 오행에

편중될 가능성이 그만큼 높아지는 것이다.

　사주는 한 오행에 치우쳐져 있을수록 그 격이 떨어진다. 사주에서 길신이나 귀격을 판단하는 데 중요한 것은 음양의 중화를 보고 얼마나 조화를 잘 이루고 있는지를 보기 때문이다.

　천의성에서 말하는 '전생의 죄'를 면하기 위해서는 현생에서의 선행에 못지않게 평상심에서 선업을 쌓아가는 습(習)이 중요함을 강조하고 싶다. 유한(有限)한 삶에서 우리가 어떤 업에 종사하든 베푸는 마음을 가진다면 생(生)은 더욱 빛나리라 생각한다.

예술가로서 성공하는 사주

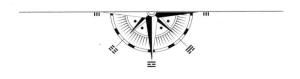

　사람마다 각자의 개성이 있듯이 잠재력을 파악하는 것은 중요하다. 잠재력을 분석하는 방법에는 여러 가지가 있겠지만, 그 시기는 빠를수록 좋다. 현실에서 시행되는 적성검사는 어린 유아기 자녀에겐 적용이 어려울 수 있다. 하지만 명리학에서는 그 사람의 생년월일시를 알면 시기와 관계없이 언제든 감별이 가능하다. 명(命)에 있는 음양오행과 십신의 구성과 분포 등을 종합적으로 간명(看命)함으로써 예술성만이 아니라 그 외 여러 가지 특성을 잡아낼 수 있다.

　다른 적성도 마찬가지겠지만, 예술적 재능이 있는 것과 예술가로서 인생에서 대성할 여부는 다른 문제이다. 가령 예술적 재능이 있다 할지라도 사주 구조와 대운이 받쳐주지 않으면 그것을 발휘할 기회가 적을 수밖에 없는 것이다.

명리학에서 맞추고 있는 두 가지 기본적인 초점은 부(富)와 귀(貴)이다. 이 경우 그 사람의 정신 수준이나 인격, 덕망, 인품보다도 현실적 환경을 더 고려한다. 예술가로서 아무리 위대한 작품을 많이 창작했다 할지라도 살아생전(生前)에 무명(無名)으로 빈곤하게 살았다면 설령 사후(死後)에 이름이 난다고 해도 현대 명리학에서는 의미가 약(弱)할 수도 있다. 이후에 예술가로서 긴 세월 동안 명성을 남길지는 몰라도 현세의 부귀와는 거리가 있기 때문이다.

물론 재물이나 출세를 떠나 순수예술가로서 청렴하게 살아가는 것이 옳다, 그르다는 차원으로 말할 사항은 아니다. 적어도 명리학에서의 시각은 예술가의 재능이 명(命)에 있고 대운에서 잘 발현되어 현실적으로 부귀를 가지는 것을 예술가에 더 가까운 사주로 여긴다.

그렇다면 예술가로 인생에서 성공하는 사주는 어떠한 특징이 있는지 살펴보자.

첫째, 사주의 십신(十神)으로 보면 식상(생각과 감정을 표현, 끼를 발산, 천재성, 몰입성), 편재(공간통제력, 감정적, 희열, 쾌락), 편관(자신을 돌보지 않고 매달리거나 고집을 부리는 것, 행동력, 기억력, 자제력), 편인(자기중심적인 것, 고독, 의심, 종교,

철학, 인내심) 등이 여기에 속한다.

둘째, 신살(神殺)로는 화개살(고독, 자신과의 투쟁), 도화살(끼, 아름다움을 창조하는 재능, 미적 감각, 자유분방함), 홍염살, 망신살(풍류, 예술, 지구력), 공망(정신적 예술 가치를 추구하는 것), 천라지망살, 철쇄개금 등이 있다.

셋째, 사주에서 화개살이 많거나 화개살과 편인(인수)이 동주(同柱)하는 경우에도 예술가적 소질이 있다. 이런 사주는 주로 음악, 미술 같은 예술을 말하고 스포츠 분야와는 거리가 있다. 화개살은 사고지(四庫地)로서 진술축미(辰戌丑未)를 말하는데, 고지에는 지장간이 섞여 있어 다재다능한 면으로 풀이한다. 편인은 특수한 표현과 고독을 말하지만, 화개살도 종교성과 더불어 고독을 의미한다. 예술은 사유의 산물이기도 하여 고독을 느낄 줄 아는 것이 예술가의 소질이라 할 수 있다.

넷째, 관살이 태왕(太旺)하여 일주가 약(弱)하고 인수 또는 편인이 관살을 생(生)하는 구조도 예술과 관련이 깊다. 편관은 예리한 지적과 탁월한 기억력이다. 사물을 보는 눈이 날카로우며 뛰어난 기억력은 예술가로서 유리한 조건이다.

다섯째, 일간이 신강한데 식상도 왕한 경우이다. 식상은 표출, 발현의 의미로서 자신의 내면을 드러내는 성(星)이다. 식상은 호기심이 많고 감성계가 발달되어 있으며, 솔직하고 새로움을 추구하는 자유 영혼이다. 식신은 순수예술(내면적 총명)을 상관은 대중예술(외향적 총명) 쪽에 가깝다.

여섯째, 식신의 문창성(文昌星)이 발휘될 수 있는 사주이거나, 목(木)일주로 봄, 여름에 태어나거나, 화(火)일주가 봄에 태어나 목화통명(木火通明) 되거나, 가을, 겨울의 금(金)일주로 금수상함(金水相涵) 하는 사주도 이에 해당한다. 또한 도화나 홍염이 길신(吉神)과 동주(同柱) 해서 잘 자리 잡고 있으면 보통 미모가 동반되어 일반예술이나 스포츠보다는 연예인이나 배우 계통에 잘 맞는다.

그 밖에도 여러 특징이 있겠지만, 무엇보다 명(命)을 알고 타고난 재능을 일찍 캐내는 것이 중요하다. 조기에 잠재력을 발견하고 미리 대비한다면 그것보다 삶에서 유리한 것도 없을 것이다. 인간은 누구나 태어난 시기의 우주 기운에 지배를 받게 되며, 또한 변화하는 우주 기운의 영향으로 반응하며 함께 변화하는 존재이다.

사물놀이(국악)와 음양오행

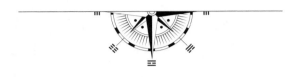

사물놀이의 기원은 원래 불가에서 쓰고 있는 불전사물(佛殿四物)이 민간으로 전해지면서 유래되었다고 한다. 불전사물은 아침, 점심, 예불 때 치는 네 가지 불구(佛具)로 범종(梵鐘), 법고(法鼓), 목어(木魚), 운판(雲版)을 말한다. 이후에는 범패의 바깥채비 소리에 사용되는 태평소, 징, 북, 목탁을 가리키는 말로 쓰이기도 했다.

이것은 원래 선종에서 때를 알리거나 대중을 모으기 위한 신호용으로 쓰였으나 현재는 사찰에서 중요한 의식 도구로 사용되고 있다. 사물의 순서는 법고, 범종, 목어, 운판 순으로 치며, 법고는 땅위에 사는 중생을, 범종은 천상과 지옥 중생을, 목어는 수중에 사는 중생을, 운판은 공중에 날아다니는 중생을 제도하기 위하여 울린다고 한다.

　우리나라 풍물에서 말하는 사물(四物)은 불가의 불전사물에 의해 유래되었고 음양사상을 바탕으로 하고 있다. 1978년 처음 '사물놀이'라는 이름으로 결성된 연주단체에 의하여 '공간사랑'이라는 곳에서 소개되었다가 그 이후에 널리 알려지게 되었다. 사물놀이는 한국 전통 타악 연주 단체에서 스스로 붙인 단체의 이름으로 시작되었다.(사물놀이는 보통명사가 아니라 고유명사인 셈이다.) 현재는 네 가지 민속 타악기를 나타내는 것으로 자리 잡게 되었다. 풍물의 의미는 '풍류를 즐기는 데 쓰는 물건'이라는 뜻이다. 사물(四物)은 풍물에 사용되는 악기 중에서 대표적인 타악기 네 가지로 꽹과리, 징, 북, 장구를 말한다.

　사물놀이의 악기는 음양과 사상(四象)으로 분류되고 자연현상에 비유되고 있다. 금속 소리를 내는 꽹과리와 징은 하늘로 올라가는 소리를 내어 양(陽)으로, 가죽 소리를 내는 북과 장구는 무겁고 깊은 소리를 내어 음(陰)으로 나누고, 이것을 인간이 다룸으로 하나의 조화를 이루는 것이다.

　소리가 낮은 북은 음 중의 음으로 태음이고, 소리가 높은 장구는 음 중의 양이라 소음이 된다. 소리가 높은 꽹과리는 양 중의 양이라 태양이고, 징은 양 중의 음이라 소양이다.

여기에서 사람의 신체를 사상(四象)으로 나누어 보면, 머리는 태양이고 가슴은 소양이며 배는 태음이고 골반은 소음에 해당한다. 따라서 꽹과리 소리는 머리를 울리고, 징 소리는 가슴을 흔들며, 북은 오장육부를 떨리게 하고, 장구는 신장과 방광에 영향을 주게 되어 신명을 북돋우고 있다.

또한 장구와 꽹과리의 잘게 가르는 리듬과 북과 징의 크게 기둥을 세우는 리듬으로 나눌 수 있다. 쇳소리(꽹과리, 징)가 날카롭게 배음을 울려 퍼뜨리며 빠른 속도로 음을 전달하면 가죽(장구, 북)은 부드러운 소리로 쇳소리를 덮으면서 조화를 이루어 긴장과 이완이 공존하고 있는 것으로 음양이 생(生)하거나 극(剋)하는 원리로 본다.

꽹과리, 징 등의 쇳소리는 신(神, 伸)을 부르는 하늘의 소리이다. 동물의 가죽으로 만드는 장고, 북의 소리는 땅(鬼, 歸)의 소리를 나타낸다. 그리고 사람의 목소리와 태평소의 선율은 하늘과 땅을 이어주는 인성(人聲)이다. 이것은 바로 천지인(天地人)을 뜻하는 동양의 삼재(三才) 사상을 의미하고 있다.

사물놀이에서 네 가지 악기의 의미와 역할을 하나씩 분석해 보면 다음과 같다.

첫 번째, 소리가 요란하고 높은 꽹과리는 마치 천둥이 치고 번개가 치듯 휘몰아치는 것으로 벼락(雷)에 비유되고 양 중의 양인 태양

(太陽)이 된다. 시간을 소리로 표현하고 가락을 잘게 쪼개는 구실을 한다. 리듬을 창조하고 음악을 주도하며 이끌어 나간다.

두 번째, 징은 긴 여운으로 바람(風)에 비유되며 양 중의 음이라 하여 소양(小陽)이 된다. 몇 개의 소리 무더기를 크게 휘감아 하나의 소리로 표현하는 것으로 가락을 크게 뭉치는 구실을 한다. 꽹과리 가락을 감싸고 단락을 지어준다.

세 번째, 소리가 높은 장구는 울음통이 좌우에 낮고 깊은 음을 내는 '궁편' 과 높고 경쾌한 음을 내는 '열편'으로, 두 가지의 음정과 음색으로 꽹과리와 함께 화려한 신명을 자아내므로 그 소리를 빗(雨)소리에 비유하고 음 중의 양으로 소음(小陰)으로 분류된다. 북소리 사이사이를 채워 나가며 가락을 잘게 나눈다. 꽹과리와 함께 가락을 주도하며 리듬을 잘게 쪼갠다. 장구는 원래 '장고(杖鼓)'라는 한자가 우리말(장구의 원말)로 되면서 생겨난 것이다. 오른손에는 채(杖)를 들고 왼손에는 북(鼓)을 친다고 해서 붙여진 이름이다. 문헌에는 삼국시대 때 요고(腰鼓)라는 악기가 있던 것으로 전해지는데, 이 악기가 고려시대 이후로 크기가 오늘날의 모습이 되었다고 한다.

네 번째, 소리가 낮은 북소리는 인류에게 보편적으로 널리 사용되어진 것으로 원시적인 형태를 지니고 둥둥 떠다니는 소리로 구름(雲)에 비유되며 음 중의 음인 태음(太陰)이 된다. 음을 몇 가지 그룹으로 갈라내고 원박만 짚어 감으로써 소리를 다진다. 장구를 도와주며 주로 원박을 친다.

사물놀이의 네 악기는 밀려오고 밀려가는 무수한 리듬과 크고 작은 음들의 행렬, 쌓아 올려 진 배음 위에서 들려오는 또 다른 소리의 함성, 조이고 맺고 풀어 내리는 장단 속에 긴장과 이완의 자연스러운 대조를 이루고 있다.

우리나라 국악기를 보면 이러한 대조와 철학적 체계는 사물(四物)에서만 국한되어 있는 것이 아니다. 즉, 악기의 재료에서는 8가지 <쇠(金), 돌(石), 실(絲), 대나무(竹), 바가지(匏), 흙(土), 가죽(革), 나무(木)>로 8음(梵音)은 건(乾), 곤(坤), 리(離), 감(坎), 태(兌), 진(震), 간(艮), 손(巽)의 주역(周易)에서의 8괘(卦)로 해석하는데 바가지, 대나무, 나무는 만물이 생성되는 봄기운이 있는 동방의 악기이며, 실은 여름의 기운으로 남방의 악기이다. 쇠, 돌, 흙은 만물이 응축하는 서방의 악기이며, 가죽은 겨울의 기운으로 북방의 악기를 상징한다.

국악기가 내는 12율(律)은 12지지(地支)와 12달(월)을 의미한다. 또한 현악기의 몸통 부분 중 위가 둥근 것은 하늘을, 아랫부분이 평평한 것은 땅을 상징하고, 악기 배치에서도 동쪽은 청색으로 푸른 빛을, 서쪽은 흰색으로 하얀빛이 위치하고, 민요의 5음계는 오행사상에 근거하고 있는 등 음악 전반에 걸쳐 우리나라의 국악기가 지닌 철학적 배경과 체계에는 동양사상의 핵심인 음양오행 사상의 우주관에 입각하고 있다.

처용무(處容舞)와 음양오행

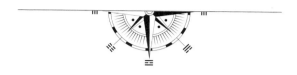

처용무는 처용설화에서 비롯되었다. 그 내용은 삼국유사(三國遺事)에 기록된 '처용랑망해사(處容郞望海寺)' 조에 실려 있다. 설화 내용을 살펴보면 다음과 같다.

헌강왕(875~886)이 개운포(開雲浦) 바닷가로 놀이를 나갔다 돌아오는 길에 구름과 안개가 심하게 끼어 길을 잃게 되었다. 이에 일관(日官, 천문관리)이 동해의 용왕이 변괴를 부리는 것이니 좋은 일을 하여 이를 풀어주어야 한다고 하였다.

왕이 신하에게 명하기를 용을 위해 절을 지으라고 하자 구름과 안개가 걷히게 되었다. 이러한 배려를 한 왕에게 용왕이 나타나 인사를 하고 왕을 찬양하는 춤을 추며 음악을 연주하였다. 이때 동해

용왕이 데리고 온 일곱 아들 중에 한 명(처용)이 왕을 따라 서울(서라 벌)에 와 정사를 보좌했다.

왕은 처용의 마음을 잡아두기 위해 미녀를 아내로 맺어주고 급 간(級干)이라는 벼슬을 내렸다. 미녀인 그의 아내를 역신이 사모하다 처용이 없는 밤에 사람으로 변해 그의 아내와 동침을 했다. 처용이 외출했다가 집으로 돌아와 보니 두 사람이 누워 있다는 것을 알고 는 처용가를 지어 부르고 춤을 추면서 자리를 나왔다.

이에 역신이 나와 처용에게 무릎을 꿇고

"제가 공의 아내를 사모해 범하게 되었습니다. 그런데도 공은 성난 기색을 보이지 않으니 감복했습니다. 맹세하건대 이후로 는 공의 모습을 그린 화상만 보아도 그 문에는 출입하지 않겠 습니다."

라고 했다. 이 때문에 민간에서는 문간에 처용의 얼굴을 그려 붙여 사귀(邪鬼)를 물리치고 경복(慶福)을 맞이하였으며 호부(護符)로도 사용하였다.

처용이 나온 바위를 처용암(處容岩)이라 부른다. 설화에 등장하는 구름이 걷힌 포구를 개운포(開雲浦)라 하고 앞바다를 용연(龍淵)이라 하였으며,(울산시 남구 소재) 그 절은 망해사(望海寺)라고 하였다. 울주군

청량면에 소재한 망해사는 신방사(新房寺)라고도 한다.

<삼국유사>의 설화에서 보았던 것처럼 처용무는 통일신라 헌강왕 때 살았던 처용이 아내를 범하려던 역신(疫神, 전염병을 옮기는 신)에게 자신이 지은 노래를 부르며 춤을 춰서 귀신을 물리쳤다는 설화를 바탕으로 벽사진경(辟邪進慶), 즉 악귀를 쫓아내고 경사스러운 일을 맞이하기 위하여 조선 말엽까지 궁중에서 행해졌다고 한다.

처용무는 신라시대부터 현대에 이르기까지 이어져 온 역사상 가장 오래된 궁중정재(궁중춤)의 하나인 궁중 가면무이다. 정재(呈才)란 왕의 여흥을 위한 오락물이나 감상물의 역할도 있었지만, 당시의 사상이 반영된 시대적 산물로도 볼 수 있다. 우리나라 대부분의 정재가 궁중에서 만들어졌거나 중국에서 수입되었던 것에 비해 처용무는 민간에서 궁중으로 유입된 특이점을 지니고 있다. 또한 신라와 고려시대에 흑포사모(黑袍紗帽)의 1인 혹은 2인무(舞)였던 것이 조선조에 이르러 무인(舞人)이 다섯 명으로 확대되어 오방처용무(五方處容舞)라고 하여 음양오행 사상이 반영된 예술로 발전되어 전해 오고 있다.

조선의 국가 통치이념은 유교 사상이다. 그것은 동양철학인 음양오행을 기본으로 해서 형성되고 발전한 사상체계이다. 음양사상은 인간을 포함한 우주의 모든 만물이 음과 양으로 확장되고 소멸한다는 이론이며, 오행사상은 목, 화, 토, 금, 수의 다섯 가지 성분이 음양의 원리에 따라 우주의 모든 만물이 생성되고 소멸한다는 이론이다. 따라서 국가의 모든 제도와 문화생활이 음양오행 사상에 바탕을 두고 있다. 처용무도 마찬가지로 음양오행의 원리에 의해 무인, 춤동작 그리고 무복에 영향을 받고 있다.

<악학궤범> 권5에 등장하는 오방처용무는 5명이 동서남북과 중앙의 5방향을 상징하고 오행(목, 화, 토, 금, 수)의 색상을 뜻하고 있다. 동(東)은 청색, 서(西)는 백색, 남(南)은 적색, 북(北)은 흑색, 중앙(中央)은 황색 옷을 입고 춘다. 공간적으로 처용 5인은 동서남북과 중앙에 위치하여 처용과 역신의 대결로 상극(相剋)을 나타내고, 뒤 이어지는 동작이 상생(相生)의 대형으로 풀어내는 형식이다.

처용무는 중앙에 황색 처용을 비롯하여 오방과 오행의 상생과 상극을 표현한다. 춤사위가 장중하고 느린 중후한 멋과 정(靜) 중(中) 동(動)의 경지와 우주 만물의 조화와 화합을 이루는 음양오행 사상의 배경을 내포하고 있다. 처용무는 태극과 음양오행이라는 우주의 원리를 나타내려는 것과 인간과 만물의 관계를 천지인 합일이라는 동양철학의 가치관에 근거를 두고 있다.

처용무의 일렬작대는 오방대형과 함께 청, 홍, 황, 흑, 백의 다섯 처용이 일렬로 들어와 무대 중앙에 서서 춤을 추는데, 처음 등장은 서쪽에서 동쪽을 향해 출발한다. 이것은 태극(太極)의 원리가 처음 출발이 음(陰)으로 발동(發動)된다는 원칙과 일치하고 있다. 또한 동쪽에서 처용을 쳐다보면 일렬종대(一列縱隊)로 시작하고 있어 한 점(點)에서 태동(胎動)되고 있는 것으로 본다. 그리고 동쪽으로 전진하면서 좌우수(左右手)를 들어 올리는 것으로 음양(陰陽)을 가르고 있다.

일자(一字) 배열의 의미는 청, 홍, 황, 흑, 백이 방위인 동시에 계절로는 동은 봄, 남은 여름, 황은 사계 또는 환절기, 북은 겨울, 서는 가을을 나타내어 시간적 개념을 표현하고 있다. 또한 일자(一字) 배열의 처용무는 양(陽)으로써 음(陰)에 속하는 악귀를 물리치고자 하는 의도가 들어 있다. 이것은 처용무가 주술적 의미를 담고 있는 것이기도 하다.

그리고 사모(紗帽)에는 부귀를 상징하는 모란꽃과 복숭아로 그려져 장식된다. 이것도 벽사적인 기능이 연희적 기능으로 변모된 것이다. 후대에 갈수록 벽사적 의미를 담고 있는 복숭아는 사라지고 부귀를 뜻하는 모란꽃 장식만 남게 된 것이다. 가면 역시 벽사(邪)와 진경(進慶)의 목적으로 사용되었다. 처용 가면은 처용의 내면적 고통을 극적으로 표현하기 위한 것으로 추정되고 있다.

춤의 내용은 액운을 쫓는다는 의미이다. 처용탈의 팥죽색이나 복숭아 열매 등은 악귀를 물리치는 벽사의 의미를 담고 있다. 팥죽의 다른 유래에서는 팥죽이 붉은색으로 이승인 양을 나타내어 저승에서 온 음에 해당하는 귀신을 쫓는다는 내용과 여기 처용설화에서 유래했다는 설이 있다. 모란꽃은 재물을 불러들인다는 부귀화로서 경사로운 일을 맞이하는 진경의 의미를 담고 있다.

처용무 복은 오행 색으로 구성되고, 상의는 의(衣)로 양이고 하의는 상(裳)으로 음이다. 따라서 상의는 양의 색인 정색을 사용하고, 하의는 음의 색인 간색으로 하여 상하 양음의 조화를 이루었다.

처용무의 사상적 배경은 유교가 지배한 조선시대를 거치면서 동양철학인 음양오행 사상을 바탕으로, 느림과 비움의 춤사위(춤동작)로 인간 내면의 세계를 추구하였으며, 우주와 자연 그리고 인간이 하나가 되는 합일에 중점을 두고 있다.

한국의 대표적 전통춤으로서 무인, 스토리, 복식, 춤사위 등에 들어 있는 철학과 민족사상이 담겨져 있어 우리의 근원이자 대대로 전해지는 족보라 할 수 있다. 또한 전통무용으로 중요무형문화재 제39호로 지정된 춤이며, 2009년에는 유네스코 세계무형문화유산으로 지정되기도 하였다.

전통춤과 음양오행

인류사에서 언어나 문자를 사용하기 이전에는 몸의 움직임으로 서로의 의사를 표현했으며, 예술도 마찬가지로 시초에는 동작으로 시작되었을 것이다. 그것은 모방과 상징 행위를 통해 나약한 인간으로서 자연적 현상을 극복하고자 하는 데 의의를 가지고 있다.

즉 숭배, 예배, 기원 등의 목적으로 열리는 제례의 매개체로서 춤을 이용했다. 모든 예술은 작가나 행위자의 마음을 드러내는 표현의 결과물이다. 그 과정은 여러 형태가 되겠지만, 춤이나 무용은 인간의 신체를 사용한다는 점에서 신체 예술이라 하여 가장 자연스러운 것으로 볼 수 있다.

춤의 비언어적 특성은 일상적인 상황을 넘어 초월적 존재인 신,

정령, 조상 그외 자연계의 모든 것과 교통(交通)할 수 있는 것으로 볼 수 있다. 인간은 소우주로 춤이나 무용을 통해서 대우주의 기운과 유기적인 신체적 교감 그리고 감응을 갖게 되고, 또한 몸짓을 통하여 천지인 사상을 형상화하고 있는 것이다. 물론 우리나라 전통춤의 기본적인 바탕에는 태극사상과, 삼재사상 그리고 음양오행 사상에 근거를 두고 있다.

이러한 사상들은 춤만이 아니라 동양 문화권 내에서 모든 사상체계를 지배해 왔으며, 우리나라에서는 조선의 통치이념을 비롯하여 정치, 천문, 지리, 역법, 기상, 의술, 문자, 제도, 역사, 예술 등 다양한 분야에 걸쳐 연관되어 있다.

음양오행이란 태극으로 구성된 음양과 우주 만물인 오행의 생성과 소멸을 나타내는 것으로 한국 춤의 전통사상 그리고 철학과는 밀접한 관련을 맺고 있다. 전통춤에서 동양사상인 음양오행의 특성을 중심으로 춤의 사위를 구분해 본다면, 먼저 음양의 원리, 시간적 개념이 도입된 음과 양의 춤사위, 오행 속성에 따른 춤사위, 오행의 상생, 상극에 따른 춤사위 등으로 분류할 수 있다. 따라서 전통 춤사위(춤동작)에서 동양의 철학적 사고인 음양오행적 분석은 크게 6가지 특징적 요인들로 다음과 같이 요약되고 있다.

1. 음(陰)의 원리체계는 신체적으론 응축되고 모이며 공간적 측면에

서 하(下) 지향적이다. 호흡은 내뿜어서 기운이 내려가는 날숨의 흐름으로 본다.

2. 양(陽)의 원리체계는 신체적으로 펴지거나 뛰어오르는 것으로 나타내고 공간적으로 지향하는 방향은 상(上)이며, 호흡 역시 들숨을 하여 기운의 흐름이 상(上)으로 진행된다.

3. 시간적 개념이 도입된 음과 양의 춤사위에서의 원리체계는 두 가지로 나뉜다. 첫 번째로 음에서 양으로의 흐름은 신체의 움직임에서 태극의 선을 따르고 있다. 공간적으로 아래에서 위로 향하고 있고, 호흡 역시 날숨에서 들숨으로 이동하는 것이다. 두 번째로 양에서 음으로의 흐름은 공간적으로 위에서 아래로 향하는 곡선의 형태를 나타내고 있다. 호흡은 들숨에서 날숨으로 이동한다. 즉, 이것은 우리 춤사위에서 보여지는 맺고 풀기, 감고 나면 반드시 풀어지는 원리가 담겨 있다.

4. 오행 속성에 따른 춤사위의 원리체계를 구분해 보면, 먼저 오행에서 목과 화는 양이고, 금과 수는 음이며, 토는 중앙으로 본다. 첫 번째, 목(木)의 춤사위는 시작 단계로서 위로 솟구치며 강력하게 뻗어나가는 기운이다. 신체가 점차적으로 펴지고 봄에 꽃이

피어오르듯이 춤사위도 조용하고 곧게 혹은 휘면서 팔, 다리, 몸통이 점차적으로 위로 향하는 특성이 있다. 호흡은 역시 들숨으로 시작된다. 두 번째, 화(火)의 춤사위는 분열하면서 위로 뻗치며 커나가는 기운이다. 여름에 뜨거운 햇살처럼 뜨겁고 열정적인 것으로, 동작으로는 전진의 의미로서 신체가 펼쳐지고 팔이 뻗어져 나가며 다리는 도약하는 형태이다. 시간적으론 빠른 진행을 보여준다. 세 번째, 토(土)의 춤사위는 계절과 계절 사이의 환절기처럼 중앙으로 평준이며 중재하는 기운이다. 따라서 춤사위와 춤사위를 연결하는 중재자 역할을 하고 춤사위를 마무리할 때나 다음 춤사위로 도입하기 전에 준비 자세로 본다.

그러나 토의 속성은 머물러 있는 '정지'의 의미로서 '움직임'이라는 특성을 가진 춤사위에서는 많이 볼 수는 없다. 이것은 우리 춤이 지닌 내면적 흐름인 '정중동'을 나타내고 있다. 네 번째, 금(金)의 춤사위는 움츠러들어 통일, 수렴하는 기운이다. 가을의 결실을 나타내듯 흐르던 동작이 멈춰지면서 맺는 춤사위로 한국 춤의 '정중동'에서 정에 가깝다. 또한 머금는 호흡으로 하단전에 기가 모인다. 이것은 동작을 맺고 갈무리는 것으로 펼치고 풀어졌던 움직임이 응축되는 것이다. 다섯 번째, 수(水)의 춤사위는 생명이 압축되고 저장하는 새로운 탄생의 기운이다. 겨울의 저장과 휴식을 나타내듯 한 동작

으로는 후퇴의 의미로 신체의 높이에서 가장 낮은 특징을 나타낸
다. 즉 팔, 다리, 몸통이 아래로 향하면서 응축되는 사위, 마치 해가
솟아오르기 직전의 모습으로 가장 응축되는 것이다.

5. 오행에서 서로 생(生, 양육한다, 생기게 한다, 도와준다, 지지한다는 뜻)하는
   관계로서 상생 관계(목생화 화생토 토생금 금생수 수생목)를 가진 춤사위
   의 원리체계는 세 가지로 본다.
   첫 번째로 점진적인 움직임의 선을 표현하는 것으로 호흡은 단
   계적으로 이어진다. 두 번째로 공간 역시 점진적으로 동일한 방
   향으로 향하고 이어진다. 세 번째로 움직임의 흐름이 원활한 태
   극의 선을 생성하고 있다.

6. 오행에서 서로 극(剋, 억누르다, 이긴다, 지배한다, 통제한다, 방해한다는 뜻)하
   는 관계로서 상극관계(목극토 토극수 수극화 화극금 금극목)를 가진 춤사
   위의 원리체계는 두 가지로 본다. 첫 번째로 춤사위의 폭이 커
   서 격동적이다. 또한 움직임의 진행을 막아서 흐름이 깨진다. 두
   번째로 상극관계의 춤사위는 자연스러운 태극의 선을 그리지
   못한다. 즉, 위로 향해 올라가다가 막히고, 편안하게 중앙에 있
   던 기운은 갑자기 아래로 내려가 버리는 부자연스러운 기운의
   흐름이다.

이상으로 우리의 전통춤에는 자연사상을 바탕으로 한 동양철학을 기본으로 인간 심성에서 우러나온 움직임과 내재적인 율동미를 다양하게 나타내고 있다. 또한 그 속에는 절제와 한, 맺고 풀음의 역동성, 무아지경, 정중동의 함축성, 수그러진 겸양성, 담백함과 은근함의 농축 등 서양 춤에서는 볼 수 없는 특성이 들어 있다.

춤은 태극사상에서 보았듯이 태초에 생명의 에너지로부터 분출되는 자연스러운 몸놀림으로 하늘과 땅과 인간이 하나가 되는 합일의 예술이며 즐거움의 표현이라 할 수 있다.

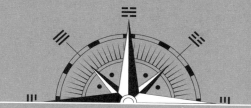

제7장

구원과
깨달음에 대하여

종교의 이해

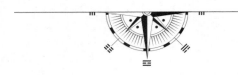

    종교는 인간으로서 겪어야 하는 여러 근본적인 문제에 대한 답을 절대자에게 의지하여 인간의 고뇌를 해결하고 심리적 안정을 찾는 것이라 할 수 있다. 포괄적으로는 인간으로서 종교를 가지고 있든 그렇지 않든 삶의 유한성(有限性)과 같은 근본적인 문제와 삶의 의미가 무엇인지를 사고하는 사람은 모두 종교적 인간으로 분류할 수 있다. 따라서 종교는 인류 역사를 통틀어 원시시대부터 현대에 이르기까지 모든 민족이나 나라를 불문하고 존재해 왔던 정신문화 현상이다.

    역사적으로 동양에서 말하는 종교(宗教)란 근본진리에 대한 가르침 혹은 으뜸 되는 가르침이라는 의미로 불교의 교설을 인간의 언어 문자로 표현하고 사용되었다. 즉, '능가경'에서 '종'은 불교의 근본진리를 파악하여 도달된 궁극의 경지를 의미하고, '교'란 근본진리를 가르치기 위한 방편으로 가르침을 의미하였다.

19세기 말 일본의 메이지 시대(明治時代)에 서양의 religion이란 단어를 '종교'로 채택하여 번역함으로써 오늘날의 모든 종교 개념을 표현하는 뜻으로 되었다. 서양에서 말하는 religion은 라틴어로 religio에서 유래한 것으로 두 가지 학설이 있는데, 하나는 religere로 '엄숙히 집행된 의례'라는 의미이고, 또 하나는 religare 혹은 relegere에서 나온 말로 '(신과 인간을)다시 묶다' 혹은 '다시 읽다(생각하다)'를 뜻한다.

불교에서 가르침을 높이기 위해 신(神)이라는 이름과는 관계없이 훌륭한 가르침이라는 의미로 표현한 용어였지만, 유교와 도교에서도 이것을 수용하여 자신들을 종교로 칭하였다.

일본에서 religion을 종교로 번역하기 전에는 서양에서 말하는 종교라고 하는 개념이 동양에서는 도(道)라는 말로 표현되었다. 예전에는 도라고 불렀던 것을 오늘날 종교로 통칭하여 부르게 된 경위(經緯)가 바로 여기에 있다.

한편 종교가 갖추어야 하는 3대 요소를 보면, 첫 번째로 교주가 있어야 한다. 불교의 교주(창시자)는 석가모니 부처님이며, 유교의 교주는 공자, 기독교의 교주는 예수, 회교의 교주는 마호메트 등이 있다. 두 번째로 가르침을 나타내는 경전이 있어야 한다. 부처의 가르침을 집대성한 것을 불경, 공자의 가르침을 논어, 예수의 가르침을 성경, 마호메트의 가르침을 코란이라 한다. 세 번째로 신도가 있어야 한다. 인류가 다른 모든 것과는 달리 종교를 신성하고 숭고한 영역으로 분류하려는 것은 동서고금을 막론하고 공통적인 분모였다.

하지만 고대에서 제단을 세워 길흉화복(吉凶禍福)을 빌고, 점괘를 통해 모든 것을 결정했던 원시종교는 제사장의 절대 권력으로 인한 여러 해악과 악습이 난무하였다.

그렇다면 소위 고등종교라 불리는 불교, 기독교, 이슬람교, 힌두교 등과 원시종교와의 다른 점은 무엇일까? 유감스럽게도 종교가 가져야 할 3대 요소를 제외하고는 원시종교의 여러 폐습(弊習)과 다를 바가 없다. 그래서 어떤 종교든 종교적 진리 그 자체는 온전하다 할지라도 그것을 다루고 전하는 사역자들, 목회자들, 사제들 등에 속하는 사람들은 이러한 부분에 대한 책임감과 반성의 시간이 필요할 수 있다.

마찬가지로 각 종교의 신도들도 이웃보다는 자신의 유복함과 욕망을 구하기 위해 사찰로, 교회로, 성당으로 가서 간구(干求)하고 기도함으로써 원래 종교가 말하고자 하는 진리와는 거리를 두고 있다.

신심(信心)이나 종교적인 진리가 현세에서 개인의 유복함을 이루는 도구나 수단으로 오인(誤認), 오용(誤用)하도록 사찰이나 성당, 교회 등에서는 얼마나 많은 시주와 헌금을 하였느냐에 따라 복을 되돌려 받을 수 있다는 식으로 부추기고 있다. 종교인이기 전에 사람으로서 종교를 현실적 이익의 수단으로 여기고 그것을 이용하려는 사고는 자신의 정신과 영혼을 속이는 지극히 위선적인 행위라 할 수 있다.

또한 다른 종교에 대한 무조건적인 비판 혹은 배타적인 태도로 종교 간의 갈등을 야기시키는 것도 문제이다. 자신의 종교가 중요한 만큼 이웃 종교에 대한 중요성을 알고, 기본적인 지식 정도는 알아야 할 필요가 있다. 배타주의적 신도들이나 종파가 제한된 경험과 지식으로 인한 편협된 사고로 독단적 혹은 독선적 종교인을 양산하게 되었다. 따라서 각 종파가 공유하고 있는 종교사와 세계문화사에 대한 교육을 실행함으로써 서로 간 이해의 지평을 넓히는 작업이 필요하다.

비종교학의 창시자라고 알려진 옥스퍼드대학의 Max Muller는 '하나의 종교만 아는 사람은 아무 종교도 모른다.'라고 하였으며, 독일의 튜빙겐 대학교 에큐메니칼 교수 Hans Kung은 '종교 간의 대화가 없으면 종교 간의 평화가 없고, 종교 간의 평화가 없으면 세계 평화가 있을 수 없다. 종교 간의 대화는 상대 종교에 대한 기본적인 연구가 있어야 한다.'라고 말하였다.

이것은 고대에서 현대까지 인류사에서 발발했던 전쟁들이 종교와 무관하지 않다는 것을 알 수 있으며, 동시에 상대 종교에 대한 무지에서 빚어진 부정적인 결과들이다. 따라서 무엇보다 종교 간의 이해와 협동 그리고 친밀감을 쌓는 것이 중요하다. 그러기 위해서는 먼저 이론적, 지식적 대화보다는 인격적 교류와 실천적 정행(正行)을 함께하는 것이 전진의 첫걸음이다. 예를 들면, 친한 사람일수록 이해력이 넓어지듯이 직접적인 종교교리, 종교의식, 신학의 비교연구도 중요하지만 종교문화, 종교예술, 종교행사 등의 간접적인 접촉을 시작으로 확대해 나가는 것이다. 또한 종교 간의 대화와 소통을 위해서는 각자의 내부에 오랫동안 흐르고 있는 사고를 내려놓고 상대방을 존중하면서 관심과 이해심을 갖고자 하는 열정이 있어야 한다.

현대사회는 다원주의(多元主義) 사회로서 자신의 의지에 따라 어떤 종교를 믿든 믿지 않든 하는 것은 개인의 자유이다. 유신론자든 혹은 무신론자든 상대를 배려하고 서로의 좋은 점을 인정하는 마음이 우선되어야 하며, 유신론자는 각자가 믿고 있는 종교적 진리에 정신(正信)하게 된다면 종교는 물론 다른 모든 요소의 갈등도 함께 줄어들 것이라 생각한다.

불경(佛經)과 성경(聖經)

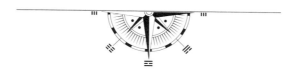

    인류사에서 문자가 발견된 이래로 원시종교에서 나온 신화나 구전 등에 대한 기록이 가능하게 되면서 경전도 발전하기 시작하였다. 경전의 내용은 직접 창시자에게 계시(啓示)된 사항이나 창시자의 언행, 그리고 그것에 대한 설명과 주석을 내포하고 있다. 일반적으로 경전은 창시자가 죽은 후 교설이 분분하여 교단이 분열되고 혼란되는 상황에서 창시자의 교설을 통일하고 교단의 통합을 목적으로 이루어진다. 이러한 단계를 거치면서 종교 교단에서 공통으로 인정된 교설을 기록한 경전은 신성성(神聖性)을 지닌 진리가 되었다. 경전은 신성함을 가지면서 성직자를 포함하여 신자들의 종교적, 윤리적 행동의 기준이 되고 있다.

대표적인 경전으로 불교는 불경, 기독교는 성경, 이슬람교는 코란, 유교는 논어 등이 있다.각 종교가 가지고 있는 대부분 경전은 제자나 신도의 손에 의해 각색(脚色)되고 조합 또는 정리되면서 만들어졌다.

여기서 우리나라를 비롯하여 세계적으로도 많은 사람이 접하며 신봉하고 있는 불경과 성경을 중심으로 살펴보고자 한다.

1. 불경(佛經)

불교의 경전으로 깨달음을 얻기 위한 방편서<일체유심조(一切唯心造), 모든 것은 오로지 마음이 만든 것>이다. 불경이란 석가모니와 그 제자들이 설파한 교리를 체계화한 서적과 교단(敎團)의 규율을 규정하는 율(律), 그리고 철학적 이론을 전개한 논(論)으로 되어 있다. 고승들이 이들 경, 율, 논의 삼장(三藏)에다 주석을 붙인 저술까지 모두 포함한 불교의 가르침과 성전을 총칭한다.

경(經)은 산스크리트어(語)의 수트라를 번역해서 나온 말로 계경(契經), 정경(正經), 관경(貫經) 등으로 번역되기도 한다. 또한 불전(佛典), 내전(內典), 성전(聖典)이라고 칭하기도 한다. 수트라의 원래 의미는 실이나 끈을 나타내었는데, 세월이 지나면서 자(尺)로 사용하는 끈, 교훈, 교리, 금언(金言) 등의 뜻으로 통용되었으며, 중국으로 유입되면서 불변의 진리를 뜻하는 경(經)으로 풀이되었다.

　석가모니의 열반(涅槃) 이후부터 제자들이 모여 암송해 오던 것을 1차 결집에서 석가모니의 말임을 서로 확인하면서 기록하게 되었으며, 이후에 3차 결집에서 집성, 기록하고 경, 논, 율의 삼 장으로 분류하여 여러 나라에서 대장경(大藏經, 불경을 집대성한 경전)을 결집하게 되었다.

2. 성경(聖經)

　기독교, 유대교의 경전으로 신을 배반한 인간의 회개서<일체유신조(一切有神造), 모든 것은 유일신이 만든 것>이다. 성경이란 그리스도의 경전으로 <구약성서>, <신약성서>로 구성되어 있으며, 예수 탄생 이전에는 유대교의 경전이었다. <창세기>로부터 <말라기>까지 39권으로 원전은 히브리어로 되어 있으며 고대 이스라엘사(史), 모세의 율법, 시편, 예언서 등의 내용을 담고 있다. 39권의 그리스어로 번역되기 전에는 24권의 히브리어로 기록되어 있었다.

　<구약성서>는 인류역사상 가장 많은 사람에게 영향을 주었던 책으로 알려져 있다. 우주와 만물이 하나님에 의해 창조되었으며, 세계와 역사는 하나님이 친히 다스리며 심판한다는 신의 통치 신학이다. 이것은 새로운 약속이라는 뜻을 가진 <신약성서>에도 계승

되었으며, 신약에는 예수의 언행을 기록한 4권의 복음서(마태, 마가, 루가, 요한)와 그 제자들의 전도 행적에 대한 글인 사도행전(使徒行傳), 그리고 여러 사도의 편지글 서간서 및 예언서(요한의 묵시록) 등 27권으로 구성되어 있다. 기독교에서는 하나님이 <구약성서>에서 약속한 인류구원을 <신약성서>에서 이루어졌다고 믿고 있다.

3. 불경과 성경의 유사점

석가모니와 예수는 그들이 살았던 시대와 장소가 다름에도 불구하고 탄생 설화에서 제자들에게 들려준 가르침 등 사망에 이르기까지 일치되고 있는 많은 내용을 보고 놀라지 않을 수 없다. 그중 대표적인 몇 가지만 소개하면 다음과 같다.(물론 이런 유사한 부분에 대해서는 여러 주장과 학설들이 있다.)

(1) 출생설화
  - 부처와 예수 모두 남자와 관계없이 신령한 꿈(부처: 흰 코끼리, 예수: 주의 使者)으로 현몽하여 잉태함.(본생경, 마태복음)
(2) 고향에서의 푸대접
  - 석가모니가 부처가 되어 고향에 돌아가자 처음에 석가모니의 가족들은 석가모니를 부처로 인정하려 하지 않은 채 친족들이 가족 서열을 따지며 경배하지 않았다. (본생경)

- 예수가 고향에 돌아갔을 때 고향 사람들은 '요셉의 아들이 아니냐'라고 하면서 예수를 구세주로 인정하지 않았다.(누가, 마태복음)

(3) 원수를 사랑하라

- 부처는 비록 부모를 죽인 원수라도 원수를 갚지 말고 상대가 때리더라도 마주 때리지 말라고 한다.(아함경)
- 예수는 미워하는 자를 선대하고 저주하는 자를 위해 기도하라고 했다.(누가, 마태복음)

(4) 경전 비방과 성령 모독죄

- 부처는 어떤 사람이 나쁜 마음으로 한 겁 동안 훼방하고 꾸짖는 것보다 어떤 사람이 한마디 나쁜 말로써 집에 있는 이나 집을 떠난 이가 법화경을 읽고 외우는 것을 방해한다면 그 죄는 매우 무거우니라 라고 경고함.(법화경)
- 예수는 인자를 거역하면 사하심을 받으려니와 성령을 모독하는 자는 사함을 받지 못하리라라고 함.(누가, 마태복음)

(5) 부자는 천국(극락)에 가기 어렵다.

- 부처는 재물을 버리고 법을 따르라. 재물과 법은 함께 섬길 수 없다.(방등경, 법사경)
- 예수는 재물을 다 팔아 가난한 자들에게 나누어 주고 나를 좇으라. 재물과 하나님은 함께 섬길 수 없다.(마가, 누가복음) 등

많은 유사점을 발견할 수 있다.

따라서 우리가 종교에 관해서 수용하고 배척하는 언행들이 얼마나 무의미한 일인가를 알 수 있다.

불교와 기독교에서 각각 자비와 사랑을 가르치고 있듯이, 어떤 종교를 가지느냐가 중요한 것이 아니라 경전의 진리에 실행의 나무를 심고 얼마나 많은 향기와 열매를 맺으며 베풀 수 있느냐가 중요하다. 이러한 실천들이 바로 참된 종교인의 길이다.

불경이든 성경이든 모든 문제가 발생되고 해결될 수 있는 것은 바로 인간의 마음에서 비롯된다고 하였다.

집착과 번뇌의 마음이나 타락이나 죄악의 마음에서 개인과 세상의 문제가 일어나고, 동시에 자유와 평온의 마음이나 청결하고 선한 마음으로 회복시키는 과정이 바로 진리의 경전에 담겨 있다. 자신의 종교에 대한 권위 또는 절대성을 강조해서는 안 되며, 인간의 행복은 먼저 현상계(現象界)에 있다는 것을 인지하고 진실된 세상을 만드는 데 다 같이 노력해야 한다.

현대물리학과 종교

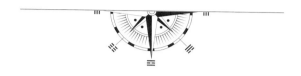

　인류 역사에서 인간은 많은 의문 중에서도 우주와 인간의 기원 그리고 존재에 대한 고민으로 종교, 철학 그리고 과학 등으로 분류하여 오랜 연구를 거듭했다. 이러한 연구의 중심에는 고대에서부터 종교와 철학을 선두로 하여 과학적인 분야가 합류되면서 종교도 과학을 떠나서는 존재하기 어렵다는 인식이 높아지게 되었다. 종교는 자아와 인간세계의 진리를, 철학은 우주와 인간의 진리를, 과학은 우주와 물질세계의 진리를 탐구한다. 이들 세 분야는 모두 진리, 자연의 본질을 탐구하고 그것을 알아내고자 하는 공통적인 목표를 가지고 있다. 철학은 종교와 과학을 통합하는 역할을 한다고도 볼 수 있다.

종교는 정신과 영혼 그리고 초월적인 것을 주로 다루고 있지만, 과학은 물질과 물질상호간의 작용을 감각에 의지한 실험적 검증을 통하여 분석적으로 다루고 있다. 이러한 양자 사이엔 어떤 관계로 진행되며, 또한 어떤 관계가 있는지 오늘날 과학 시대를 살아가는 우리에게 큰 관심사 중 하나가 아닐 수가 없다.

아인슈타인(Albert Einstein, 1879~1955)은 '과학이 없는 종교는 장님이며, 종교가 없는 과학은 절름발이다.'라고 표현했는데, 이것은 종교와 과학의 상호 보완성이 얼마나 중요한지를 단적으로 말해 주고 있다. 현대과학에서 자연 원리를 바탕으로 인간의 인식과 관념의 문제까지 다루기 시작하면서 종교와 중첩된 영역이 생기게 되어 양자 모두 동시에 연구할 필요성을 갖게 된 것이다.

종교와 과학의 상호 보완적 접근 가능성에 대한 증명으로는 20세기 초에 완성된 현대물리학의 핵심 내용인 '상대성 이론'과 '양자 이론'이 있다. 우주와 극미세계에서의 관찰과 측정의 본질에 대하여 의구심에서 발견된 상대성 이론과 등분배 정리의 해결책으로 제시되었다가 원자 이론으로 탄생한 양자역학은 예전의 뉴턴역학을 대체하면서 고전 물리학이 풀지 못했던 문제들을 이해할 수 있게 하였다. 수십 년이 지난 지금에 와서는 자연과학은 물론 철학, 종교, 심리학, 사회학 등의 여러 분야에 걸쳐 연관성이 확산되고 있다.

양자역학은 파동과 입자가 동일한 성품이면서 다른 형태로 보인다는 것을 알게 되었으며, 특수 상대성 이론은 시간과 공간이 서로 밀접하게 연관되어 있어서 서로 독립적이지 않다는 것과 일반 상대성 이론은 중력과 가속도가 동일하고 질량과 에너지가 동일하다는 것을 알게 되었다.

따라서 과학은 나타나는 현상만으로 분석하는 것이 아니라 종교와 철학에서 말하는 영역과 함께 나아가야 할 과제로 대두되었다. 특히 1980년대 이후 서양문명의 중심인 과학과 동양문화의 사상들을 연계하려는 시도가 곧 현대물리학과 종교 그리고 동양철학의 범위까지 자연스러운 만남으로 이어지게 되었다.

영국의 저명한 물리학자 스티븐 호킹(Stephen Hawking)은 '양자역학이 지금까지 해놓은 것은 동양철학(음양, 태극)을 과학적으로 증명한 것에 지나지 않는다.'라고 말했다. 음양사상, 불교사상 그리고 현대물리학이 분류하고 공유하는 것을 보면 눈에 보이는 것은 질량, 공간, 음, 색, 물질, 입자 등으로 표현되고, 눈에 보이지 않는 것은 에너지, 시간, 양, 공, 파동 등으로 일치하고 있는 것을 알 수 있다.

불교의 연기론적 세계관과 현대과학은 불교가 인간이 존재하고 있는 우주의 모든 현상을 파악하는 데 과학적인 방법을 수용하는 유일한 종교이기 때문이다. 아인슈타인은 '현대과학에 결여된 부분을 채워줄 수 있는 종교가 있다면 그것은 바로 불교다.'라고 하였다. 불교에서는 인간과 사물의 존재 방식, 그리고 인간의 근원적인 문제, 즉 고통의 뿌리를 인과론(因果論)으로 보고 있다. 이것은 모든 현상에서 반드시 그러한 결과를 가져온다는 원인이 있다고 보는 것이다.

불교의 핵심 사상인 연기론적 세계관에서는 어떤 사물이나 인간도 독립적인 개체로 존재할 수는 없으며, 다른 사물이나 인간과의 상호작용이나 관계로서만이 존재하고 인식된다고 한다. 자연 세계든 인간 세계든 모든 존재는 상호연관성으로 존재하고 인식된다는 것이 상의상존적(相依相存的) 세계관이다. 따라서 우주 안에 있는 모든 것은 한 덩어리, 한 생명체인 유기적 공동체로서 보아야 한다. 그래서 인간을 소우주로 표현하고 티클 하나가 우주를 포함 한다(一微塵中含十方, 일미 진중함 시방)고도 한다.

마찬가지로 현대물리학에서도 독립적으로 존재한다고 믿었던 위치, 크기, 시간, 속도, 에너지 등 모든 구체적인 물리량들은 개별적으로는 정의조차 할 수 없는 것이 되었다. 현대물리학에서 말하는 양자역학과 상대성 이론이 나오면서 기존의 물질과 우주에 대한 인식들이 변화되었으며, 불교와 비교되고 있는 몇 가지 예를 살펴보면 다음과 같다.

첫 번째, 과학의 인과원칙(causality)과 불교의 연기론적 세계관. 두 번째, 양자역학에서 물질과 파동의 성질을 동시에 가지며 측정방식에 따라 변화한다는 상보성 원리와 무아(無我)의 가르침. 세 번째, 특수상대성 이론과 일반상대성 이론에서 알 수 있는 시간과 공간의 절대성 부정. 네 번째, 나비 한 마리의 날갯짓이 수천만 리 떨어진 다른 곳에 폭풍우를 몰고 올 수 있다는 소위 나비효과(butterfly effect, 사소한 사건 하나가 커다란 효과를 가져 올 수 있다는 뜻)나, 부분이 전체를 닮은 자기 유사성(self-similarity)이나 소수(小數) 차원을 특징으로 갖는 형상을 말하는 프랙탈 이론(작은 구조가 전체 구조와 비슷한 형태로 끝없이 되풀이되는 구조)과 '일즉다(一卽多) 다즉일(多卽一)'을 얘기하는 화엄 사상의 유사성 등을 들 수 있다.

20세기 이후 실험과 관찰을 기반으로 하는 자연과학 세계의 성과가 명상이나 수행으로 깨달음의 경지에 이르는 불교적 세계관과 닮고 있다는 것에 놀라지 않을 수 없다.

현대물리학과 불교의 종교사상은 마치 어떤 동일한 목적지를 두고 서로 다른 길로 출발하였지만 접근해 가는 길은 하나로 볼 수 있으며, 대우주의 신비로움을 밝혀 인류구원을 이루고자 하는 목적도 같은 것이라 할 수 있다. 현대과학과 종교사상에서 우리는 우리의 일상 하나에서 가장 미세한 행동에 이르기까지 우주의 한 부분으로 우주 규모의 현상과 밀접한 관련을 맺고 살아가고 있는 것을 알 수 있다.

사이비와 이단이 주는 경고

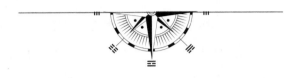

전염병이 퍼지기 시작하면서 한 특정 종교에 관한 내용이 널리 알려지게 되었다. 신앙이라고 하기에는 지나치게 맹목적인 믿음이었다. 그렇다면 이렇게 강력한 맹신은 어디서부터 나오는 것인가? 흔히 말하는 사이비 종교집단의 문제점이다. '사이비(似而非)'의 뜻은 겉으론 닮았지만 속은 완전히 다르다는 것이다.

사이비 종교란 전통적 종교인 기독교, 불교, 이슬람교 등을 빙자한 종교집단으로, 신흥종교 또는 미신을 믿는 토속적 유사종교, 범죄행위도 불사하는 사교(邪敎) 등이 그것이다. 기존 종교와 유사하면서도 다른 별개의 종교라 할 수 있다.

사이비 종교의 일반적 분류기준은 다음과 같다. △첫째, 겉과 속이 다른 이중교리 △둘째, 교주의 신격화 △셋째, 시한부 종말론 △넷째, 반사회적 또는 비윤리적 행태 △다섯째, 기성종교의 정통성 거부 및 적개심 유발 △여섯째, 요행수와 운명에 대한 의존 등이다. 한마디로 자신의 종교와 교주 외에는 모두가 사탄이며 마군인 것이다. 종말의 날에 구원을 받으려면 오로지 이 길밖에 없다는 식으로 현혹한다.

사이비 종교의 교리는 주로 타 종교의 교리를 여기저기서 인용하거나 모방하여 만들기 일쑤다. 좋은 내용은 많은 사람에게 널리 알리고 나누는 것이 일반상식임에도 핵심 교리는 비밀로 하여 외부에 공개하지 않는 것을 원칙으로 한다.(종교적 결함을 신도에게 숨기고 신비감으로 호기심을 끌려는 목적이다.)

그런데 사이비 종교와 이단은 대체로 부패한 기성종교에서 싹이 튼다. 이단은 종교를 바탕으로 경전과 교리의 정도를 거부하고 경전을 자의적으로 수정 또는 해석하는 집단이다. 이러한 모순에도 불구하고 해마다 이단 또는 사이비 종교에 빠지는 사람이 느는 이유는 무엇일까? 전문가들은 '내면세계의 결핍'을 그 이유로 든다. 이는 가정환경이 불우하거나, 힘든 일을 겪고 자존감·자신감이 떨어지거나, 기성종교나 사회에 대한 불만이 쌓여 늘 불안정한 상태를 말한다.

사이비나 이단 종교에 빠져드는 사람은 공통으로 기성종교에서는 받지 못하는 동료애나 부모·형제애와 같은 따뜻한 애정을 많이 느낀다고 말한다. 또한 교리에 대한 지적 호기심이나 궁금증을 편안하게 질문하고 토론할 수 있는 통로가 열려 있다고도 한다. 이 말은, 기성종교에서는 성직자는 물론 신도 사이에도 사랑이 부족할 뿐더러 교리에 대한 지적 호기심을 채워주지 못한다는 것을 의미한다. 그러므로 사이비나 이단이라고 해서 무조건 배척하기보다는 그 폐해를 예방하는 차원에서 우리 모두 고민할 필요가 있다. 기성종교로서는 그 책임을 통감하고 스스로 반성과 정화의 노력을 기울일 필요가 있다.

극히 일부의 관행이라 할지 모르지만, 기성종교 내부에서는 각종 불법 행위들이 여전히 기승을 부린다는 지적들이 끊이지 않는다. 사찰이나 교회를 사고판다는 매매 광고가 지면을 채우고 있는 것도 작금의 현실이다. 신도 수를 권리금으로 사고파는 일들이 일상이 되어 버린 느낌이 없지 않다.

사회적 상식으로, 종교시설이란 사고파는 대상이 될 수 없다. 신앙심을 숫자로 환산해서 돈으로 계산할 수도 없다. 그런데도 세금면제 운운하는 이야기까지 나온다. 세금면제는 도리어 세속적인 부를 채우는 데 도움만 줄 뿐이다. 종교적 양심은 버리고 더 많은 부귀를 누리겠다는 욕심으로 성직에 대한 세습도 불사하는 일부 종교인들의 행태, 신도를 확보해 교세를 늘리려는 종교단체의 모습은 과연 무엇을 의미하는가? 경쟁 사회에서 지지 않으려고 서로를 짓밟고 빼앗는 바깥세상과 다를 게 무엇이 있는가? 외부에서 본다면 사이비냐 이단이냐, 정통이냐 비정통이냐 하는 논쟁은 아무런 의미가 없어 보인다.

어떤 종교를 믿든 믿지 않든 그것은 개인의 자유이다. 기본적으로 타인에게 상처를 주거나 피해를 주어서는 안 된다. 종교인이든 비종교인이든 모두에게 행복한 세상이 되도록 지향하는 것이 참된 종교인의 자세가 아닐까?

무속신앙(巫俗信仰)

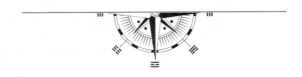

　우리나라의 무속신앙(巫俗信仰)은 하늘의 천신(天神), 지상의 지신
(地神)과 석신(石神), 목신(木神), 용신(龍神) 등 온갖 신령들을 비롯하여
각종 터주 신을 믿는 천지신명(天地神明) 사상을 바탕으로 하고 있다.

　무속신앙에서 숭배의 대상이 되는 신령(神靈)은 사람의 일상적인
여러 부분을 관장하고 액운과 잡신을 막고 인간에게 부귀와 장수
등 공덕을 베푸는 존재로 보고 있다.

　인간의 세계와 신령의 세계를 연결하는 매개자(媒介者)인 무당(당
골이라고도 함)은 신령(神靈)의 뜻을 받아 인간의 길흉화복(吉凶禍福)을
예언하여 마음이 불안한 사람에겐 위안을, 각종 질병이나 물질적
으로 고통을 받는 사람에겐 신에게 제를 올리고 굿을 주관하는 사

제(司祭) 역할을 한다. 무속신앙은 신을 받아들인 무당이 중심이 된 신앙으로 지배층으로부터 민중에 이르기까지 내면 깊이 스며있는 인간의 한(恨)을 담당하는 종교라 할 수 있다.

우리나라에서 무속의 기원은 일반적으로 고조선시대로 보고 있다. 무속 관련 서적을 보면 단군을 무속을 집행하는 무당으로 기록하고 있다. 단군 왕검에서 왕검은 제정일치 사회의 제사장으로 종교의 우두머리라는 의미이다.

무(巫)라는 한자(漢字)는 그 의미가 천계(天界)인 하늘과 하계(下界)인 땅을 중개하는 사람을 형상화해서 만든 문자로 무(巫)는 공(工)과 인(人)이 결합하여 만들어진 것이다. 공(工)은 하늘과 땅을 연결한다는 의미이고, 인(人)은 춤추는 사람을 나타내고 있다. 이것은 가무로써 하늘과 땅, 신과 인간을 하나로 연결한다는 신인합일(神人合一)을 뜻하고 있다.

무속신앙은 깨달음을 강조하거나 인간이 신에 의하여 창조된 존재라고 하는 종교와는 다르다. 인간을 탄생과 소멸이 자연스러운 존재로 본다. 따라서 태어나서 늙고 병들어 죽는 것이 자연스러운 삶의 모습으로 여긴다.

또한 현대물리학에서 물질과 에너지의 관계를 하나의 장(場)에서 양면(兩面)으로 말하는 것처럼 인간을 개별적인 존재로 보진 않는다. 혈연인 가족이나 지역 공동체 내의 관계적 실존으로 보고 있다. 그래서 무속신앙에서는 현 존재로서의 인간을 나타내고, 해탈이나 부활 등 현 존재의 초극(超克)이나 부정의 모습은 없다.

즉, 하늘과 땅 그리고 사람이 종적(從的)인 구조가 아니며 삼재사상(三才思想)에서 말하는 합일(合一)을 이루는 것으로 이해할 수 있으며, 존재와 무(無)로 대립하는 양극적인 세계가 아니라 음양(陰陽)의 원리처럼 자연과 인간, 개인과 집단, 현세와 내세, 이승과 저승, 삶과 죽음을 단일체로 보는 것이다.

현 존재로서 상보적(相補的)인 것으로 영혼의 존재를 전제하고 있다. 영혼은 생령(生靈)과 사령(死靈)으로, 생령은 인간을 인간인 존재로 하는 잠재적 가능성으로 보고 있지만, 사령은 육신을 이탈한 것, 무형의 전지자적(全知者的) 속성을 지닌 것, 불멸하는 것 등의 특징을 가진 것으로 보고 있다. 여기서 사령은 조령(祖靈)과 원귀(冤鬼)로 나누어져 각각 선악(善惡)의 기능을 나타내기도 한다.

그리고 무속신앙에서 무당이 될 수 있는 유형은 크게 두 가지로 구분된다. 첫 번째로 무병(巫病)이라는 질병을 앓고 강신을 위한 신내림 굿을 치르고, 그 굿을 통해 치유되는 종교체험을 하는 것으로 강신무(降神巫)라 한다. 강신 무당이 되면 무의 기능을 학습하고 영력(靈力)을 갖게 되어 특정한 신을 몸 주로 모시고 굿을 관장하며 집전(執典)한다. 영력을 가지고 신과 직접 교통하는 것으로 주로 중북부 지역인 한강 이북 지역에서 볼 수 있다.

두 번째로 강신(降神) 체험 없이도 혈통에 따라 무권(巫權)을 세습하고, 사제의 관할권(管轄圈)을 세습하는 세습무(世襲巫)가 있다. 강신무에 비해 영력(靈力)이 떨어지는 대신 제의의 격식에 주력하며 주로 남부지역에서 찾아볼 수 있다.

다음으로 무속신앙에서 점사 또는 굿을 할 때 사용하는 무구(巫具)인 오방기(五方旗)는 한국인의 다양한 사유 방식을 지배해 왔던 음양오행 사상(목, 화, 토, 금, 수)을 바탕으로 하고 있다. 오색 깃발이 담고 있는 내용은 다섯 방위(方位)를 관장하는 수호신과 오방신(五方神), 오방장군(五方將軍)을 의미한다. 오방정색(五方正色)은 중앙과 사방을 기본으로 양(陽)의 색이라 하고, 오방간색(五方間色)은 오방의 사이에 놓이는 색으로 음(陰)의 색이라 한다. 오방정색인 오방기는 토착 신앙인 무교의 신당에서 사용하는 무구로써 각각의 기를 뽑게 하여 일반인에게는 운수를 예측하고 무당 자신에게는 모시는 신령을 표현한다고 한다. 오방기에서는 색깔별로 지니고 있는 내용과 상징성이 있음으로 기를 보고 사람의 운명을 예측한다.

첫 번째, 청색(지국천왕)은 청룡신으로 만물이 생성하는 목(木)의 기운인 봄을 의미하고 창조, 생명, 신생(新生), 개벽을 나타내며, 원혼이 많은 조상, 객사한 귀신 등 혼신이 있음을 의미하고 나쁜 점괘로 보며 우환(憂患)을 상징한다. 요사스러운 귀신을 물리치고 복을 비는 색으로 사용되고, 오방신장으로는 동방청제신장이라 한다.

두 번째, 백색(광목천왕)은 백호신으로 숙성과 결과를 나타내는 금(金)의 기운으로 가을을 의미하고 진실, 삶, 순결 등을 나타낸다. 선망조상 후망조상에서 불사줄이 있음을 의미하며, 흔히 칠성줄 불사줄이 센 것으로 표현한다. 뒤를 밝혀주거나 상이 들어온다는 의미로 명복(命福)을 상징하며, 오방신장으로는 서방백제신장이라 한다.

세 번째, 빨강(증장천왕)은 남주작으로 왕성하고도 무성한 화(火)의 기운으로 여름을 의미하고 태양, 불, 피 등과 같이 생성과 창조, 정열과 애정, 적극성을 나타낸다. 산신을 의미하여 산신줄이 세다고 한다. 길하고 복이 있다는 의미로 재수(財數)를 상징하며, 오방신장으로는 남방적제신장이라 한다.

네 번째, 검정(다문천왕)은 현무를 나타내고 만물이 응축하는 수(水)의 기운으로 겨울을 의미하고 인간의 지혜를 나타내며, 경우에 따라선 초록으로 대체되기도 한다. 공포, 불행, 파멸, 우환으로 죽음(死)을 상징하지만, 실제로는 그렇지 않고 금전운으로 보고, 오방신장으로는 북방흑제신장이라 한다.

다섯 번째, 노랑(황제료)은 등사를 나타내고 우주의 중심인 토(土)의 기운으로 환절기를 의미하며 중앙, 풍요를 나타내고, 오방색에서 가장 고귀한 색으로 부귀와 권위로서 황제를 의미하기도 한다. 구설이나 묘탈, 조상탈을 나타내어 좋지 않은 것으로 여기며 조상(祖上)을 상징하고, 오방신장으로는 중방황제신장이라 한다.

무속신앙은 토속신앙으로 불교, 유교, 기독교 등 외래종교가 오기 훨씬 전부터 민간에서 전승되어 온 민간신앙으로 무교(巫教)라 부르며 우리나라의 전통 종교로도 본다. 오랜 역사를 거치던 중 미신으로 치부 당하면서 많은 훼손도 있었지만, 소박한 민중의 삶과 고통, 애환과 한이 함축된 우리들의 정신이라 할 수 있다.

동학사상(東學思想)

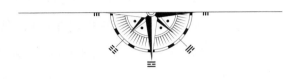

동학은 19세기 봉건사회의 해체기, 한국의 근대 개화기에서 외세의 침입이 있고 국내 정치의 혼란과 사회불안, 기성종교의 무력, 무능 등으로 실의에 빠진 민중에게 희망의 빛이 됐다. 동학의 창시자는 경주에서 전통적인 유교(儒敎) 가문에서 태어난 최제우인데 원래 이름은 복술(福述), 제선(濟宣)이었으나 제우(濟愚)는 어리석은 중생을 구제한다는 뜻으로 자신이 직접 지은 이름이다.

그는 서당에서 한학을 공부했으며, 11세 때는 조선 후기의 어려움을 한탄할 정도로 총명했다고 한다. 17세 즈음 부친의 사망으로 부모님 모두를 여의고 조선 각지를 유람했다. 이때 유교, 불교, 도교, 그리고 당시에 서학(西學)이라 했던 천주교, 무속, 정감록 등 민족 고유 신앙과 비기도참 사상 등 다양한 공부를 접하게 됐다.

당시엔 세도정치와 부패한 양반 계급의 가혹한 횡포, 그리고 그들의 착취에 백성들이 신음하고 서양의 종교와 그 세력들이 밀려들어 압박받는 사회 풍조와 기성종교의 부패로 민심의 불만과 혼란이 심화되고 있었다. 동학은 신흥종교로써 서학에 대응할 만한 동토(東土) 한국의 종교라는 의미로 시작했지만, 동시에 사상으로서 개인의 사리(私利)가 아니라 공동의 공익(共益)을 중시 여겼다.

양반 중심의 신분제 질서는 17세기 이후 무너지기 시작해 19세기 중반에는 심각한 상황이 연출되고 있었다. 이러한 내부적 어려움 위에 외세의 침투로 쇄국정책을 포기하고 서양인에게 문호를 개방하라는 외압을 받는 과정에서 정치적 불안과 위기의식은 높아만 갔다. 내우외환의 위기 상황에서 최제우는 삶의 의미와 방향을 상실한 민중에게 삶의 주체의식과 자아에 대한 각성 그리고 국가 안보와 민중을 위한 길을 인도했다.

동학은 시대적 요청에 대한 대안으로 우리나라 민족주의의 정신으로 볼 수 있다. 특히 시대적으로 민중이 역사와 나라의 주체임을 자각하지 못했던 것을 역사의 주역으로 끌어냄으로써 근대적 민족운동의 밑거름이 됐다.

종래의 풍수 사상과 유(儒) 불(佛) 선(仙)의 교리를 바탕으로 제세

구민(濟世救民, 세상을 구제하고 어려움에 처한 백성들 구제함)의 지론으로 민족 고유의 신앙을 제창했다. 즉, 유교의 윤리, 불교의 견성각심(見性覺心), 선교의 양기양생(養氣養生) 등 모든 종교사상을 일이관지(一以貫之, 한 이치로 모든 것을 꿰뚫음)해 그 근본을 파지해 인내천(人乃天 사람이 곧 하늘이다.) 천심즉인심(天心卽人心, 하늘의 마음이 곧 사람의 마음이다.)의 사상을 펼쳤다.

인내천 사상은 사람이 사람답게 사는 새로운 세상을 만들고자 하는 이념과 모든 사람이 평등하다는 인권과 사상을 나타내고 있다. 이것은 우리나라 민족주의 사상의 방향을 제시하는데 커다란 전환점으로 볼 수 있다.

동학은 조선의 지배 논리인 신분 적서제도(嫡庶制度) 등을 부정하는 현실적, 민중적인 교리로 민중의 지지를 받았으며, 사회적 불안과 질병이 심했던 삼남 지방을 중심으로 급속히 퍼져나갔다. 최제우가 말하는 시천주(侍天主) 사상은 다음과 같은 이중적인 의미로 해석되고 있다. 첫 번째로 초월적, 인격적인 상제(上帝)로서의 천주(天主)를 모신다는 의미.(부모님처럼 하느님을 정성껏 받든다.) 두 번째로 인간에 내재하는 신으로 여겨지기도 한다는 의미.(사람은 누구나 이미 하느님을 모시고 있다.)

최제우는 포교를 시작한 지 3년만인 1864년 혹세무민(惑世誣民, 세상을 어지럽히고 백성을 미혹하게 하여 속임)의 죄로 처형당하고, 동학의 교회 조직은 최시형이 2대 교주가 되면서 확립됐다. 최시형을 통해 '사람 섬기기를 하늘과 같이 한다.(事人如天, 사인여천)'는 가르침으로 발전하게 되고, 인간은 물론 모든 자연의 산천초목에 이르기까지 하늘에 내재한 것으로 보는 물물천 사사천(物物天 事事天)의 범천론적 사상(汎天論的 思想)이 널리 민중들의 마음을 잡았다. 또한 비밀리에 교조의 유문(遺文) <동경대전>, <용담유사>를 간행하여 교리를 체계화하고 교세를 확대시켰다.

이후에 최시형도 처형을 당하고, 동학은 천도교(天道敎)와 시천교(侍天敎)로 분열됐으며, 손병희가 3대 교주가 되어 교리 정비와 교세 확장에 노력했다. 손병희는 더 나아가서 사람이 곧 하늘이라는 인내천(人乃天)을 동학의 종지(宗旨, 주장이 되는 요지나 근본이 되는 중요한 뜻)로 선포했다.

동학은 유불선 3교가 합일한 것이라고 하여 우월성을 내세우고 있지만, 그것을 통일하는 사상은 우리 민족의 경천사상과 구제를 위한 민족적 염원이며 민간 신앙적 요소가 널리 민중들에게 동학의 신봉자를 갖게 했다. 또한 신분제 폐지와 모든 사람의 평등을 외치고, 유교와 양반 중심 사회를 부정하는 반봉건적 성격도 민중을 자극하는 동기였다.

서학에 대한 비판과 함께 서양의 세력이 우리나라를 침략하는 위험한 존재로 이해하고 있다는 척사(斥邪)다. 따라서 동학은 우리나라를 대상으로 보국(保國)의 종교이며, 안으로 안민(安民)의 사상으로 민족주의적 성격이라 할 수 있다.

1894년 조선 봉건사회의 부정, 부패 척결 및 반외세의 기치를 내걸고 일어난 대규모 민중항쟁이었던 동학 농민혁명은 동학 교단의 조직적인 교조 신원운동을 시작으로 전북 고부 농민봉기가 도화선이 되어 전라도 무장에서 전면적으로 일어나 무력투쟁을 전개했다. 이러한 혁명의 씨앗은 이후에 1919년 3·1 독립운동과 1960년 4월 민주항쟁으로 이어졌다.

동학은 과거의 민족 수난과 치욕에서 벗어나 새로운 민족국가를 건설하려는 혁명적 신앙과 자유와 평등의 민주적 사상을 고취하고자 했던 우리나라 고유의 종교이자 사상이다. 동학에서 인내천 사상은 인간의 주체성을 강조하는 지상천국(地上天國)의 이념과 만민평등의 이상을 나타내는 것으로 종래의 유교적 윤리와 부패한 양반사회의 질서를 부정하는 반봉건적이며 혁명적인 성격을 내포하고 있다. 그리고 인도나 중국의 문화사상을 배경으로 한 불교나 유교와도 다른 우리나라 종교라는 의미로 주체적 사상을 담고 있다.

오늘날에는 천도교로서 맥을 이어가고 있지만, 우리나라의 많은 사람들은 종교의 개념보다는 한 줄기 사상의 큰 흐름으로 불합리성을 개혁하고자 하는 민중의 정신적 바탕으로 인식하고 있다. 동학이 지향하는 민족주의 사상은 대립, 대결 지향적인 기존의 논리와는 다른 조화와 화합을 강조하고 있다.

생사(生死)와 기독교

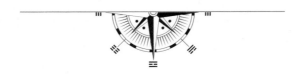

　인류사를 통틀어 인간에게 가장 근본적인 문제는 삶과 죽음의 문제라 할 수 있다. 하지만 현실 속 망각의 시각에서는 삶은 영원하고 죽음은 멀리 있는 것으로, 눈앞의 득실에 사소한 감정을 억제하지 못하는 것이 우리의 일상이다.

　시작은 끝을 전제로 하고 있듯이 어머니의 품에서 세상으로의 탄생이 있었다면, 다시 세상의 품에서 죽음으로의 재탄생이라고 말할 수는 없는 것인가? 각 개인이 가지고 있는 종교가 어떤 것이든, 아니면 종교가 없는 무신론자든 생사에 대한 각자의 견해는 다양할 것이다. 인간에게 죽음이라는 거대한 물음이 없었다면 과연 종교는 존재할 수 있을까? 종교가 없다고 할지라도 인간으로서는 죽음이라는 절대 진실에 대한 영향은 벗어나기가 어렵다.

각각의 종교가 다양하듯 인간의 삶도 천차만별이다. 마찬가지로 인간의 삶과 죽음 또한 여러 형태로 정의하고 있으며, 사람마다 믿고 있는 방식 또한 다르다는 것을 알 수 있다. 한국종교사에서 기독교는 1600년의 불교나 유교에 비하면 아주 최근에(130여 년) 전래된 새로운 종교라 할 수 있다. 그런데도 기독교가 한국 근현대의 정치, 사회, 문화에 끼친 영향은 실로 엄청나다. 기독교는 한국의 전통 종교(유교, 불교, 천도교 등)와 비교할 때 사생관(死生觀)에서 많은 차이가 있다. 먼저 기독교는 유일신 사상을 표방하고 있으며, 불교가 깨달음의 종교인 반면에 기독교는 신에 대한 절대 의존적이고, 그 가르침의 본질 내용은 사랑이라 할 수 있다.

기원전 4세기 소크라테스는 아테네 법정에서 사형선고를 받고 '인생이란 고귀한 영혼이 비천한 육신 안에서 옥살이하는 질곡(桎梏)이요, 죽음은 고귀한 영혼이 비천한 육신 감옥에서 풀려나는 경사'라고 하였다. 이것은 죽음은 단지 영혼과 육체의 분리를 뜻하고, 육체로부터 분리된 영혼은 오히려 육체의 속박을 벗어나 자유를 누리게 된다는 것이다. 이것이 바로 그리스 철학자들이 믿었던 영혼불멸설(靈魂不滅設)로서 영육 이원론(감각의 세계와 영원의 세계로 보고 영원의 세계가 불멸을 의미)으로부터 영향을 받은 바울은 기독교 고유의 영혼

불멸설을 확립하였다.

　기독교의 궁극적 목표가 천국인 구원으로써 천국은 '하나님이 천국 천사와 함께 성도를 기다리시는 곳, 부활하신 예수 그리스도를 볼 수 있는 곳, 기쁨과 영광 그리고 빛이 충만한 곳'으로 되어 있다. 예수 그리스도의 대속(예수 그리스도께서 십자가에서 흘리신 피로 인류의 죄를 대신 씻어 구원하신 일) 신앙을 수용하고 믿는 자는 심판받지 않고 천국에 들어간다는 것이다.

　'하나님께서 친히 모든 눈물을 그 눈에서 닦아주시니 다시는 사망이 없고 애통해 하는 것이나 곡하는 것이나 아픈 것이 다시 있지 아니하리니'(계시록 21:4), 즉 천국은 저주가 없는 곳이며(계시록 22:3), 마귀 사탄의 유혹도 없는 곳(계시록 20:10), 목마름과 상함의 고통이 없는 곳(계시록 7:16)이다.

　또한 기독교에서는 인간의 죽음을 자연적인 현상으로 보지 않는다. 즉, 하나님이 처음 인간을 창조하였을 때 영원한 생명을 부여하였는데, 아담과 하와에 의한 원죄로 인간은 죽음이라는 징벌을 받았다고 한다. '이러므로 한 사람으로 말미암아 죄가 세상에 들어오고 죄로 말미암아 사망이 왔나니 이처럼 모든 사람이 죄를 지었으므로 사망이 모든 사람에게 이르렀느니라'(로마서 5:12).

　그리고 영생과 부활을 믿는 종교로 '나는 부활(復活)이요 생명(生

命)이니 나를 믿는 자는 죽어도 살 것이며 무릇 살아서 믿는 자는 영원히 죽지 아니하리니 이것을 네가 믿느냐'(요한복음 11:25, 26)라고 하였다. 믿음이 바로 구원으로서 하나님을 믿고 그 가르침에 따라 살다가 죽으면 육신은 자연으로 사라지지만, 영혼은 신의 심판을 받아 사후세계에 존재하게 된다는 것이다.

천당이나 지옥은 시간적 개념을 초월한 영원한 생명의 영역으로 영원히 산다고 믿는다. 즉, 죽음은 생명의 끝남이 아니고 새로운 생명의 시작이다. 그래서 그들은 시신 앞에서 눈물을 보이지 않고 오직 죽은 자를 하나님 곁으로 보내기 위하여 경건한 마음으로 찬송을 부르고 기도한다. 또한 우주 공간에 오직 한 분인 유일신(唯一神) 하나님 이외의 그 어떤 신도 인정하지 않기 때문에 우리나라 전통인 조상신을 모시는 제사조차 용납되지 않는다. 하늘나라에서 영화를 누리고 있을 조상의 영혼을 죄악으로 가득 찬 세상에 초대할 이유는 없기 때문이다.

영혼만 영원히 사는 것이 아니라 이 세상에 종말(終末)이 오고 예수가 다시 내려오는(再臨) 날, 이 세상의 모든 산 자와 죽은 자는 그 앞에서 심판을 받고 결과에 따라 구원을 받는데 산자는 산대로, 죽은 자는 부활해서 들림을 받아 하늘나라로 올라간다고 한다. 이것이 재림이요, 휴거(携擧)이다. 그래서 기독교인들은 예배할 때마다 주기도문과 함께 '성령을 믿사오며 거룩한 공회와 성도가 서로 교통하는 것과 죄를 사하여 주시는 것과 몸이 다시 사는 것과 영원히 사는 것을 믿사옵니다.'(使徒信經, 사도신경)하고 기도한다.

인간에게 삶은 누구에게나 한번으로서 유한하다. 그래서 무한을 동경하고 영원을 갈망한다. 인간으로서 경험 밖의 영역인 죽음을 비롯하여 한계를 넘어선 일들이 세상에는 너무나 많으며, 그러한 문제를 해결하는 방법은 무엇인가? 그래서 무신론자도 어려움이나 슬픔에 직면하면 본능적으로 신을 찾는 것은 자연스러운 일이 아닐 수 없다.

어떤 종교를 믿든, 아니면 종교가 없는 무신론자든 종교에 대한 바른 이해와 일상의 윤리관을 알고 실천하는 것이 중요하다. 기독교에서는 하나님의 뜻을 믿는 자들을 하나님이 사랑하듯 서로 사랑할 것을 권하고 불교에서는 자비를 권하고 있다.

이미 태어난 이상 누구나 번민과 죽음을 피할 수는 없다. 그래서 비단 기독교뿐만 아니라 어떤 종교든 좋은 교리와 훌륭한 종교인들이 많은 종교에 번민의 답을 맡기는 것도 삶의 한 방편이 되리라 생각한다.

생사(生死)와 불교

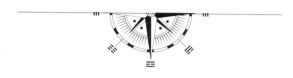

　생사(生死) 문제에 대한 고민은 종교는 물론 모든 철학과 사상에 이르기까지 동서고금(東西古今)을 통틀어 인간이 가진 가장 원초적인 의문이라 할 수 있다. 우리는 현세에서 모든 생명체는 태어나기 전 잉태되는 순간부터 죽음은 동시에 진행되고 있음을 알고 있다.

　생사(生死) 해결에 대한 문제가 없다면 종교도 없을 것이다. 불교에서 말하기를 마음에는 생사가 없다고 한다.(心無生死) 마음이란 나온 곳이 없기 때문에 죽는 것 또한 없는 것이다. 이것은 인간의 마음이라는 것, 즉 '나'라는 것은 업(業)에 따라 모였다 흩어지기를 반복하는 물질과 같은 것으로 생사가 없는 것이다. 이것을 알게 되면 '도통(道通)했다'라고 한다.

불교에서는 흔히 생사를 영원한 생명의 바다에서 일어나고 있는 파도에 비유하고 있다. 파도가 바닷물의 일부듯이 둘은 연결되어 있으며 한 몸이나 마찬가지로 본다. 그래서 생사일여(生死一如) 또는 생사불이(生死不二)라 하며 생사가 하나가 되니 오고 감에 자유롭고 삶과 죽음에 자유롭다는 의미이다.

생사관에 대한 기본적인 생각은 두 가지로 볼 수 있다. 첫 번째로 몸은 죽어도 영혼은 죽지 않는다는 영혼불멸설로, 육체적인 죽음 이후에 영혼은 다시 태어나 새로운 삶을 영원히 산다는 믿음으로 현세에서는 다음 세상을 준비하며 삶을 살아가는 단계라는 것이다. 두 번째로 영혼이란 존재는 없는 것이고 따라서 육신의 죽음으로 모든 것이 끝난다고 여기고 현생에서 모든 것을 다 누리려고 하는 경우이다.

예를 들면, 지금 물질이라고 하는 것은 어떤 의미에서 보면 시공간에서 연속된 것처럼 보이고, 어떤 상태에서는 시공간에서 단절된 것처럼 보인다. 단절되어 있으면서 항상 하고 항상 하면서 단절되는 이것을 무상(無常)이라고 한다. 다시 말하면 불멸이라는 영혼이 연속되어 다음 세상에 태어난다는 견해를 상견(常見)이라 하고, 육신의 죽음으로 모든 것이 끝나고 단절된다는 견해는 단견(斷見)이라 한다.

하지만 불교에서 붓다는 우리가 이해하는 두 견해를 모두 부정하고 중도(中道)를 말하고 있다. 즉, 인연 처에 따라 단견으로 보기도 하고 상견으로 보기도 하지만, 한순간도 같지가 않은 변화무쌍한 흐름이 인연에 따라 단견도 아니고 상견도 아니면서 동시에 단견도 아닌 것도 아니고 상견도 아닌 것도 아닌 중도의 삶을 사는데, 그것이 바로 지금 여기, 현재를 사는 것이다.

즉 현재, 단절된 바로 이 순간을, 이 무시간성을 영원히 사는 삶이라 한다. 비트겐슈타인(1889~51년, 영국 캠브리지 대학 교수, 철학자)은 "영원히 무한한 시간 지속이 아니라 무시간성으로 이해된다면, 현재에 사는 사람은 영원히 사는 것이다."라고 하였다. 이것이 바로 불교의 연기설(緣起說, 불교의 근본 교리인 인연의 이치)이다.

우리가 탄생에서 늙어 죽는다는 인식은 자신이라는 존재가 있다고 생각하기 때문이다. 그렇다면 나는 누구인가? 우리의 신체는 음식을 섭취함으로 일정한 형태를 유지하고 있지만, 시간을 초월하는 불멸의 존재는 아니다. 그렇다면 우리가 지각하는 것은 무엇인가? 그것은 이름과 형태를 지닌 것으로 명색(名色)이 있을 때 지각하게 된다. 명색을 지각하는 것은 어떤 사물에 대하여 이름과 형태를 지각하는 것으로 외부에 그러한 이름과 형태를 가진 대상이 있어서라기보다는 그러한 이름과 형태로 지각하는 내부적인 의식을 가지고 있기 때문이다.

그렇다면 그 의식은 무엇인가? 의식은 인식의 대상이 있을 때만 존재하는 것으로, 독자적으로 존재하는 실체가 아니다. 즉, 명색이 있을 때만 의식도 있는 것이 된다. 여기에서 우리는 이러한 의식이 바로 우리 신체 속에 존재하는 불멸의 영혼이나 정신적 실체로 여기고 이 실체가 외부의 실체인 명색을 지닌 사물을 인식한다고 여기게 된다.

이러한 무지의 상태(無明, 삶을 생과 사를 이분화시키는 힘)에서 주객을 분별하는 삶(行)을 통해 형성된 의식(識)이 명색을 대상으로 지각함으로써 객관세계에서 주관으로서의 자아가 태어나서 죽는다고 믿게 되는 착각이 끊이지 않고 계속되는 것이다. 본래 모든 것에는 고정된 실체가 없듯이 생사(生死)가 없는데, 무지한 상태에서 '나'라는 허망한 의식에 집착하게 됨으로써 우리에게는 생사가 고통으로 다가오는 존재가 되어 버린 것이다.

붓다가 생사윤회(生死輪廻, 業의 결과)라고 부른 것은 무명(無明)의 상태에서 자아를 집착하여 살아가게 되면 죽음의 공포에서 벗어나지 못하게 되는 삶을 가리키고 있다. 이것은 생사가 무명에서 연기한 것으로 '무아(無我)'를 깨달음으로써 극복될 수 있다.

꿈은 허상이지만 꿈꾸는 사람에게는 엄연히 존재하듯이 생사윤회는 착각이고 망상이지만, 착각을 지니고 망상을 일으킨 사람에게는 현실로 존재하고 있다. 그러므로 생사윤회도 계속되는 것이다. 생사가 실재한다고 주장하는 것은 곧 생사가 착각임을 모르는 것이고, 동시에 연기와 무아의 깨달음을 모르는 상태로써 생사의 괴로움은 벗어날 수가 없는 것이다.

따라서 꿈만 꿈이 아니라 현실도 꿈이라고 비유하고 있다. 일반적으로 현실과 꿈이 다르다고 생각하기 때문에 현실에서의 환상이나 집착에 쌓여 끝없는 번민의 바다를 방황하는 것이라 할 수 있다. 현실을 간밤의 꿈으로 보아버린 사람이 깨우친 자로 성인(聖人)이라고 한다.

붓다는 생사가 있다는 것과 생사가 없다는 견해를 모두 배척하고 중도(中道)의 무명에서 생사의 괴로움이 연기하는 과정(苦集)과 무명을 멸하여 생사의 괴로움을 벗어나는 길(滅度)을 가르쳤다.

세상에 모든 생명체는 생사를 벗어날 순 없지만, 생사를 바로 보고 불교의 깨달음을 완성한다면 죽음은 고요하고 빈자리인 입적, 열반, 적멸, 해탈 등으로 해석되며 생사는 없는 것이다. 금생에서 어떤 종교를 가지든 각자의 몫이겠지만, 어떻게 죽어야 할지를 고민해 보는 사람은 지금 어떻게 살아야 할지를 알게 되리라 생각하며 다음 게송(偈頌) 하나를 소개하고자 한다.

생야일편부운기(生也一片浮雲起) 사야일편부운멸(死也一片浮雲滅)

"태어남은 한 조각 뜬구름이 일어남이고 죽음은 한 조각 뜬
구름이 사라짐이다."

부운자체철저공(浮雲自體澈底空) 환신생멸역여연(幻身生滅亦如然)

"구름의 바탕을 꿰뚫어 보면 실체가 없듯이 실체 없는 몸뚱
이 나고 죽음도 이와 같은 것이다."

제8장

음양오행
사상의 이해

陰 ^(서양)과 陽 ^(동양)의 특징

　명리학의 기본은 음양^(陰陽)에서 시작된다. 오행에서는 음을 금수^(金水)로, 양을 목화^(木火)로 보고 중성자인 토^(土)는 가용신^(假用神)이라 하여 별도로 나눈다. 그중에서도 음은 수^(水), 양은 화^(火)가 대표적이며 수축과 분열을 의미한다. 세상은 음양 두 가지로 구성되어 있다는 것이다. 음양을 동양과 서양으로 구분해 보면 동양^(東洋)은 해가 뜨는 동쪽으로 목^(木)이면서 시작을 말하는 양^(陽)이다. 서양^(西洋)은 해가 지는 서쪽으로 금^(金)이면서 마무리를 나타내는 음^(陰)이다.

　양^(陽)은 햇살에서 나온 말로 하늘, 아버지, 영혼 등을 뜻하고, 음^(陰)은 그늘로 땅, 어머니, 육신 등을 나타낸다. 양은 보이지 않는 기운으로 에너지를 발산하는 것이며, 문화로는 형상이 없는 무형문화, 정신문화라 할 수 있다. 음은 형상이 있는 과학의 물질문화가 된다. 의학적으로는 눈에 보이는 환부를 잘라내거나 국부치료를 하는 음(陰)적 치료와 오행 철학에 따라 인체 내부를 보지 않고도 원인치료를 하는 양(陽)적 치료로 나눌 수 있다.

동양과 서양의 문화적 기원은 고대 그리스의 아리스토텔레스와 고대 중국의 공자로부터 시작된다. 그 환경을 보면, 고대의 그리스는 지리적으로 해안가여서 무역을 중요한 산업 수단으로 삼았다. 무역을 통하여 외부의 다양한 관습과 사고를 자주 접하게 되고 논쟁을 일으키면서 논리성이 발달했으며, 사람이나 사물 자체에 대한 집착도 싹트게 되었다.

반면에 중국은 한곳에 정착하여 농경 생활을 했다. 농경사회에선 공동작업, 즉 노동의 협동이 필요해 사람 사이의 관계를 중시했다. 동양적 정서가 농사를 직접 경험한 농부의 견해라면 서양적 정서는 상인의 견해라고 볼 수 있다.

동양인은 전체에서 주변 사람과의 관계를, 서양인은 개인의 완성을 더 중히 여긴다. 관계 속에서 자아를 찾으려는 곳이 동양이라면 자아의 독립적·주체적 부분이 강조되는 곳이 서양이다.

인간과 자연 관계에서도 서양은 서로 독립된 존재로 보고 인간이 자연을 대상으로 이용하고 착취하려고 했다. 동양은 인간과 자연을 하나로 보고 조화를 이루려고 했다. 서양은 자연과학적 사고를 통하여 현세의 발전을 도모했으나 동양은 세속적 현세를 넘어 궁극에는 종교적 세계에 도달하려고 했다. 이러한 차이는 오늘날까지 여러 분야에서 나타난다. 예를 들어 신체적으로 동양인은 상체가 길지만, 서양인은 하체가 긴 편이다. 동양은 정신건강을 중시하여 수행과 무예에 집중했으나 서양은 육체 건강에 비중을 두어 각종 스포츠나 보디빌딩에 집중했다.

생사(生死)에 대한 인식도 그렇다. 동양에서는 사람이 죽으면 다시 태어난 곳으로 되돌아간다는 의미로 보고 '돌아가셨다'고 하고, 장례복도 밝음(陽)의 상징인 흰색 옷을 입는다. 서양에서는 윤회를 인정치 않고 죽음을 다른 세상으로 가는 것으로 보고, 장례복도 어두움(陰)의 상징인 검은색 옷을 입는다. 앞서 언급했듯이 태양은 양이고 달은 음이며, 하늘은 양이고 땅은 음이다. 동양은 양으로서 음인 지구(땅)와 가까워지기 위해 방바닥에 붙어서 자는 잠자리로 온돌문화가 발달하였다. 반면에 서양은 음으로서 양인 태양(하늘)에 가까워지기 위해 지면보다 위로 솟아있는 침대가 발달하였다.
자연과의 조화 속에 우주의 근원에 대한 깨달음을 지향해 온 동양과 인간의 편리를 위해 과학기술을 발전시켜 온 서양의 문명은 오랜 기간 각자 다르게 내려왔다. 음 속에 양이 있고 양 속에 음이 있으니 모순과 균형, 대립과 화합은 음양의 다양한 모습이라 할 수 있다. 주변과의 조화와 관계에 비중을 두고 있는 동양적 사고와 개인의 존엄성과 주체성을 존중하는 서양적 사고는 서로가 장점으로 인지하고 배워가야 할 사항이다.

사주간명(四柱看命)에서는 동양적 사고와 서양적 사고를 하는 사람을 구분하고 장점을 발굴하여 조언해 주는 것이 중요하다. 상대의 잘못을 지적하기보다 자신의 잘못을 살펴보고, 상대의 단점을 보기 전에 자신의 단점부터 되돌아보는 것이 음양을 이해하는 높은 지혜라고 생각한다.

명리학(命理學)과 성리학(性理學)

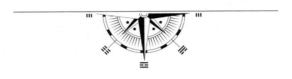

　음양오행 사상(陰陽五行思想)은 중국 송대(宋代)에 성립된 유학 사상으로 인간을 포함한 우주 만물이 생성변화(生成變化)하는 본체이다. 그것을 도표(圖表)로 만든 것을 태극도(중국 북송의 주돈이가 그린 도표)라 한다. 이 음양오행 사상은 고려 중기 이후 우리나라에 유입되면서 우주 만물의 법칙과 원리를 규명하였다.

　태극(太極)은 만물이 나누어지기 전의 본체로 만물의 시원, 근원이라고 한다. 주돈이의 태극도설(太極圖說)을 보면 "태극이 움직여 양(陽)을 낳고 움직임이 극도에 이르면 고요하게 되는데 고요하여 음(陰)을 낳는다."라고 하여 음양오행의 구도를 정립하고 있다. 그는 오행을 오기(五氣)로 보고 "오행은 하나의 음양이고 음양은 하나의 태극"이라고 말했다. 음양 속에는 태극이, 오행 속에는 태극과 음양이 존재한다고 했다. 그리고 음양과 오행의 결합으로 인해 만물이 형성되었다고 했다. 이 태극도설에 바탕을 두고 탄생한 학문이 바로 명리학(命理學)과 성리학(性理學)이다. 두 학문은 같은 뿌리를 둔 한 형제로 태어난 사이이다.

또 하늘이 만물에 부여한 것이 명(命), 즉 목숨, 운명이며 만물에 주어진 명(命)이 특성화된 것이 성(性), 즉 특성이라 한다. 이처럼 명리학의 우주관이나 성리학의 우주관은 명확히 일치하는 것이라 할 수 있다. 명리(命理)는 '하늘이 내린 목숨과 자연의 이치'라는 뜻으로, 명리학(命理學)은 인간 운명(運命)의 이치를 탐구하는 학문이고, 성리학은 인간 품성(品性)의 이치를 탐구하는 학문이라 할 수 있다.

조선조 지식층은 성리학 탐구에 매진하였고, 이 성리학을 극복하고 난 뒤에는 다시 명리학을 공부하였다고 한다. 성리학은 수행의 규범이고 충효사상에 입각한 윤리서이지만, 명리학은 천문과 지리 그리고 운명을 포함한 실용 학문으로 그 필요성에 의해 탐구를 확대한 것이다. 즉, 성리학과 더불어 명리학 공부는 한 뿌리에서 나왔지만, 두 가지 학문으로 나누어져 있었기 때문에 학자들은 이 둘을 동시에 마스터함으로써 훨씬 높은 경지의 학식을 쌓을 수 있었다. 따라서 조선시대에 명성이 있었던 성리학의 대가들은 동시에 명리학의 대가로도 볼 수 있다.

대표적으로 성리학자인 율곡 이이와 퇴계 이황 선생은 논어, 맹자로 대변되는 성리학만으로는 결코 우주 변화의 원리를 깊이 있게 알 수가 없으며, 미래를 예측할 수도 없다는 것을 알고는 명리학을 탐구함으로써 명리학 분야의 대가로도 알려져 있다. 한 가지 예를 보면, 율곡 선생의 10만 양병설도 명리학에 기반을 둔 것이라 할 수 있는데, 10만 양병설을 부정했던 유성룡은 나중에 후회하고 명리학에 심취했다고 한다.

앞서 언급했듯이 성리학이 유교 사회의 수양서이며 교양서라고 한다면, 명리학은 유교 사회의 예언서이며 운명서인 것이다.

그런 연유로 성리학은 체제를 유지하는 학문적 바탕이자 체계가 되어 조선 엘리트들의 전유물이 되었지만, 명리학은 체제에 저항하는 반체제의 술법으로도 인지되었다.

조선 초 성리학은 왕이 주재하는 토론의 주제가 되어 관학(官學)의 위치를 갖게 되었지만, 명리학은 깊은 산속 험난한 곳에서 난상토론의 대상이 되기도 하였다. 마치 이것은 조선시대의 배불숭유(排佛崇儒) 정책으로 민가와 밀접해 있던 사찰이 깊은 산속으로 숨어들어간 것처럼 명리학도 왕의 지배에 도전하고 체제를 전복하려는 혁명가들의 신념체계로 변질하여 음지로 흐를 수밖에 없는 시대적 상황이 있었다.

두 학문 모두가 주역의 원리를 바탕으로 탄생하였지만, 적용하는 대상과 방법론에는 차이가 있다. 하지만 두 학문은 상호 보완적인 것으로 한쪽의 학문을 이해한다면 다른 쪽은 쉽게 극복할 수도 있는 것이다. 이들 두 학문이 추구하는 것은 하늘의 자연적인 법칙을 깨달아 인간의 욕심을 버리고 자연과 일체가 되려는 자연의 거대한 흐름을 수용하는 것이다.

음양오행의 물상(物象)을 구체적으로 보면 방위, 계절, 오상(五常), 오장(五臟) 등으로 조선의 유학 사상인 성리학에서 다루어왔던 것이 모두 명리학과 중복되어 일상생활에서부터 국가 안위에 이르기까지 국가 통치이념으로서 사회 전반에 펴져 있었다. 명리학과 성리학은 자연의 이치와 우주의 운동 법칙에 따라 자신의 운명을 알고 인간의 바른 품성을 갖추도록 도모하며, 올바른 판단과 올바른 행실에서 벗어나지 않도록 부단히 경계하고 있다.

명예와 권력 그리고 부를 가졌다 하더라도 바르지 못한 성품으로 자의든 타의든 업을 쌓고 살아간다면 결코 아름다운 삶이라 말할 수 없다. 명리학과 성리학을 동시에 탐구한다면 자신의 품성과 가치관을 바르게 세울 수 있으며, 신념과 의지를 갖추고 추구하는 가치와 목표를 다가오는 삶의 변화에 활용할 수 있을 것이다.

과거에는 상류계급 사이에서만 유통되었던 성리학은 조선의 최고 지식층의 전유물이었으며, 마찬가지로 명리학도 음성적인 면도 있었지만, 양반 및 왕족들 사이에서는 제왕학의 하나로서 그 위상이 높았다. 오늘에 와서 성리학은 조선조의 몰락과 함께 사실상 거의 사라졌다고 볼 수 있다.

실용 학문으로 전해왔던 명리학은 일제강점기에는 역사 왜곡으로 미신(迷信)이라는 인식으로까지 밀려났다가 해방 이후에도 서구 문화의 도입으로 부흥하지 못하다가 현재에 이르러 전면으로 대두되고 있다.

명리학과 성리학 중 어느 학문이 우월하고 가치가 있는 것이라 말하기 어렵다. 다만 사람이 사람답게 살고 다른 사람과 조화로운 삶을 꾸리기 위해서는 인문학적 접근과 훈련이 필요하다. 사유의 진정성을 알게 해주는 철학(哲學) 공부를 통해 자아(自我)를 성숙시켜야 한다. 선현(先賢)들의 지혜가 담긴 고전 공부를 통해 현재를 직시하고 미래를 예측할 수 있는 능력을 키워가는 것이 중요하다고 할 수 있다.

인체의 건강을 다루는 한의학이나 인간의 본성에 맞게 올바른 도리를 지키면서 살아가라는 자기 수양을 위한 성리학, 그리고 인간의 운명을 자연법칙과 연계시켜 다루는 명리학은 그러한 힘을 기르는 데 유용하리라 생각한다.

한글과 음양오행

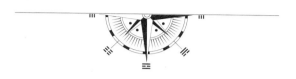

음양오행 사상(陰陽五行思想)은 중국의 춘추 전국시대에 만들어진 것으로 우주나 인간 생활의 모든 현상을 설명한다. 음양은 하나의 본질을 두 원리로 설명하고 음과 양이 확장, 소멸함에 따라 우주의 운행이 결정된다는 것이다. 오행은 음양에서 만물의 생성(生成)과 소멸(消滅)을 목(木) 화(火) 토(土) 금(金) 수(水)로 나타내고 있다.

고유한 우리 민족 문화의 모든 뿌리는 이 음양오행 사상을 벗어난 분야는 없다. 우리가 매일 사용하는 한글을 보면 모음(母音)과 자음(子音) 모두가 음양오행 사상에서 나타내는 우주 만물과 인간의 조화를 표현하고 있다는 것을 알 수 있다.

오행에 의해 다섯 개의 기본자음(ㄱㄴㅁㅅㅇ)이 만들어졌으며, 동양의 삼재사상(三才思想)인 천지인(天地人)의 원리를 토대로 하여 만들어진 기본모음(ㆍ ㅡ ㅣ)은 점의 위치에 따라 음(陰)과 양(陽)으로 나누는데, 선의 위나 오른쪽에 점이 찍히면 밝고 따뜻한 양(陽)의 기운을 의미하고 아래나 왼쪽에 찍히면 어둡고 차가운 음(陰)의 기운을 나타낸다.

한글의 기본 형태는 자연원리(自然原理)를 천(天), 지(地), 인(人), 원(圓), 방(方), 각(角)의 모양에서 섭리(攝理)를 찾아 뜻을 얻었으며, 입소리(口聲)와 일체화한 뜻글자로 되어 있다.

모음을 만든 천지인(天地人) 가운데 천(天)은 둥글어서 둥근 점(ㆍ), 지(地)는 평평하여 (ㅡ)자로 하고, 인(人)은 천지간에 서 있는 사람을 나타내어 (ㅣ)자로 표시하였다.

자음을 만든 원방각(圓方角)을 보면 원(ㅇ)은 사람의 머리를, 방(ㅁ)은 사람의 몸통을, 각(△)은 손발의 움직임을 나타내고 있다. 또한 각(角)은 만물이 싹트는 모양이며, 방(方)은 잎이 넓게 자라는 모양이고, 원(圓)은 열매를 맺는 모양을 의미한다.

한글의 명칭은 발표 당시엔 훈민정음이라 하였지만, 이후에 여러 명칭으로 불렸다. 그중에서 가장 많이 불리던 명칭은 '언서'(諺書) 또는 '언문'(諺文, 상말을 적는 상스러운 글자)이라 하여 차별하고 경시하였다. '한글'이라는 단어가 나온 것은 개화기에 접어들어 주시경이 칭한 것으로 그 뜻은 '한나라의 글', '큰 글', '세상에서 첫째 가는 글' 등으로 풀이하고 있다.

세종대왕이 한글을 지으면서 훈민정음에 대한 여러 해석을 붙인 문서가 있는데, 이것을 바로 훈민정음해례본(訓民正音解例本)이라 한다. 여기에는 훈민정음의 제작원리와 배경 등 그에 따른 모든 내용을 다루고 있으며 정인지가 기록하였다. 훈민정음해례본(訓民正音解例本)의 제자해(制字解)는 天地之道一陰陽五行而己(천지지도일음양오행이기)로 시작한다. 이것은 '천지자연인 우주 만물의 원리는 음양오행 뿐이다.'라고 해석된다. 또한 위에서도 언급하였듯이 자음(子音)은 오행(五行)으로, 모음(母音)은 천지인 음양(陰陽)으로 구성되어 있다는 것을 알 수 있다.

자음의 구성은 발성기관의 모양을 본떠 오행의 원리로 만들었다. 사람이 소리는 입안의 목구멍에서 시작하여 어금니, 혀, 이, 입술을 통해 나오게 된다. 이때 혀뿌리가 목구멍을 막는 모양에서 기역(ㄱ, 木), 혀끝이 윗잇몸에 닿는 모양은 니은(ㄴ, 火), 입술의 모양은 미음(ㅁ, 土), 이가 서로 엇갈려있는 모양은 시옷(ㅅ, 金), 목구멍의 모양을 본떠 이응(ㅇ, 水)을 만들었다.

이어서 해례본의 내용을 읽어보면,

夫人之有聲 本於五行(부인지유성 본어오행)

무릇 사람이 말소리를 내는 것은 오행에 근본이 있으므로

牙錯而長 木也. 於時爲春 於音爲角(아착이장 목야. 어시위춘 어음위각)

어금니는 어긋나고 길어서 오행의 나무에 속한다. 계절로는 봄에 해당하고, 오음으로는 각(角)에 속한다.

舌銳而動 火也 於時爲夏 於音爲徵(설예이동 화야 어시위하 어음위징)

혀는 날카롭게 움직여서 오행의 불에 속한다. 계절로는 여름에 해당하고, 오음으로는 징(徵)음에 속한다.

脣方而合 土也 於時爲季夏 於音爲宮(순방이합 토야 어시위계하 어음위궁)

입술은 모나지만 합해 짐으로 오행의 흙에 속한다. 계절로는 늦여름에 해당하고. 오음으로는 궁(宮)에 속한다.

齒剛而斷 金也 於時爲秋 於音爲商(치강이단 금야 어시위추 어음위상)

이는 단단하여 끊으니 오행의 금에 속한다. 계절로는 가을에 해당하고, 오음으로는 상(商)음에 속한다.

喉邃而潤 水也 於時爲冬 於音爲羽(후수이윤 수야 어시위동 어음위우)

목구멍은 깊숙한 곳에 젖어 있으니 오행의 수에 속한다. 계절로는 겨울에 해당하고 오음으로는 우(羽)음에 속한다.

즉, 어금닛소리, 혓소리, 입술소리, 잇소리, 목구멍소리를 아음(牙音) 설음(舌音) 순음(脣音) 치음(齒音) 후음(喉音)의 오음(五音)으로 표현하고, 음악의 궁상각치우(宮商角徵羽) 또한 오음(五音)으로 나타내고, 사

람이 내는 소리는 성(聲)으로 표현하였다.

음악의 오음(五音)은 악기 소리이므로 정확한 뜻글자의 의미로는 오성(五聲)에 해당하고, 훈민정음에서 표현하는 사람의 소리는 글자로 표현할 수 있음으로 음(音)에 해당한다. 모음은 삼재의 원리인 천지인의 세 글자에다 음양 생성 원리에 따른 사상위(四象位, 곧 생수(生數)로 1, 2, 3, 4)와 사상수(四象數, 곧 성수(成數)로 6, 7, 8, 9)의 이치로 나머지 여덟 글자를 만들어 11자가 되었다. 즉, 사상위인 1, 2, 3, 4와 사상수인 6, 7, 8, 9가 각각 합하여 1, 6은 수(水), 2, 7은 화(火), 3, 8은 목(木), 4, 9는 금(金) 5, 10은 토(土)가 되었다. 가운데의 5는 천태극(天太極), 10은 지태극(地太極)이라 하고 두 태극의 수가 합하여 인태극(人太極)을 이룬다.

이것이 바로 모음(母音)의 제자(制字)원리라 할 수 있다. 사상(四象)은 주역에서 말하는 무극과 태극에서 음양이 분화하면서 섞이는 것(음양의 분합 작용)으로 사상(태양, 소음, 소양, 태음)은 여기에서 나온 말이며, 다음으로 팔괘로 되었다가 64괘로 이어진다.

우주 만물은 천지인 삼재사상과 음양오행 사상의 원리에 따라 존재하는데, 한글의 소리 법칙도 이 원리에 맞춰 만들어졌다는 것을 주목해야 한다. 이것은 곧 한글에 우주 만물의 생성법칙이 담겨 있다는 것으로, 언어라는 한계를 넘어 세상의 이치를 포함하고 있는 철학 체계에 근거를 두고 있다. 세상을 닮고 있는 언어로 우리나라 고유의 사상까지 포함하고 있으며, 오늘날에는 전 세계의 언어학자들이 인정하고 있는 것으로 가장 과학적이고 편리한 문자로도 공인받고 있다.

풍수(風水)와 음양오행

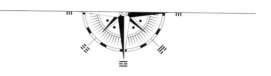

　　동양(東洋)의 삼재사상(三才思想)은 천(天) 지(地) 인(人)이다. 첫 번째 천(天)은 하늘로, 우주 변화의 원리에서 흐름, 즉 시간이라는 때(時)를 파악하는 학문이다. 때를 안다는 것은 인간의 운명(運命)에서 지금 어느 시점에 와 있는지를 알고 중요한 사안을 대비하고 해결하기 위한 것으로, 동양 문화권에서 최고의 천재들이 고안해 낸 명리학(命理學)이 바로 여기에 해당한다. 명리학(命理學)은 천문을 인문으로 전환, 적용하여 하늘의 비밀을 인간의 길흉화복(吉凶禍福)으로 풀이하는 것이라 할 수 있다. 사람이 살면서 누구에게나 떨칠 수 없는 삶과 죽음이라는 근원적인 문제에서부터 일상에서 일어날 수 있는 여러 문제를 짧게는 며칠에서 길게는 일생에 걸쳐 다루고 있다.

두 번째 지(地)는 땅으로, 우주 변화의 원리에서 정지(停止), 즉 공간으로서 지공(地空)이라 할 수 있다. 지리(地理)는 풍수(風水)로서 천문이 시간 문제를 다룬다면 지리는 공간의 문제를 취급하는 것으로 시간의 파트너라 할 수 있다. 풍수에서는 지령(地靈)이 있는 것으로 땅속에 신령스러운 령(靈)이 들어 있다고 여긴다. 그 지령이 있는 곳에 사람이 거주하고 생활하면 건강해지고 발복(發福)할 수 있다는 것이다. 이런 곳을 바로 명당(明堂)이라 부른다.

세 번째 인(人)은 인간으로, 즉 인사(人事)로서 하늘과 땅 사이의 존재(存在)를 의미한다. 시간과 공간이 있어도 존재가 없다면 소용없는 것이다. 존재하는 것은 인간으로서 인간을 구체적으로 연구하는 것이 바로 한의학이다.

이처럼 천문(天文), 지리(地理), 인사(人事)를 통달하면 세상의 모든 이치를 알게 된다. 삼재사상에서 살펴보았듯이 두 번째인 지(地)에 해당하는 지리(地理)는 풍수(風水)로 자연과학(自然科學)이라고도 할 수 있다. 풍수는 장풍득수(藏風得水)의 줄임말로 바람을 저장하고 물을 얻는다는 뜻이다. 예전에 우리나라에서는 풍수 전문가를 지관(地官)이라 하여 몰락한 양반들이 밥벌이로 활용했다고 한다. 환경과 인간이 서로 상생(相生)할 수 있는 방법을 찾아 오랜 세월 자연과 더불어 살아오면서 얻은 자연의 이치(理致)라고 할 수 있다.

삼재(三才)를 포함한 우주의 모든 만물은 음양오행(陰陽五行)의 조화로 구성되어 있듯, 풍수도 역시 음양오행의 원리로 시작되는 학문이다. 풍수는 크게 음양(陰陽)으로 나누어 음택(묘지)풍수와 양택(집터)풍수로 구분한다. 양택(陽宅)은 살아 있는 사람의 거주지, 즉 집과 건물의 터이며, 음택(陰宅)은 죽은 사람의 안장지(安葬地)인 묫자리이다.

풍수는 음양의 조화(調和)와 오행(목, 화, 토, 금, 수)의 상생(相生, 목생화, 화생토, 토생금, 금생수, 수생목)과 상극(相剋, 목극토, 토극수, 수극화, 화극금, 금극목)의 이론으로 지리의 길흉(吉凶)을 판단하는 것이다. 산과 땅의 형세가 오행의 어떤 형국에 놓여있는지를 보고 주위 산과의 모양에서 상생 관계인지 상극관계인지를 판단한다. 그리고는 주산의 용맥(龍脈)과 좌향(坐向), 그리고 물의 위치인 수구(水口)의 3가지 요소를 서로 비교하여 상극은 피하고 상생을 택하여 길지(吉地)를 정하고 건강과 복을 받고자 하였다.

풍수에서 음양의 해석은 천동지정(天動地靜)이란 말로 대변된다. 풍수에서 기본은 산과 물로서 산은 정지(停止)되어 있어 음(陰)이라하고, 물은 흐르는 움직임인 운동(運動)으로 양(陽)이라 한다. 음에 해당하는 산과 양에 해당하는 물이 어울려 배합되는 곳에서 혈(穴)이 생성된다고 한다. 혈(穴)은 용(龍, 풍수에서 산의 능선을 뜻함)의 흐름이 끝나는 용진처(龍盡處)에서 맺어진다. 앞으로는 생기를 멈추게 하는 물이 있고 뒤로는 생기를 전달하는 능선이 있는 곳을 배산임수(背山臨水)라 한다.

풍수에서 생기가 있는 좋은 명당이란 음과 양(육지와 강물)이 조화와 균형을 이루는 곳이라 보면 된다. 생기(生氣)는 음기(陰氣)와 양기(陽氣)로 나누어지는데, 음기는 땅속에서 얻게 되는 생기로 만물의 탄생을 주관하고, 양기는 땅 위로 흐르는 생기로 만물의 성장과 결실을 주관한다. 이것이 바로 모든 만물이 탄생하고 자랄 수 있는 조건이다.

풍수에서도 용의 흐름을 따라 땅속에 음기가 흐르는데, 가장 많은 음기가 모여 있는 곳을 혈(穴)이라고 한다. 바람과 물처럼 땅 위로는 양기가 흐르는데, 이런 양기를 어떤 방향에서 받아야 효과적으로 받을 수 있는가를 결정하는 것이 좌향(坐向)이다. 따라서 음기가 몰려있는 혈(穴)자리를 찾은 다음 양기를 잘 받을 수 있는 방향(坐向)을 결정한다.

산의 정기는 용맥(龍脈)을 통하여 목(木) 화(火) 토(土) 금(金) 수(水)의 오행(五行)으로 나누어진다. 이러한 오행의 성질을 두고 산을 목산(木山, 나무같이 수직 상승하는 기운), 화산(火山, 불과 같이 확산하며 폭발하는 기운), 토산(土山, 여러 가지 기운을 모두 포함하여 균형을 이루는 기운), 금산(金山, 금속과 같이 수축력이 강한 기운), 수산(水山, 물과 같이 수직 하강하는 기운) 등으로 분류한다.

오행의 산세(山勢)를 구분하여 상생 관계인지를 알고 좌향(坐向)의 방위를 오행론으로 정한 다음 물이 들어가고 나가는 수구(水口)도 오행론으로 판단하게 되는 것이다. 그 외에도 혈 자리의 크기와 모양을 보고 판단하는 것을 국(局)이라 하는데, 국(局)도 음양오행을 바탕으로 하고 있다. 여기에서 모두를 언급할 수는 없겠지만, 뒷산의 모양에 따라 건축물의 형태도 오행의 상생 관계로 맞춰지어야 한다. 즉, 뒷산이 목성이면 상생 관계인 수성이나 화성의 지붕을 하고, 수성이나 화성의 지붕을 하고 있으면 상극관계인 토성이나 수성의 건축물은 피해야 한다.

이처럼 풍수학은 땅을 살아 있는 생명(生命)으로 보고 지기(地氣)를 음양오행 사상의 원리에 두어 음과 양이 조화를 이루는 오행의 상생 기류를 강조하는 것이다.

한의학(韓醫學)과 음양오행

   동양의 삼재사상(三才思想, 天, 地, 人)에서 천(天)은 시간(時間)인 명리학(命理學)이고, 지(地)는 공간(空間)인 풍수(風水)이며, 인(人)은 존재(存在)인 한의학(韓醫學)으로 구분한다. 한의학은 우주 만물의 끊임없는 생성과 소멸을 나타내는 음양오행 사상(陰陽五行思想)을 사람에게 적용하여 인체조직을 소우주(小宇宙)로 인식한다.

   이러한 이론은 한의학의 가장 기본이 되는 원전인 <황제내경(黃帝內經)>이란 책에서 의학 이론으로 이 음양오행설을 차용하여 해석하였기 때문이다. 물론 음양오행은 의학 이론을 위해 고안된 것은 아니지만, <황제내경>에서는 이것을 활용하여 인간의 심신에 관해 설명하려고 했다. 우주와 같은 유기체인 인체 기관의 모든 활동과 작용을 음양의 조화와 오행의 상생(相生, 목생화, 화생토, 토생금, 금생수, 수생목)과 상극(相剋, 목극토, 토극수, 수극화, 화극금, 금극목)의 이치(理致)로 생각하고 진단한다.

음양으로 구분하여 인체에 대입하면 외(外)적인 부분은 양(陽)이고 내(內)적인 부분은 음(陰)이며, 장(臟, 인간의 생명이 잉태되어서 그 활동이 끝날 때까지 끊임없이 활동을 자동으로 유지하는 장기)은 음이고 부(腑, 필요할 때만 활동을 하는 기관)는 양에 속한다고 보면 된다.

한의학에서 인체 내에 음양의 균형이 깨어진다는 것은 곧 질병의 발생을 예고하는 것으로 음, 양의 과다나 반대로 음, 양의 부족이 발생하지 않도록 바로 잡아 조화를 이루게 하는 치료학이 한의학이다. 체질을 비롯하여 증세와 약의 성질을 모두 음양으로 구별하여 음양의 균형에 맞는 치료를 한다. 즉, 양(陽)적인 질병은 음(陰)적인 약이나 치료법으로, 음(陰)적인 질병은 양(陽)적인 약이나 치료법으로 상호 균형을 맞추는 것이 한의학이라 할 수 있다.

인체의 생리적인 면에서 음, 양은 물질(理)과 에너지(氣)로 구분하는데, 이것은 별개의 것이 아니며 상대의 존재에 의존하는 것으로, 상호제약과 협조 작용으로 음양의 균형을 유지한다. 우주를 포함한 인체에서 만약 음양의 평형이 무너지면 서로의 능동적 상호관계도 균형을 잃고 유기체인 생명체에 심각한 문제가 발생할 수 있다.

이런 점을 보면 한의학은 집중식 부분적 치료를 하는 서양의학과는 달리 인체의 평형을 맞추는 것에 중점을 두는 것으로, 더욱 근본적인 치료법이라고도 볼 수 있다.

음양이론이 음과 양이라는 두 개의 현상이 대립과 통일, 소장되면서 우주의 현상을 설명하는 것이라면, 오행 이론은 다섯 가지의 연쇄적 상호 관계로 우주의 유기적인 순환에서 만물의 생성, 소멸을 설명하는 것이라 할 수 있다. 한의학에서 오행의 원리를 이용하여 치료하는 내용을 살펴보기 전에 먼저 오행(목, 화, 토, 금, 수)과 사물의 속성을 구분하는 사례를 살펴보도록 하겠다.(아래 표 참조)

〈표〉
■ 오행(목·화·토·금·수)과 사물의 속성을 구분하는 사례

구분	목	화	토	금	수
오장(五臟)	간(肝)	심(心)	비(脾)	폐(肺)	신(腎)
육부(六腑)	담(膽)	소장(小腸) 삼초(三焦)	위(胃)	대장(大腸)	방광(膀胱)
오관(五官)	눈(目)	혀(舌)	입(口)	코(鼻)	귀(耳)
오체(五體)	근육(筋)	맥(脈)	살(肌肉)	피부(皮) 털(毛)	뼈(骨)
오지(五志)	화냄(怒)	기쁨(喜)	근심(憂)	슬픔(悲)	무서움(恐)
오기(五氣)	바람(風)	더위(暑)	습기(濕)	건조(燥)	추위(寒)

오색(五色)	청(靑)	적(赤)	황(黃)	백(白)	흑(黑)
오미(五味)	신맛(酸)	쓴맛(苦)	단맛(甘)	매운맛(辛)	짠맛(鹹)
오성(五星)	호(呼)	말(言)	노래(歌)	곡(哭)	신음(呻吟)
오방(五方)	동(東)	남(南)	중앙(中央)	서(西)	북(北)
오계(五季)	봄(春)	여름(夏)	환절기(長夏)	가을(秋)	겨울(冬)

오행(五行)의 음양(陰陽)은 목(木)과 화(火)가 양(陽)에 속하고 금(金)과 수(水)를 음(陰)으로 보는데, 그 특성을 보면 목(木)은 봄으로 뻗치는 작용, 화(火)는 여름으로 펼치는 작용, 금(金)은 가을로 거두는 작용, 수(水)는 겨울로 간직하는 작용으로 각기 운동 방향이 다르고 토(土)는 중앙(中央)으로 조절하는 작용으로 네 가지 오행의 역할을 조절한다고 보면 된다.

표에서 알 수 있듯이 목에 속하는 부류를 비롯하여 화, 토, 금, 수에 속하는 것을 보았는데, 이것은 한 가지 오행에 속하는 것들로 같은 속성을 지니고 있다. 예를 들어 목에 해당하는 것을 살펴보면 간, 담, 눈, 화냄, 바람, 청색, 신맛 등이 함께 속해 있는데, 이것은 간에서 분비되는 소화액인 담즙은 담낭에서 보관되며, 만약 간이 나쁘면 눈도 나빠지고 이어서 근육에도 좋지 않은 증상이 마치 도미노처럼 발생한다고 보는 것이다. 이럴 경우 목에 속해 있는 청색에 해당하는 과일이나 곡식이 좋으며 신맛도 도움을 주는 요소가 된다. 반대로 금에 해당하는 백색의 과일, 곡식이나 매운맛은 도움이 안 된다.

이처럼 오행의 상생(相生)과 상극(相剋)에 따라 신체에도 같은 현상이 일어난다. 즉, 목(木)에 속하는 간은 목생화(木生火)의 원리에 따라 그 활동이 커지면 화(火)에 속하는 심장의 활동도 활발하지만, 반대로 목극토(木剋土)가 되어 토에 해당하는 소화기관인 비장의 활동은 저하할 수 있다. 마찬가지로 화(火)의 기능이 활발해지면 화생토(火生土)가 되어 토(土)의 장기를 도와주지만, 화극금(火剋金)으로 금(金)의 장기인 폐, 대장의 기능은 떨어지게 한다.

대우주가 음양오행으로 운행하듯이 소우주인 인체 역시 오장(五臟, 陰) 육부(六腑, 陽)를 음양오행으로 구분해 운행된다. 오행은 서로 연결돼 있어 오장의 생리 활동이 협조하는 것이 있는가 하면 억제하고 저지하기도 해 상호 밀접한 관계를 유지하고 있다.

이처럼 오계(五季), 오방(五方) 등은 인체 외부의 자연환경인 계절의 변화를 말하는 것이며 오기(五氣), 오색(五色), 오미(五味) 등은 각종 사물을 연계하여 이들 자연현상의 속성을 인체의 오관(五官)에 비유하고 다시 오체(五體)와 육부(六腑) 등으로 관련지어 연구, 해석하는 개념이다. 즉, 음양(陰陽)과 오행생극(五行生剋)의 제약(制約)과 화생(化

生)의 작용을 파악함으로써 인체(人體) 내의 장부(臟腑) 간에 생리적인 상호 협조와 제약 관계를 보고 평형 상태를 판단하여 병리변화(病理變化)를 도출해낸다.

따라서 한의학의 자연관과 인체의 생리, 병리에 대한 원리, 진단, 치료, 약물 등에 대한 모든 이론은 이 음양오행에 바탕을 두고 있다.

태극권(太極拳)과 음양오행

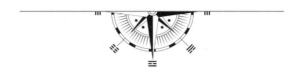

　동양사상(東洋思想)에서 무극(無極)이란 우주(宇宙)의 시초(始初, 우주 만물이 창조되기 이전상태)이며, 우주의 본체(本體)라고 한다. 무극(無極)은 태극(太極, 태극은 무극에서 하늘과 땅이 분리, 즉 음양이 발생)과 함께 우주운동(宇宙運動)이라 할 수 있는 순환반복(循環反復)을 함으로써 우주의 삼라만상(森羅萬象)이 끊임없는 변화(變化)를 일으킨다는 것이다.

　여기에서 변화(變化)란 음(陰)과 양(陽)의 기운으로 작용하는 현상(現狀)을 뜻한다. 무극(無極)이란 말이 처음 등장하는 곳은 노자(老子) 도덕경(道德經)에서

　　"참된 덕(德)은 어긋남이 없어 무극(無極)으로 돌아간다."

　라는 어구에서 나왔으며, 이것의 의미는 만물(萬物)이 돌아가야

하는 근본은 도(道)라는 것을 의미한다. 그리고 장자(莊子)의 남화경(南華經) 중에서 도덕경(道德經)의 주석(註釋)에 해당하는 하상공장구(河上公章句)에서도 언급하고 있다.

　도교(道敎) 수련가 사이에서는 최고의 수련 경지를 바로 무극(無極)이라 하였다. 무극(無極)이 태극(太極)과 함께 중요하게 대두된 것은 주역(周易)의 계사전(繫辭傳)이다. 역(易)에는 태극(太極)이 있으니 태극(太極)에서 양의(兩儀)가 나오며, 양의(兩儀: 陰陽)에서 사상(四象)이 나오고 ,사상(四象)에서 팔괘(八卦)가 되고, 팔괘(八卦)에서 육십사괘(六十四卦)가 나온다고 하였다.

　태극(太極)의 기본적인 의미를 보면 태(太)는 크다(大)는 뜻이고, 극(極)은 개시(開始) 또는 정점(頂點), 즉 시작과 끝이라는 뜻을 내포하고 있다. 중국 송나라 주돈이의 태극도(太極圖)에는 무극이태극(無極而太極)이란 말이 나오는데, 이것은 태극이 무극에서 나온다는 뜻이 아니라 태극이 본래 시작과 끝이 없다는 것을 뜻한다. 즉, 태극권(太極拳)은 태극설(太極說)과 권술(拳術)이 합(合)하여 만들어졌다는 것을 말한다.

　태극(太極)에서 양의가 나오고 음양이 합일과 분리를 반복하며 오행(五行, 목, 화, 토, 금, 수)의 성질을 가지게 된다. 따라서 태극권의 기법에는 태극설, 음양설, 오행설 등을 적용하고 있다. 태극권에서 태극이란 모든 동작은 마치 시작과 끝을 찾을 수 없는 완전한 원형의 연속으로 마치 태극도(太極圖)의 모양과 같다.

태극권에서 음양(陰陽)에 해당하는 것은 이들 원형의 동작 속에 허실(虛實), 동정(動靜), 강유(剛柔), 진퇴(進退) 등에서 볼 수 있으며, 동작의 시작은 양(陽)이 되고 양이 궁극에 이르면 (움직임이 최대한이 되면) 음(陰)으로 변화된다. 양의(兩儀)는 사상(四象)으로 변화하는데, 태극권에서 사상(四象)은 사정경(四正勁, 붕掤(南), 리履(西), 제挤(東), 안按(北)의 勁) 으로 나타낸다.

태극권에서 오행사상(五行思想)은 다섯 가지 보법(步法)으로, 그것을 보면 화(火)는 전진(前進), 수(水)는 후퇴(後退), 목(木)은 왼쪽(左顧: 왼쪽으로 고개를 돌림), 금(金)은 오른쪽(右盼: 오른쪽으로 고개를 돌림), 토(土)는 정지(中定: 정지) 에 속하는 것이다.

태극권에서 팔괘(八卦)는 사정경(四正勁)인 붕掤(南), 리履(西), 제挤(東), 안按(北)과 사우경(四隅勁)인 채採(西北), 열挒(東南), 주肘(東北), 고靠(西南)를 합쳐 팔문경(八門勁)으로 여덟 가지로 발휘되는 힘을 나타내는데, 운경(運勁, 동작과 함께 내기(內氣)의 순환을 운영하는 행위) 또는 운기(運氣)를 할 때는 원을 그리며, 동작 속에 모습을 감추고 있다가 발경(發勁, 공격 시 순간적으로 내는 엄청난 힘)을 할 때는 그 작용이 드러난다고 한다.

팔괘와 오행은 수법(手法)의 팔(八)과 보법(步法)의 오(五)를 합하면 십삼세(十三勢)가 나오는데(십삼세장권, 十三勢長拳), 이것을 팔문오보(八門 五步)라고 한다. 이처럼 태극권은 주역(周易)의 무극과 태극 사상을 기본으로 음양오행의 생극(生剋)과 조화(調和)에 바탕을 둔 권법(拳法)이라 할 수 있다. 태극권을 연마하는 사람은 태극에서 비롯된 음양오행 사상에 이론적인 연구를 겸한다면 높은 경지의 무술에 한층 더 나아갈 수 있는 것이다.

태극권은 그 자체가 하나의 철학으로 양생(養生, 병에 걸리지 않고 오래 건강을 유지하게 관리하는 것)의 운동법이라 할 수 있다. 태극권 수련은 태극을 통해 기(氣)를 이용하고 조절하여 태극철학과 조화를 이루어 최소의 노력으로 최대의 효과를 낳는 것을 뜻한다. 또한 태극권은 음양오행 사상(陰陽五行思想)과 더불어 중요하게 여기는 사상이 노자(老子)의 이유제강(以柔制剛, 부드러움이 강한 것을 이긴다)에서 나온 것이라고 한다.

도덕경의 주요 사상은 음유(陰柔)의 철학인데, 음유는 양강(陽剛)의 반대말로 양보다는 음을, 굳셈보다는 부드러움을 중시하는 철학이다. '부드럽고 약한 것이 강한 것을 이긴다.(柔弱勝剛强)'라는 내용으로, 부드러움으로 강함을 제압하는 것이 태극권이 다른 권술과의 가장 큰 차이점으로 보고 있다. "부드러움은 능히 강함을 이길 수 있다."는 역경(易經)의 사상에 근거를 두고 태극 음양오행 사상을 적용, 동양철학을 우리 몸에 구현하여 작은 힘으로 큰 힘을 제압하는 무술이라 할 수 있다.

태극권은 음양(陰陽)의 이치(理致)로 이루어진 권술(拳術)이며, 기혈(氣血)의 흐름을 촉진하고 내경(內勁)이라는 무술적인 힘을 기르기 위해 인체 내면의 작용을 활용한다. 고도의 정신수련으로 깨달음의 경지에까지 이를 수 있는 일치의 운동이며. 명상(冥想)의 한 방편이기도 하다. 이것을 동선(動禪, 움직이는 선), 행선(行禪) 또는 동기공(動氣功)이라고도 한다.

노장사상과 태극 이론과 음양오행의 철학이 담겨 있고, 양생(養生法)과 수도(修行法)의 의미가 담긴 권법이라 할 수 있다.

인간은 태극으로부터 유래하는 것이기에 소우주(小宇宙)라고 하였고, 인간이 대우주(大宇宙)와의 합일(合一)을 이룬다면 어떠한 질병도 없을 것이며, 설령 발생하였다 하더라도 치료할 수 있다는 것이다. 이유는 대우주(大宇宙)의 정기(精氣)가 소우주(小宇宙)인 인간으로 접속이 되면 어떠한 병도 발생할 수 없으며, 있었던 병도 사라지게할 수 있기 때문이다. 태극의 사상(思想)이 치료를 목적으로 발달한 것이 한의학이고, 운동으로 연구가 된 것이 태극권이라고 보면 된다. 따라서 인간이 대우주와 합일(合一)하는 방법이 태극권에서 행하는 몸동작으로 볼 수 있는 것이다.

    음양오행 사상에는 태극권 외에도 명리학, 성리학, 풍수, 한의학, 기공, 여러 무술 등 모든 우리 일상의 역사에서 고차원의 정신세계에 이르기까지 동양의 모든 사상을 지배하고 있다.

태극기(太極旗)와 음양오행

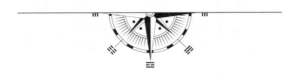

동양사상은 사서(四書: 대학, 중용, 논어, 맹자) 오경(五經: 시경, 서경, 주역, 예기, 춘추)을 기본학문으로 하여 19세기 말까지 중국은 물론 조선과 일본에서도 학습하고 사용했다. 사서오경에서 오경에 포함된 역경이 주역이다. 주역 계사전 부분에 태극에 대한 말이 등장하는데, 그 내용을 보면 "역(易)에 태극이 있으니 이것이 음양인 양의(兩儀)를 낳는다."고 하였다.

태극의 뜻은 클 태(太) 덩어리 극(極)으로 큰 덩어리라는 것이고, 시간상으로는 처음 태(太) 끝 극(極)으로 '처음부터 끝까지' 또는 '태초로부터 궁극에 이르기까지'를 의미한다. 즉, 이것이 우주 만물의 본체라는 것이다.

역(易)의 우주관에서 보면 우주 만물이 생기기 전의 공허하고 혼돈된 상태를 태극이라 하는데, 그 태극에서 음양이 탄생하고 음양(兩儀)은 다시 사상(四象: 태양, 태음, 소양, 소음)을 낳고 사상은 또 팔괘(八卦: 건(乾), 태(兌), 리(離), 진(震), 손(巽), 감(坎), 간(艮), 곤(坤))가 되고 팔괘는 다시 서로 결합하여 만물인 육십사괘(六十四卦)를 낳는다고 하였다.

이후 송나라의 주돈이(周敦)가 그린 태극도설(太極圖說)에서는 무극(無極)에 동(動)과 정(靜)의 개념을 넣어 무극이면서 태극이다. 태극이 동(動)하면 양(陽)이 되고, 정(靜)하면 음(陰)이 된다고 하였다(양동음정, 陽動陰靜).

무극이란 말은 원래 <노자>에서 사용했던 개념으로 도가와 도교 사상에서 중요하게 사용되고 있던 것이다. 태극이란 말은 <역전>에서 사용한 개념으로, 음과 양으로 분열되기 이전의 혼돈상태지만 음양의 화합을 이르는 말이다. 만물 구성의 원리를 보면, 씨앗은 음의 성질이지만 속은 부드러운 양의 성질이 있다. 이처럼 만물의 겉과 속이 반대되는 성질로 구성된 것을 표리부동(表裏不同)이라고 한다.

음양에서 사상(四象)은 4가지 형상으로, 시간대로 나누어 보면 1년의 상반기는 양의 시간대이고 하반기는 음의 시간대이다. 양과 음은 다시 춘하와 추동으로 분류된다. 공간도 마찬가지로 동남은 양, 서

북은 음으로 분류된다. 다시 동(소음, 양중의 음) 서(소양, 음중의 양) 남(태양, 양중의 양) 북(태음, 음중의 음), 하늘에는 일월성신과 땅에는 산천초목으로 분류된다. 사람에겐 이목구비와 사지(四肢)가 있다. 사람의 사지에서 왼쪽과 위는 양, 오른쪽과 아래는 음에 해당한다. 즉, 상체인 왼쪽 손은 태양(火, 양 중의 양), 오른쪽 손은 소양(金, 음중의 양), 왼쪽 다리는 소음(木, 양 중의 음), 오른쪽 다리는 태음(水, 음중의 음)이 된다.

주역에서 처음 팔괘를 그린 분이 태호복희씨라고 하는데 복희팔괘도라 한다. 복희팔괘도를 보면 태극, 음양, 사상, 팔괘로 분화되어 있다. 복희팔괘도와 태극의 관계를 함께 나타낸 것이 태극도로서 명나라 초기에 조중전(趙仲全)이 지은 도학정종(道學正宗)에 나오는 것이다.

우리나라의 태극기를 보면 중앙에 태극을 중심으로 네 모서리에 네 개의 괘(卦)가 그려져 있는데, 이것은 태극기가 주역의 계사전에 나와 있는 태극-양의-사상-팔괘라는 우주 생성론을 나타내는 태극도라고 할 수 있다. 태극도의 팔괘에서 사간방(四間方)에 있는 진손간태를 빼고 사정방(四正方)에 있는 건곤감리만을 넣어 만든 것이다.

팔괘는 만물의 성정(性情)을 나타내는 음양으로 분류되고, 사상은 음양에서 나온 것으로 건곤감리(천지일월)는 음양으로 분화되고 다시 사상(건은 하늘, 태양) (곤은 땅, 태음) (감은 달, 물, 남성, 소양) (리는 태양, 불, 여성, 소음)으로 나누어진다. 위에서도 언급하였듯이 태극이라는 용어는 주역에서 나오고 있지만, 그림이 처음 등장하는 것은 송나라 시대에 주돈이(1017~1073)의 태극도설이다.

우리나라에서의 태극 문양 유적을 보면 태극도설보다 약 400년 앞선 628년(신라 진평왕 50년)에 건립된 감은사(感恩寺)의 석각(石刻)에 태극 도형이 새겨져 있으며, 1144년(인종 22년)에 죽은 검교대위(檢校大尉)인 허재(許載)의 석관(石棺) 천판(天板)에도 태극 문양이 새겨져 있다.

이것 외에도 우리나라 고대의 문화유적이나 생활 습속을 통해서 발견하는 경우가 많은데, 이러한 여러 정황을 보면 중국의 태극 도형 등이 전래하기 전에 우리나라에서는 태극 도형이나 그것이 가지고 있는 음양사상을 활용해 왔다는 것을 알 수 있다.

태극기는 변화의 원리와 순리를 나타내고 있다. 중앙의 태극은 변화 자체를 상징하며, 건과 곤은 변화의 양극인 음양을 의미하고, 감리는 변화의 순리를 표현하고 있다. 태극기는 정십자가(正十字架)를 이루고 있는데, 천지와 일월이 경(經, 세로)과 위(緯, 가로)가 되어 우주 변화의 기강(紀綱)을 잡고 세로축은 양, 가로축은 음을 나타내고 있다.

천지는 양이 되고 일월은 음이 되며, 천지(하늘 땅)는 공간을 만들고, 그 사이를 일월(해와 달)이 운행하면서 시간을 만든다. 하늘은 양으로 둥글고, 땅은 음으로 네모로 되어 있다는 천원지방설을 기본으로 하여 태극기에는 원(陽)을 중심으로 주변이 네모(陰)로 만들어져 있다.

　태극기의 흰색 바탕은 백의민족으로 밝음과 순수를 상징하고 전통적으로 평화를 사랑하는 우리 민족성을 의미하고 있다. 가운데의 태극 문양은 음(陰: 파랑)과 양(陽: 빨강)의 조화를 상징하는 것으로, 우주 만물이 음양의 상호 작용에 의해 생성하고 소멸한다는 진리를 형상화하여 표현하고 있다. 태극의 원을 가르는 S자 모양의 곡선은 음과 양의 조화로운 관계를 상징화하고, 동시에 역동적인 우주의 기운을 나타내고 있다. 네 모서리의 4괘(乾, 坤, 坎, 離)는 태극을 중심으로 해서 통일과 조화를 이루고 있다.

　태극기의 내력은 1882년(고종 19년) 5월 22일 체결된 조미수호통상조약(朝美修好通商條約) 조인식 때 국기 게양을 해야 할 필요가 있어 만들었다. 이후에 조선 정부는 종전의 '태극도형기'에 주역 8괘(卦)를 더하여 '태극 8괘 도안'의 기를 국기로 만들게 되었다. 1882년 9월 박영효는 고종(高宗)의 명을 받아 특명전권대신(特命全權大臣)이자 수신사(修信使)로 일본으로 가던 중 선상에서 태극 문양을 중심으로 그 둘레에 있는 8괘 대신 4괘인 건곤감리(乾坤坎離)만을 넣고 태극 4괘 도안의 기를 창안, 도안하여 사용하기 시작하였다.

그해 10월 3일 본국에 이 사실을 보고하게 되었고, 고종은 다음 해 1883년 3월 6일 왕명으로 태극 4괘 도안의 태극기(太極旗)를 국기(國旗)로 제정, 공포하였다. 이후 1945년 8월 해방이 되고 1948년 8월 정부수립을 계기로 국기의 도안과 규격을 통일하고 대한민국 국기로 삼았다. 이처럼 태극기는 음양 사상을 기반(基盤)으로 탄생하였으며, 이제는 한민족의 정신적 상징으로 우주 만물과 함께 영원히 번영하기를 기원한다.

현대물리학과 동양사상

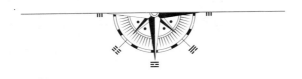

　"현대물리학과 동양사상"은 1975년에 '프리초프 카프라'라는 물리학 교수가 발간한 책으로 현대물리학 속의 새로운 세계관이 동양의 고대사상에 담긴 세계관과 유사한 점을 설명하는 데 중점을 두고 있다. 여기에 필자는 흥미와 호기심을 느낀 나머지 동양사상의 한 분야인 명리학을 접한 사람으로서 함께 연구해 보고자 하는 마음이 생겼다.

　하지만 제목에서 알 수 있듯이 물리학과 동양사상이라는 방대한 두 분야를 알아야 이해할 수 있다는 부담과 동양사상을 물리학과 결부한다는 것이 인문학도인 필자로서는 모험을 의미했다. 당장 여기에서 다루어야 하는 상대성 이론, 양자론을 비롯하여 S 행렬이론, 부트스트랩 가설 등 용어조차 이해가 어려운 상황이었지만, 깊이에 중점을 두기보다는 간단한 범위 내에서 동양사상과 결부된 부분만을 접근하는 방식으로 시도했다.

먼저 동양사상의 핵심 내용을 살펴보고, 다음으로 현대물리학의 양자론과 상대성 이론을 분석하고, 세 번째로 카프라 교수가 주안점을 두었던 동양사상과 현대물리학의 유사점을 거론하고자 한다.

1. 동양사상의 음양론

동양사상은 힌두교의 범(梵), 불교의 법(法), 중국사상, 도(道)교, 선(禪) 등으로 설명할 수 있다. 힌두교에서는 '브라만'이라고 하는 본질적으로 일원적인 성격을 부여하는 통일개념을 중시하고, 불교에서는 모든 사물과 물건의 통일을 상호작용으로 설명한다. 중국사상에서는 역경의 음양 조화를 중심으로 설명하고 있으며, 도교에서는 자연 속의 모든 변화를 음양 양극 간의 역동적인 상호작용으로 만들어 낸 것으로 본다. 이것은 변동과 변화가 자연의 본질적 모습이라는 것을 나타내고 있다.

대개 동양사상이라고 하는 것은 중국사상과 그 영향권 안에 있는 철학을 가리키는 말로 통용되고 있다. 여기서는 동양사상의 근본인 음양의 도라는 것에 초점을 두고 설명하고자 한다.

동양사상에서 우주의 시초(始初)는 무극(無極)이라고 한다. 이것은 우주의 본체(本體)이다. 무극에서 태극(太極)으로, 태극에서 무극으로 순환 반복하면서 우주 운동을 한다. 우주 운동의 순환 반복에서 우주 만물은 변화한다고 보는데, 변화하는 것이 바로 음과 양이라는 다른 두 기운의 작용이다. 이것은 서로 모순과 대립이 일어나는 현상을 말한다. 우주의 시간 변화 법칙이 음양설로써 공자는 주역(周易)의 계사전에서 일음일양지위도(一陰一陽之謂道), 한 번 음하고 한 번 양하게 되어 조화와 균형을 이뤄야 도(道)가 되는 것이라 말했다.

노자는 도가 기를 통해 음양을 낳는다고 하였다. 음양은 음기(陰氣)와 양기(陽氣)를 나타내지만, 음양의 관계는 둘이 아니며 음 속에 양이 있고 양 속에 음이 있는 것으로, 음이 극에 달하면 양이 되고 양이 극에 달하면 음이 되는 동일자의 양면성의 모습을 보인다.

우주론적 철학의 창시자인 주돈이(周敦頤)의 태극도설(太極圖說)에는 무극이 태극(無極而太極)이라 말하고, 태극이 동(動)하여 양을 낳고 정(靜)하여 음을 낳는다고 하였다. 이것은 모든 만물이 동일한 유기적 상호작용으로 생성 변화하고 있다는 것을 뜻한다.

2. 현대물리학의 상대성 이론과 양자역학

현대물리학에서 양자역학과 상대성 이론으로 대변되는 최첨단

물리학이 수천 년의 역사를 지닌 동양의 철학과 종교사상 사이에 유사성이 존재하고 있다. 현대물리학은 주로 거시세계와 미시세계를 다루는 학문으로 상대성 이론과 양자론을 나타낸다. 상대성 이론의 공간에서는 고전 물리학에서처럼 절대적인 시간은 흐르지 않는다. 즉, 관찰자에 따라 다른 속도로 움직인다면 그들은 사건을 다른 시간으로 보게 된다. 이러한 상대성 이론으로 인해 고전 물리학에서 말하는 절대공간과 절대시간은 의미가 없어졌다. 시간이란 다른 위치에 있는 관찰자에 따라 동시성(同時性)과 흐름을 달리하는 상대적인 것이다. 시간과 공간은 분리될 수 없다는 말이다.

다음으로 양자론은 원자는 딱딱하고 견고한 입자가 아니라 극도로 미세한 입자인 전자가 전기력에 의해 핵에 묶인 채 그 주위를 돌고 있는 광대한 공간으로 구성되어 있다는 것이다. 원자는 원자핵(+) 전자로 이루어지고, 원자핵은 중성자(+) 양성자로 이루어져 있다. 즉, 원자는 양성자(+) 중성자(+) 전자의 아원자적[1](亞原子的) 단위로 이루어져 있다. 또한 물질의 아원자적 단위는 양면성을 띠는 매우 추상적인 실체로 우리가 어떻게 보느냐에 따라 그것들은 입자와 파동으로 나타난다.

양자론은 우주의 근본적인 전일성(全一性)을 보여주었다. 그것은

---

1. 아원자 입자(亞原子 粒子, 영어: subatomic particle)는 중성자, 양성자, 전자처럼 원자보다 작은 입자를 의미한다.

독립적으로 존재하는 최소의 단위로는 이 세계를 분해할 수 없다는 것이다. 이들 두 이론은 모든 것이 결정되어 있다는 절대론이 아니라 주변에 영향을 받는다는 상대론을 강조하고 있다. 이 이론은 세상 모두가 서로 연결되어 있고 영향을 주고받는다는 "초끈이론"으로까지 발전하게 되었다.

현대물리학의 과제는 상대성 이론(거시세계)과 양자론(미시세계)이 서로 대치되어 있고 충돌하면서 양립되지 못한 점을 어떻게 통합시킬 것인가에 있다.

3. 현대물리학과 동양사상

현대물리학의 상대성 이론으로 절대공간과 절대 시간의 개념은 사라졌다. 시간과 공간의 상대성은 동양사상에서는 이미 존재하고 있었다. 결국 시, 공간이 밀접하게 연관되어 상호 관통되어 있다는 것을 알고 있음에 현대물리학과 동양사상의 공통점이 있다는 것이다.

현대물리학에서 상대성 이론과 양자론은 이 세계가 독립적으로 이루어진 것이 아니라 전일성 우주적인 망으로 연결되어 있다는 것을 말해 준다. 그리고 이 두 가지 이론을 통합해야 하는 과제가 있는데, 이 역할을 할 수 있는 것이 동양사상이 될 수도 있다. 우주는 너와 나가 아니라 우리 전부가 하나의 조화로운 자연의 일부라는 동양사상이 현대물리학과 통하는 것이다.

두 사상의 접근 방식을 보면, 현대물리학은 추론에 의한 객관적 지식 탐구를 위한 극단적인 방법이고, 동양사상은 직관을 통해 주관적인 깨달음을 추구하는 극단적인 방법이다. 서양의 과학은 자연의 탐구, 동양의 철학은 인간의 완성이 목표다. 오늘날 지식의 발달은 결국 자연과 인간을 분리해서 생각할 수 없으며, 서양의 과학과 동양의 철학은 같은 사유 선상에 있음을 알 수 있다. 따라서 현대물리학에서의 상대론은 동양사상의 근본인 음양의 도와 같은 의미를 지니고 있다고 할 수 있다. 즉, 우주란 하나의 상호 연관된 전체고, 그 안의 어느 부분도 다른 부분보다 결코 더 근본적인 것이 아니며, 어느 한 부분의 속성은 다른 모든 부분의 속성으로부터 결정된다는 것이다.

인상학(人相學)과 음양오행

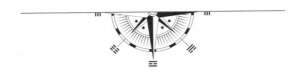

    고대 중국에서 관상학의 역사는 주역의 탄생 시기와 같은 것으로 보며, 대략 4,300년 전에 생겨난 것으로 유물을 통해 확인할 수 있다. 우리나라에 들어온 시기는 신라시대로 추정하고 있으며, 고려시대에는 승려인 혜징(惠澄)이 관상가로서 명성을 떨쳤다.

    중국에서 관상의 태시조라 볼 수 있는 사람은 동주(東周)시대 내사(內史) 벼슬을 한 숙복(叔服)이다. 그의 계승자는 춘추시대 진나라의 고포자경(姑布子卿)으로, 이 사람은 공자(孔子)의 상을 보고 장차 대성인(大聖人)이 될 것을 예언한 것으로 전해지고 있다. 이후 전국시대에 위(魏)나라의 당거(唐擧)도 상술(相術)로 이름이 높았지만, 상법(相法)에 대한 기록을 남긴 것은 없다.

남북조 시대에 남인도에서 달마대사가 중국으로 들어와 선종을 일으킴과 동시에 포교 활동의 방편으로 달마상법을 남겼다. 그리고 송대 초기에 와서 마의도사가 마의상법을 남기게 됨으로써 불교계의 달마상법과 도교계의 마의상법은 관상학의 대표적 고서로 쌍벽을 이루어 오늘날 관상학 체계의 근간이 되었다.

관상학을 넓게 풀이하면 인상학이다. 인상학은 사람의 얼굴이나 몸의 형체를 관찰하여 운명의 길흉화복을 예측하는 역학으로 동양학의 일부이다. 인상학의 분류를 보면 얼굴의 상을 보는 관상(觀相), 손과 손금의 상을 보는 수상(手相), 발로 발금의 상을 보는 족상(足相), 얼굴과 몸통 그리고 다리 등 전체의 상을 보는 체상(體相), 뼈의 구조인 뼈대를 보는 골상(骨相) 등이 있다.

이 밖에도 몸의 털을 보는 모상(毛相)과 말하는 태도, 말소리, 기운(氣運), 사상, 감정을 표현하는 언상(言相), 성상(聲相)과 혈색을 보는 색상(色相) 그리고 행동을 보는 것 등 여러 종류가 있다. 관상학이 동양학의 일부인 것처럼 관상학의 시작도 역시 음양오행 사상이 바탕이다.

동양사상에서 인간은 우주의 모습과 이치를 닮은 축소판으로 소우주(小宇宙)라 한다. 그래서 인체를 소우주로 보고 음양인 하늘과 땅의 기운과 오행의 타고난 품성을 받아 만물 가운데 신령스러운 존재가 되었다. 즉, 사람의 얼굴은 마음의 거울이며, 눈은 마음을 비추는 도구이다. 마음이 곧 얼굴이다. 관상은 얼굴을 통해서 마음을 읽는 것이다. 상(相)을 안다는 것은 곧 마음을 알아가는 것이며, 마음의 원천을 안다는 것은 우주의 이치를 알아가는 것과도 상통하기 때문에 인간을 소우주라 한다.

대우주의 원리를 관찰하고 인간에게 길흉화복을 조명하여 우주의 원리에 부합하는 삶을 살아가고자 하는 것이 인간의 이상이며, 그것을 파악하는 것이 상법(관상학)의 목적이다. 우주자연에 부합하면 좋은 상(善相)이라 하고 그렇지 않으면 나쁜 상(惡相)이라 한다. 따라서 인체는 우주 만물의 형상을 그대로 담아내고 있다. 즉, 하늘(天)과 땅(地), 태양(日)과 달(月), 별(星辰), 산(山), 바다(海)와 강(江), 금강석(金剛石), 초목(草木)과 우레(雷)가 모두 인체에 들어 있다.

머리에 이마(額)는 하늘(天)을 상징하여 둥글어야 하고, 발(足)은 땅(地)으로 모가 나고 두툼해야 한다. 두 눈(眼)은 태양(日)과 달(月)로서 맑고 빛나야 하며, 눈썹(眉)은 뭇별(星辰)이다. 음성(音聲)은 울림(雷)이 있어야 한다. 혈맥(血脈)은 강(江)과 하천(河川)을 나타내어 맑고 윤택하여야 한다. 뼈마디는 금석(金石)으로 단단해야 하고, 살은 흙(地)으로 풍요로워야 한다. 입(口)은 바다(海)이며, 인중(人中)은 강(江)이며, 얼굴의 편편한 곳은 들이며, 코와 관골(광대뼈)과 이마와 턱은 산악

(山岳)을 뜻하여 적당하게 솟아 있어야 한다. 인체의 모든 털(豪毛)은 나무와 풀(草木)이니 맑고 수려해야 좋다.

사람의 성격과 재물, 관록 등은 그 상(相)에 있고 상은 곧 그 사람과 동일하다. 인상이란 얼굴의 모양이기도 하지만, 인격과 품격이 보이는 것으로 개인의 행동과 목소리, 외모를 보면 심성(心性)과 성격(性格), 인품(人品)을 짐작할 수 있다. 배움의 높낮이 등도 분위기를 통해 묻어나오며, 인격이 높은 사람이면 언행이 고상하겠지만, 반대로 배움은 있으나 인품이 부족한 사람이면 언행이 천한 것은 피할 수 없을 것이다. 이기적인 성향으로 종종 사회에서 물의를 일으키는 존재가 되기도 한다.

일반적으로 좋은 관상은 이목구비(耳目口鼻)가 뚜렷하다. 오관(五官)의 흐름이 물 흐르듯 하고 서로 상생(相生)하며 상처가 없고 기색(氣色)이 밝아야 한다. 이러한 상을 청격(淸格)이라 한다. 최상의 관상으로 신체적으로는 병(病)이 없고 관운(官運)과 함께 사업성 등 재물의 흐름이 좋고 자녀가 복이 있는 것으로 본다. 하지만 얼굴의 높고 낮음의 균형(均衡)이 맞질 않고 상처가 있으며 어두운 빛을 띠면 탁격(濁格)으로 운기(運氣)가 좋지 못하고 빈한(貧寒)하고 자녀가 불손(不損)하다. 그리고 시비, 구설, 송사(訟事) 등 재앙이 따르게 된다.

관상(觀相)은 지금 보이는 모습으로 현재에 처한 환경이나 운기(運

氣)를 예측할 수 있다. 따라서 상(相)도 여타 동양학과 마찬가지로 인생의 길흉화복을 보고 행(幸)과 불행(不幸)을 판단하는 삶의 지혜를 배우게 되는 것이다. 관상의 중요성은 오늘날 외모가 차지하는 비중이 어느 정도인지를 짐작해 보면 알 수 있을 것이다. 물론 외모인 관상과 동시에 심상(心相)이나 다른 체상(體相) 등을 고려해야 하는 것도 간과(看過)해서는 안 된다.

기본적으로 사람은 살아가면서 좋은 일이 많고 긍정적이면 얼굴의 근육이 이완되고 표정이 밝아진다. 하지만 실패나 좌절을 겪고 부정적이면 얼굴빛이 굳어지고 어두워지는 것은 당연한 일이다. 그러나 중요한 것은 얼굴은 자신의 마음가짐이나 행동으로도 길상(吉相)이나 흉상(凶相)을 만들 수 있으며, 복을 받느냐 받지 못하느냐를 결정지을 수 있다. 그것은 바로 적선(積善)을 하고 덕(德)을 베푸는 행위가 많을수록 스스로 복을 얻고 관상을 좋게 개척하는 방법이 된다.

다음은 상법 고서인 마의상법에 나오는 말을 소개해 보고자 한다.

상호불여신호(相好不如身好) 얼굴 좋은 것이 몸 건강한 것만 못하고
신호불여심호(身好不如心好) 몸 건강한 것이 마음 착한 것만 못하고
심호불여덕(心好不如德) 마음 착한 것이 덕성 훌륭한 것만 못하다.

사군자(四君子)와 음양오행

    사군자는 동양인이 존경하는 식물로 매화, 난초, 국화, 대나무를 말한다. 이 화초들은 다른 화초와는 달리 자태와 향기 그리고 맑기와 곧기가 군자의 인품(人品)과 지조(志操)를 상징하고 있다. 사군자는 유교문화권(儒教文化權)에서 군자를 지향하는 중세 사대부 지식인의 자화상으로 음양오행 사상에 바탕을 두고 있다. 군자는 완전한 인격을 가졌다는 의미로 덕성과 지성을 겸비한 인격자를 말한다.

    매화(梅花)는 설한풍속에서도 맑은 향기로 피고, 난초(蘭草)는 깊은 산속에 홀로 은은한 향기를 퍼뜨리고, 국화(菊花)는 늦가을 찬 서리를 맞으면서 꽃을 피우고, 대나무(青竹)는 사시사철 푸른 잎을 유지하는 등의 생태적 특성이 모두 고결한 군자의 인품을 닮았다.

군자에 대한 이미지는 신분보다는 고매한 품성에 의한 인격적 가치로 여겨지고 있다. 따라서 사군자를 그릴 때도 대상물의 외형에 중점을 두기보다는 그 자연적 본성을 나타내는 것이 더 중시되었다.

그래서 문인 사대부들은 사군자의 형상 뒤에 숨겨진 정신적인 의미에 중점을 두었으며, 마치 시를 쓰듯 추상적인 구도를 하고 모든 색을 함유한다는 수묵으로 그렸다. 수묵은 단순한 흑색(黑色)이 아니라 만상(萬相)의 합색(合色)으로 무채(無彩)로 표현된다. 군자는 유교에서 바라는 이상적 덕목으로 이상적인 인간의 모습과 그 품성을 닮은 식물을 그렸다.

사군자의 사상적 배경은 음양오행을 적용하고 있으며, 방위(東西南北)와 계절(春夏秋冬)을 하나의 시공(時空)으로 일원화하여 그림으로 나타낸 것이라 할 수 있다. 옛 선인이 사군자를 자랑스럽게 여긴 것은 험난한 환경에서도 뜻을 굽히지 않고 꿋꿋하고 아름답게 살아 있는 성품을 높이 평가한 것이다.

매화의 운치, 난초의 향기, 국화의 윤택한 기운, 대나무의 청아함이 군자를 상징하고 있으며 매화는 선비의 아취를 지니고, 난초는 제왕과 같고, 국화는 호걸과 같은 풍치를 지니고, 대나무는 대장부의 기백을 가지고 있다. 즉, 유교적 선비 사상의 충절을 뜻한다.

음양사상으로는 직선을 양(陽)으로 풀어 대나무를, 곡선을 음(陰)으로 풀어 난초를 나타내고 반 곡선은 국화, 반직선을 매화로 풀어 직선과 곡선 사이에 두었다. 그러면 사군자의 음양오행 사상과 그 특징을 하나씩 살펴보기로 한다.

첫 번째로 매화(梅花), 오행은 수(水)이고 계절로는 겨울(冬)이며 숫자는 1, 6이다. 방위는 북(北), 유교덕목(儒敎德目)은 시비지심(是非之心)으로 지(智)에서 우러나는 시비를 따지려는 마음이다. 매화는 겨울의 추위를 이겨내고 얼음 속에서 꽃을 피워 향기를 낸다. 매화는 아무리 춥고 배가 고파도 향기만은 팔지 않는다(梅一生寒香不賣)하여 그 절개를 조선시대의 여인과 지조 높은 선비의 정신으로 비유되고 받들어지고 있다. 매화와 함께 추운 겨울의 세 벗으로 송(松) 죽(竹) 매(梅)를 세한삼우(歲寒三友)라 한다. 상징(象徵)으로는 청렴하고 세속을 초월한 멋과 신선의 모습과 같이 고고한 자태, 그윽한 향기, 고결하고 절개 있는 선비 등을 나타낸다.

두 번째로 난초(蘭草), 오행은 목(木)이고 계절로는 봄(春)이며 숫자는 3, 8이다. 방위는 동(東), 유교덕목(儒敎德目)은 측은지심(惻隱之心)으로 인(仁)에서 우러나는 측은히 여기는 마음이다.

난(蘭)은 연약한 풀이지만 굳게 솟은 꽃대에서 피는 꽃은 향기가 일품(一品)이며, 여러 개의 잎 중에서 한두 잎을 길게 그리므로 많은 형제 중에서 뛰어난 사람이 있다는 것을 나타내고 있다. 입신양명(立身揚名)을 기원하며 가화만사성(家和萬事成)을 바라는 의미가 있다. 상징(象徵)으로는 신비한 향기, 수려한 잎의 곡선과 유연함, 꽃의 형태와 청초함, 충성심과 절개, 은자의 벗, 자손의 번창, 미인 등을 나타낸다.

세 번째로 청죽(靑竹), 오행은 화(火)이고 계절로는 여름(夏)이며 숫자로는 2, 7이다. 방위는 남(南), 유교덕목(儒敎德目)은 사양지심(辭讓之心)으로 예(禮)에서 우러나는 사양하는 마음이다. 대나무는 열대성 식물로 여성에게는 절개, 선비에게는 지조를 나타내며, 죽순은 자손번성과 효(孝)의 의미를 담고 있다. 효의 개념은 죽순이 성장한다는 것으로, 이것은 자손의 번성으로 부모에게 손을 안겨준다는 의미로 효 중의 효라고 여겼다. 선비를 비유하여 가는 청죽을 그리는데, 그것은 비록 가늘고 허약하다 하나 그 지조는 굳게 지키며 사철 푸른색으로 변절하지 않는다는 것이다. 휘어질망정 부러지지 않는 선비의 지조를 의미하고 여성의 절개를 상징한다. 또한 선조들은 예부터 아기들이 태어나면 잡기가 침범하지 않도록 대문에다 대나무를 양쪽에 세워 금줄을 쳤다. 상징(象徵)으로는 군자의 지조와 여자의 정조, 충신과 열사, 줄기는 굳은 절조, 녹색의 잎, 가지의 고귀함, 평안 등을 나타낸다.

네 번째로 국화(菊花), 오행은 금(金)이고 계절로는 가을(秋)이며 숫자는 4, 9이다. 방위는 서(西), 유교덕목(儒敎德目)은 수오지심(羞惡之心)으로 의(義)에서 우러나는 부끄러워하는 마음이다. 다른 꽃들이 만발하던 계절을 지나 시들고 낙엽이 지는 늦가을에 홀로 피는 꽃으로 서리를 맞아가면서도 굳게 피는 그 절개를 높이 평가한다. 상징(象徵)으로는 청고한 품격, 장수의 상징, 성질이 거만하고 빛깔이 아름다움을 나타낸다.

　한편 사군자에는 포함되지 않으나 오행의 시각에서 보면 토(土)에 해당하는 그림이 산수화(山水畵)가 되며, 계절로는 환절기(換節期)이고 숫자는 5, 10이다. 방위는 중앙(中央)이며 유교덕목(儒敎德目)으로는 신(信)을 뜻한다.

　사군자와 산수화인 이 그림들을 수는 매화, 목은 난, 화는 대나무, 금은 국화, 그리고 중앙은 산수화로 이 그림들을 개운(改運)의 방법으로 사용할 수도 있다. 예를 들면, 수기(水氣)가 부족한 사람은 매화 그림을, 화기(火氣)가 부족한 사람은 대나무 그림 등을 집에 걸어두어 발복(發福)할 수 있는 방법으로 활용할 수도 있다.

　예전 중국 회화사에서는 그림은 손으로 그리는 것이 아니라 마음으로 그리는 것이라 하였다. 이것은 과거의 선인이 그림을 그리는 기법을 가르치는 것보다는 그 사람의 정신적인 스승인 마음을 가르치고 자질과 인격에 중점을 두었다는 것이다.

사군자는 선인들의 벗으로, 교훈으로 그리고 정신세계로 자신의 마음을 전달하는 매개체로 그 상징성을 나타내고 있으며, 자신의 일만 걱정하지 않고 세상사에 대해서 누구보다 먼저 걱정하고 문제를 해결하는 선비정신을 말하고 있다. 정신보다는 물질과 현란한 예술품에만 눈길을 돌리는 현대 사회에 사군자는 많은 것을 시사하고 있다.

선악(善惡)과 음양사상

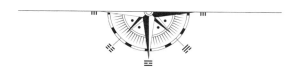

　　동양의 인성론(人性論)은 중국 철학의 시각에서 본 중국 고전의 인성론에 근거하고 있다. 인간의 속성을 다루는 것으로 인간학의 한 부분이며, 인간 본연의 모습에 대한 탐색과 사색이라 할 수 있다. 그리고 인간이 속해 있는 세계에 대한 반성과 논의가 포함되어 있다.

　　그 내용을 보면 사람은 본래 타고난 성품이 선과 악으로 정해져 있다는 것으로, 인간 본질에 대한 관점을 크게 세 가지로 나누고 있다. 인간의 본성은 선하다는 맹자(孟子)의 성선설(性善說)과 인간의 본성은 악하다는 순자(荀子)의 성악설(性惡說), 그리고 사람은 선하지도 악하지도 않은 백지상태라는 고자(告子)의 성무선악설(性無善惡說) 등이다.

첫 번째 성선설, 맹자(孟子)는 사람은 본래 선한 본성을 타고 난다고 주장하였다. 맹자는 "인간이 선천적으로 가지고 있는 측은지심(惻隱之心, 불쌍히 여기는 마음), 수오지심(羞惡之心, 부끄러운 마음), 사양지심(辭讓之心, 사양하는 마음), 시비지심(是非之心, 옳고 그름을 아는 마음)이 없으면 사람이 아니다."라고 말하였다. 인간의 본성이 착한 것은 마치 물이 아래로 흐르는 것과 같다. 만일 악함이 있는 경우에는 외적, 환경적, 사회적인 이유 때문이라고 주장하였다.

두 번째 성악설, 중국의 전국시대 때 순자(荀子)는 사람의 성(性)은 악하며 선하게 되는 것은 인위적인 노력에 의한 것이라고 주장하였다. 순자는 사람마다 타고 난 본성은 누구나 이익을 좋아하고 손해를 싫어하며, 좋은 목소리와 예쁜 용모를 탐하는 경향이 있기에 사람이 그 본래의 성에 따르고 욕구를 따라간다면 다툼이 있고 사회질서가 어지러워져 혼란을 초래하게 된다고 하였다. 따라서 반드시 스승이 있어 교육의 과정을 거쳐 법으로 교화하고 예의로 인도한 다음에야 예의 조리에 합당하게 된다는 것이다.

세 번째 성무선악설, 고자(告子)는 인간의 품성은 선하지도 악하지도 않다고 하였다. 그는 "인간의 본성이 선(善)과 불선(不善)으로 나누어져 있지 않은 것은 마치 물이 동서로 나뉘어 있지 않은 것과 같다."라고 하여 "사람의 본성은 본래 선도 아니고 악도 아니며 교육하고 수양하기 나름이며 수행의 과정에서 그 어느 품성으로도 될 수 있다."라고 주장하였다.

이러한 주장들 속에 공통분모를 보면 인성을 선악의 개념으로 파악하고 있다는 것이다. 하지만 동양철학의 핵심인 주역(周易)의 관점에서 보면 우리가 이해하고 알고 있는 선과 악이란 존재하지 않는다. 음이 있어 양이 있고 양이 있어 음이 있기에 상호 존재하는 것으로, 절대적 세계가 아니라 상대적 세계라 할 수 있다. 음양의 관점으로 선과 악을 분류하면 선은 양이요 악은 음으로 구분할 수 있다. 산(山)이 있으면 햇볕이 드는 양달과 그늘이 지는 응달이 동시에 있듯이 음과 양의 성질은 함께 있는 것으로 보며, 이것을 음양의 일원성이라 한다.

또한 주역에서의 음과 양은 오늘날 종교적 관점에서 주장하는 선(善)이라서 취하고 악(惡)이라서 버리거나 없애야 하는 것이 아니라 음은 음으로써 양의 존재를 인정하고 양은 양으로써 음의 존재를 인정하여 서로 대립하기도 하고 조화를 이루기도 하여 상존하는 것을 말한다. 종교에서 말하는 것과는 차이가 있다.

예를 들면, 종교에서는 선과 악으로 인간이 받는 상처에 대한 설명을 기독교에서는 원죄로, 불교에서는 업으로, 유교에서는 도를 모르는 소인배의 행실로 일반화하고 있다. 따라서 주역의 음양사상에서는 선과 악이 종교에서나 인성론이나 혹은 우리가 흔히 이해하고 있는 것과는 다르게 해석하고 있다.

물론 현실에서의 선악은 주어진 특정한 상황에 의미를 부여하는 가치판단이 될 수도 있지만, 음양의 개념에서는 그러한 가치와 상관없이 존재하는 것으로 봐야 한다. 음양은 두 가지 힘에서 파생하는 것으로 많은 다양한 기준과 형태를 가지고 있다. 즉, 선과 악은 기준에 따라서 수시로 변화할 수 있는 가치라고도 볼 수 있다. 다시 말해 세상에 존재하는 모든 것은 선이 될 수도 있고 악이 될 수도 있다. 그러나 동양사상에서 말하는 선과 악은 음양의 기본적인 관점에서 보는 것과 마찬가지로 불가분의 관계이다. 어떤 것이든 상대적 개념이 존재하듯이 작용, 반작용의 법칙과 같으며, 음이 있으면 양이 있고 양이 있으면 음이 있는 것이다.

우주 자연에서 서로가 대립적으로 이루어져 있지 않은 것은 하나도 없다. 따라서 선과 악도 절대적 선이라던가 절대적 악이라는 말은 없다. 단지 상대적인 개념으로 대립성을 가지고 서로 상극하거나 상보적인 의존관계에 있다. 다시 말해 선과 악은 우리가 윤리적으로 보고 있는 좋다 나쁘다, 옳다 그르다라는 개념과도 거리가 있다.

마치 동전의 양면과 같이 상호 보완적이다. 앞이 없으면 뒤가 있을 수 없고, 위가 없으면 아래가 있을 수 없다. 이것은 선이 없으면 악이 없고, 악이 없으면 선도 없다는 것이다. 만약 선만 있고 악이 없든지, 악만 있고 선이 없다고 가정한다면 음양의 균형이 깨어진 것으로, 개인뿐만 아니라 사회나 국가는 병이 발생하고 파국(破局)에 이른다고 볼 수 있다. 세상은 한 가지를 선택하는 순간 반대되고 대립적인 다른 한 가지가 동시에 존재하게 되는 법이다.

이것은 독일의 철학자 헤겔이 괴테에게 '모순의 논리'라고 말했던 변증법(辨證法)과도 비슷하다. 즉, 정(正)이 있으면 반(反)이 있고, 그 반은 다시 합(合)으로 발전하여 나아가는 것이다. 인간의 역사 발전 과정은 정반합의 필연적인 과정이며 균형과 불균형의 관계이다.

음양사상에서 보면 선과 악의 개념을 악을 제거하고 추방하기 위하여 선이 존재한다는 식의 사고로는 결코 본질을 파악할 수가 없다. 하나가 있으면 상대적인 다른 하나가 있어 각자 서로의 팽창과 그에 따른 견제와 서로의 발전을 위하여 끊임없이 대립하고 있다. 악의 존재는 선이 더 나은 방향으로 고양되기 위하여 필요한 것이고, 부정(不正)은 정(正)의 발전을 위하여 필요한 것으로 양자의 대립, 견제가 인류 역사를 진보시키고 발전하게 하는 것으로도 이해할 수 있다.

악의 근본이 곧 선이라는 것을 알게 된다면 많은 부분에서 인간을 이해하는 데 도움이 된다. 악과 선은 사람의 문화가 규정하여 만든 것으로 이 둘은 절대적이 아니라 상대적인 존재이다.

불교에서는 불사선(不思善) 불사악(不思惡)이라고 가르치는 대목이 있다. 이것은 선도 생각지 말고 악도 생각지 말라는 의미이다. 생각하고 생각하지 않는 마음은 모두가 분별에서 나오기 때문이다. 이쪽에서 보면 저쪽이 그르고 저쪽에서 보면 이쪽이 그르다. 인류의 모든 전쟁사가 선과 악의 전쟁이 아니라 선과 선의 전쟁이듯이 선과 악은 같은 성질이며 때로는 상대적으로 뒤바뀔 뿐이다. 따라서 선과 악은 하나이면서 둘이고 둘이면서 하나인 음양과 같은 것이라 할 수 있다.

생사(生死)와 동양사상

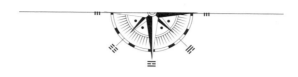

    삶과 죽음은 인류사에서 동서고금을 통틀어 가장 근본적인 문제로 종교는 말할 것도 없고 철학이나 문학 등 여러 분야에서 이론이나 학설로 다양하게 연구했다. 이것은 인간의 생에 대한 본질적인 문제는 물론이고 죽음이라는 체험이 불가능한 영역에 이르기까지 인간으로서는 가장 중대한 논의가 아닐 수 없다. 유와 무, 존재와 비존재, 영혼과 육체 그리고 삶과 죽음 등 그들 사이에 경계는 있지만, 중간적인 그 무엇이나 절충은 없다.

    삶과 죽음은 고대로부터 인간이 가진 원초적인 의문으로 어쩌면 처음부터 찾을 수 없는 답을 현세의 사람이 여러 구석을 기웃거리며 몸부림을 치고 있는지도 모른다. 종교계에서 기독교와 불교는 사후세계(死後世界)와 영혼불멸(靈魂不滅)을 전제로 하고 있다.

기독교는 희랍어를, 불교는 산스크리트어를 사용하는 것으로 동일한 인도 유러피언 어군(語群)의 언어 문화권이다. 물론 생사는 종교나 사상의 종류에 따라 동일 종교나 사상도 시대에 따라, 그리고 성직자, 철학자, 사상가 등의 견해에 따라 다르다.

동양철학에서는 음양으로 나누었으며, 음과 양은 두 개이지만 하나로써 하나의 기(一氣)를 말하고, 둘이라는 것은 하나의 기에서 두 종류의 운동 양상을 뜻한다. 대표적으로 천지를 하늘은 양으로 기(氣)의 무형(無形)적 상태이며, 땅은 음으로 기(氣)의 유형(有形)적 상태로 생각했다. 유형은 우리가 실재하는 현실에서 육안으로 관찰 가능한 모든 것을 말하지만, 무형은 관찰 불가능하지만 없다는 의미가 아니고 입자가 미세하다는 뜻으로 비존재를 의미하는 것은 아니다.

인간의 존재는 하늘에 해당하는 양과 땅에 해당하는 음의 결합체로서 양은 혼(魂)과 신(神)으로, 음은 백(魄)과 귀(鬼)로 구분된다. 혼과 백이 결합하는 것을 탄생으로 보고 혼과 백이 분리되면 죽음으로 본다.

음양론에서는 죽음과 관련하여 우리가 흔히 알고 있는 사후 귀신(鬼神)의 존재, 즉 영어로는 Phantom이나 Ghost인 유령이 아니라

귀(歸)는 '돌아간다'라는 의미이며, 신(伸)은 '펼치다'라는 의미로 '육신은 땅으로 돌아가고 혼은 하늘로 펼쳐진다'로 해석하고 있다. 동양사상에서는 영혼이 초월적 실체로서 존재하는 것이 아니고 몸의 일부이며, 반드시 물리적 근거가 없이는 존재가 불가능한 것이다. 즉, 천지를 떠난 세계에서는 기독교와 불교에서 말하는 천당도 극락도 없으며, 어떠한 초월적 실체도 상정(想定)할 수가 없음으로 천당이나 극락 그리고 지옥이나 신도 모두가 천지 내에 존재하는 것으로 한정하고 있으며 내세는 있을 수가 없다.

사후 세계관을 가지고 영혼 불멸을 인정하는 것이 종교라면 동양의 천지론적 우주관에서는 천지가 곧 신이며 종교라 할 수 있다. 생사(生死)를 천명(天命, 우주의 섭리)에 따른 기(氣)의 집산(集散)으로 보았으며, 시작과 끝으로 이어져 있는 하나의 순환 현상으로 보기도 한다.

인간의 탄생은 우주 전체로부터 작은 개체가 분리되어 나오는 것과 같으며, 죽음은 개별적 생명이 우주 전체로 흡수되는 것으로 이해하고 있다. 천지자연 속에 어떤 특정한 기운이 결합하여 생명이 탄생하고, 그 결합의 종식이 죽음으로 자연의 기운으로 되돌아가는 것이다.

따라서 혼(영혼)과 분리된 백(육체)은 천지자연의 품으로 돌아간 이후에는 어떠한 개체성도 갖지 못하는 것으로. 이것은 영혼 불멸설을 부정하고 있으며 현세의 여러 종교와 차이점이라 할 수 있다.

인간의 생사가 우주와 합일로써 죽음은 인간의 변형된 존재의 새로운 시작으로 보고 있다. 육체는 땅으로 돌아가지만, 혼은 하늘로 흩어지는 것으로 시간의 흐름에 따라 점차 소멸한다고 본다. 하지만 혼은 영활(靈猾) 하므로 존재하려는 속성이 강하여 소멸하는 데 시간이 오래 걸린다고 보아 신주(神主)를 모셔두고 소멸 기간을 4대로 잡아 놓고 사대봉사(四代奉祀)를 하는 제례가 생긴 것이다.

사후에도 얼마간 유지되는 개체의 존재로써 혼백은 사후존재의 영역에 속하지만, 살아 있는 존재와 같이 실재하는 것으로 인정하고 있다. 살아 있는 사람의 집을 양택이라 하고, 죽은 자의 집인 무덤을 음택이라 하여 존재 양상은 음과 양으로 구별되지만, 집이라는 실상은 같은 것으로 본다. 물론 궁극적으론 영혼은 소멸하므로 영혼 불멸설은 없는 것이 된다.

사대봉사(四代奉祀)에서 조상숭배와 영혼을 모시는 제사의 주최자는 그들의 자손이 된다. 현재의 자손도 죽어서 조령(祖靈)이 될 것이고 따라서 제사를 이을 일족, 즉 자손을 낳을 필요성이 크다. 즉, 선조와의 관계(과거), 부모와의 관계(현재), 자손, 일족과의 관계(미래)를 하나로 통합하고 있다. 동양에서 '효(孝)'란 조상의 제사, 부모에 대한 존경과 사랑, 자손을 낳는 일로 본다. 효를 행함으로써 자손을 낳고 조상, 조령을 재생시키며 자신도 죽은 후엔 자손과 일족에 의해 이 세상에 재생할 수 있다고 본다.

동양사상에서는 영원한 내세관이 없기에 자손 번창에서 자기 생명의 연속성을 추구하고 있다. 한 번 죽으면 끝이기에 자손을 통하여 대(代)를 이어가는 것으로 영생의 욕구를 대신하려고 한다. 대(代)가 끊기는 것은 영생이 단절되는 것으로 보아 아들에 대한 집착이 강하였다.

사후세계와 영혼불멸을 전제로 종교에서는 삶과 죽음의 경계를 말하고 사람들에게 선업(善業)을 권유하고 있다.

동양철학에서는 생사를 음양으로 두 개이지만 하나로서 하나의 기(一氣)를 말하고 있다. 삶 다음에 죽음이 오는 것이 아니라 삶과 죽음은 한 가지 현상에 대한 다른 이름으로 함께 존재하고 있다.

생사에 관하여 티벳의 속담에서는 '내일 아침에 눈을 뜰 때 내일이 먼저 올지, 내생이 먼저 올지 알 수 없다.'고 한다. 이것은 사람은 누구나 죽는다는 필연의 사실과 언제 죽을지 모른다는 불가측성의 의미일 것이다.

따라서 어떤 종교든, 철학이든, 사상이든 간에 생사에 대한 각자의 바른 이해와 더불어 죽음을 맞이할 준비를 함으로써 현재의 삶이 더 경건해지고 아름다워지게 될 것이며, 현재의 의미 있는 삶이 생사(生死)를 진정으로 이해하는 길이라 생각한다.

제9장

생활 속에 숨겨진
명리학

생활 속 명리학의 발견

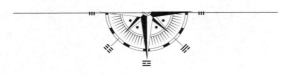

　명리학은 천문을 연구하는 운명학으로 우리 생활과는 거리가 있으며 막연하게 느껴질 것이다. 또한 일부 명리학에 관심이 있거나 명리학을 활용하는 사람에게만 관련 있고 나머지 대다수는 관련이 없다고 여길 수 있다. 하지만 조금만 관심을 가지면 명리학이 우리 생활에 얼마나 많이 뿌리내리고 있으며, 생각지도 못한 곳에서 명리학을 발견하고는 놀라게 될 것이다.

　우선 명리학이란 하늘이 내린 목숨과 자연의 이치라는 뜻으로 사람이 태어난 년월일시의 10천간(天干)과 12지지(地支)를 조합한 간지(干支)를 네 개의 기둥으로, 즉 사주(四柱)에 근거하여 음양과 오행인 목 화 토 금 수의 상생상극(相生相剋: 두 가지 또는 여럿이 서로 공존하거나,

서로 화합하지 못하고 맞서거나 충돌함) 관계를 살펴 한 사람의 빈부와 길(吉)흉(凶)화복(禍)을 간략하고 단순하면서 분명하게 하고, 육친(六親: 부모, 형제, 처자) 등을 판단하는 것이다.

그래서 간지 여덟 글자로 운명을 판단한다고 하여 팔자학(八字學), 운명의 이치를 살핀다고 하여 명리학(命理學), 운명을 추리한다고 하여 추명학(推命學), 운명을 계산한다는 하여 산명학(算命學)이라고도 불린다.

그러면 앞서 말한 바와 같이 명리학의 근원보다는 명리학의 음양오행이 우리 생활에 직, 간접적으로 관여되는 것이 어떤 것이 있는가를 살펴보도록 하겠다.

○ 일주일과 음양오행

명리학은 음양오행학이라고도 하는데, 흔히 일주일을 보면 日 月 火 水 木 金 土로 되어 있다. 여기에서 日(양)과 月(음)은 음양을 의미하고 나머지 화수목금토를 오행으로 본다. 이처럼 일주일은 음양오행의 원리에서 나왔다. 여기에서 사주에 사용하는 오행의 순서는 일상에서 나타내는 일주일처럼 화수목금토가 아니라 목화토금수로 정해져 있다.

○ 절하는 예법과 음양

어른에게 세배하거나 보통 사람과 인사를 할 때 절은 한 번씩 한다. 하지만 문상을 갔을 때나 제사를 지낼 때는 두 번 절을 한다(再拜). 또한 우리의 전통 상례(喪禮)에서 여자는 사배(四拜)한다.

그 배경에는 음양 법칙이 있다. 간단하게 설명하면 명리학에서는 우리가 사는 이승을 양(陽=生)의 세계로 보고, 사후의 세상인 저승을 음(陰=死)으로 구분하고 있다. 즉, 양의 세계는 홀수로 한 번 절하고 음의 세계는 짝수로 두 번 절하는 것이다.

그렇다면 여자는 왜 네 번 절하는 것일까? 남자는 양이고 여자는 음이다. 음의 음이 되니 배수가 되어 네 번 절하는 것이다. 또한 절을 할 때에도 두 손을 맞잡아 공경의 뜻을 나타내는 것을 공수(拱手)라 하는데, 공수할 때도 남녀의 손의 위치가 다르다. 그것은 먼저 왼쪽을 양으로, 오른쪽을 음으로 보는데, 양인 남자는 왼손을 위로 하고 오른손을 아래로 하며, 음인 여자는 그 반대로 오른손을 위로 하고 왼손을 밑에 둔다.

불교에서는 삼배(三拜)한다. 그 이유는 불(佛) 법(法) 승(僧) 삼보(三寶)에 귀의(歸依)한다는 의미가 담겨 있기 때문이다. 또한 음양학(陰陽學)의 시각에서 보면 3이란 숫자가 음양이 조화를 이루어 만든 완성수의 의미를 지니고 있다.

일상에서나 행사 등에서 자신의 자리를 알 수 있는 것도 바로 음양의 법칙에서 비롯된다. 남자는 동쪽(좌측)이며, 여자는 서쪽(우측)이다. 즉 남동여서(男東女西), 남좌여우(男左女右)로 자리한다.

○ 이름 항렬과 오행

오행의 상생에서(목생화 화생토 토생금 금생수 수생목)처럼 가족 족보(族譜)에서도 할아버지, 아버지, 나, 손자로 이어지듯 가부장적인 사회에서 이름을 지을 때 항렬(行列)을 위주로 짓는데, 음양오행의 상생을 근거로 한다.

예를 들면, 윗대 어른이 자원(字源)에서 금이 들어가는 글자를 썼다면 다음 대에서는 '금생수'라 하여 '수'에 해당하는 한자를 사용하고, 다음으로 '수생목'이라 하여 다시 '목'으로 '목생화'하고, 다음으로는 '화생토'로 이어지며 대대로 사용한다.

○ 장날과 오행

전통시장의 장날을 정할 때도 그 지역의 주산(主山)이 오행의 어느 산체(山體, 산의 생김새)로 되어 있는지를 보고 날짜를 정했다. 먼저 오행의 숫자를 보면 목은 3, 8, 화는 2, 7, 토는 5, 10, 금은 4, 9, 수는 1, 6으로 되어 있다. 이것을 활용하여 그 지역의 주산의 산체가 목이라면 3, 8일이 장날이며, 수라면 1, 6일, 이런 식으로 오행을 활용하여 장날을 정하였다.

○ 서울의 4대문과 오행

앞에서도 언급하였듯이 오행에는 방위, 계절, 숫자, 종교, 신체, 인생, 오상 등이 있는데, 그중에서 사람이 마땅히 행해야 할 5가지 덕목으로서 유교의 핵심 가르침을 오상(五常)이라 한다. 이 오상을 근거로 사대문과 중앙의 의미인 보신각의 이름이 붙여졌다.

즉, 흥인지문(興仁之門)인 동대문은 오행의 목인데 오상은 인(仁)이다. 숭례문(崇禮門)인 남대문은 오행의 화로 오상은 예(禮)이며, 돈의문(敦義門)인 서대문은 오행의 금으로 오상은 의(義)이다. 숙정문(肅靖門)인 북대문은 오행의 수로 오상은 지(智)이지만 지(智)자 대신 정(靖)을 사용하였으며, 중앙은 오행이 토인데 오상은 신(信)으로 보신각(普信閣)이라 이름을 지었다.

○ 식품과 오행

우리의 전통 식탁을 보면 정월 보름에는 오곡밥을 먹었다. 오곡이란 조, 기장, 보리, 쌀, 콩의 다섯 가지 곡식을 말하며 청, 황, 적, 백, 흑의 오행 색에 해당하는 것으로 오색(五色)이 조화를 이루어 식탁이 구성됨을 의미한다.

또한 한국의 전통 문양이 음양의 조화와 화합을 나타내는 태극 문양과 태극선으로 한복, 도자기의 선과 태극선 문양의 부채, 장롱의 장석, 비녀, 담뱃대 등과 풍물의 춤사위에도 태극의 이치가 숨어 있다. 그리고 오곡밥과 함께 밥상에 오르는 오합주, 오색 색동저고리, 오색단청 등과 한약조제에서도 음양오행의 원리를 맞추고 있다.

위의 사례 외에도 일상에서 명리학과 연관된 경우가 많이 있다. 여기서 모든 사례를 언급할 수는 없겠지만, 이처럼 우리는 의도적이든 비의도적이든 명리학의 환경을 벗어날 수 없다는 것을 알았다. 따라서 필자는 명리학에 대한 지식과 이해력을 넓히는 것이 자신이 누구인가를 알아가는 과정이라 생각한다.

출산택일(出産擇日)이 필요한가요?

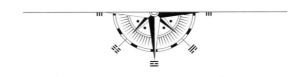

출생은 우주의 기운을 처음으로 받는 순간이다. 사주의 탄생은 태어남과 동시에 정해진다. 따라서 산모나 아기에게 출산에 좋은 일, 시를 택하는 것은 중요한 일이다. 출산의 방법에는 제왕절개, 자연분만, 유도분만이 있고 더러는 난산도 생긴다. 자연분만이 산모와 아기에게 이상적인 것은 두말할 필요가 없다. 하지만 자연분만이 어려우면 제왕절개로 인공분만을 할 수밖에 없다. 인공분만은 태어날 아기의 길일(吉日)을 잡아 수술로 분만을 이루는 행위다. 요즘은 인공분만이 필요한 사람은 물론 자연분만에 지장이 없는 사람들까지 좋은 날짜를 받으려고 출산택일을 원하는 사례가 늘고 있다. 병원에 따라서는 처음부터 산모에게 택일을 받아오라고 하는 곳도 있다.

여러 가지 이유로 출산 날짜와 시를 택해 제왕절개 수술을 하는 것이 출산택일이다. 사람에 따라서는 인위적으로 정한 날짜와 시간에 의한 인공분만을 자연분만과 어떻게 동일시할 수 있는지 의문을 갖기도 한다. 결론부터 말하면, 그런 운명을 가지고 태어날 사람은 그런 사주를 가질 수밖에 없다. 즉, 인간이 의도를 가지고 사주를 아무리 조작하더라도 하늘의 뜻에 따라 맞춰진다는 것이다.

산모가 출산택일을 먼저 누구에게 의뢰할 것인가부터 인연의 뿌리는 시작된다. 택일을 받아 그 날짜, 그 시각에 태어났다 하더라도 택일을 알려준 사람에 따라 당사자의 운명은 크게 달라질 수 있다. 다음으로, 일시를 잡고도 병원의 사정이나 수술 담당 의사의 갑작스러운 근황, 산모의 상태, 증상 또는 그 외 여러 환경 등으로 수술을 못 하는 경우가 많다. 입태일(=합궁 일을 기준으로 택일하는 법)도 마찬가지다. 이처럼 세상사는 예상치 못한 변수로 가득 차 있다. 우리는 우리가 선택해서 길을 가는 것 같지만, 결국은 하늘이 정해준 길을 걷고 있던 셈이다.

그렇다고 출산택일이 소용없다거나, 어떻게 태어나도 정해져 있어서 상관없다는 말은 아니다. 여러 정황을 고려하면 그만큼 더 신중할 수밖에 없다는 것을 강조하려는 것이다. 한 사람의 일생이 달린 중대한 일이자 운명을 결정짓는 과정이기 때문이다.

　우리가 인간으로서 닿을 수 있는 범위 내에서 모든 노력을 기울이는 것은 당연하다. 그러나 신내림을 받았다거나, 용하다는 점집, 불교의 수행과정을 벗어나 세속에 빠져 사술(詐術)로 신도를 미혹(迷惑)하며 잇속을 챙기는 사람이나 일부 승려에게 출산택일을 맡기는 것은 무모한 모험이 아닐 수 없다. 그럴 바에야 자연분만을 택하는 것이 더 좋을 것이다. 따라서 사주 분석에 확고한 신념이 있으면서 조예가 깊고 임상경험이 많은 인격자를 찾아야 한다. 그러한 만남에서부터 운명의 고리는 시작되고, 그 아이의 조상, 그리고 부모의 업보(業報)나 기운 등이 모두 동(動)하게 되어 택일이 이루어지는 것이다.

　택일에서 정할 수 있는 기둥은 의뢰한 시기에 따라 다르다. 만약 출산하는 시기가 입춘(=立春, 한 해의 시작 시점) 전후라면 년, 월, 일, 시 네 지지를 모두 잡을 수 있고, 출산하는 달이 월건(=月建, 한 달의 시작 시점) 전후에 걸리면 월, 일, 시 세 지지를 잡을 수도 있다. 하지만 현실에선 대개 날짜와 시 두 지지만 택하는 경우가 대부분이다.

　택일은 보통 출산예정일을 7~14일 정도 앞두고 한다. 택일을 맡은 사람은 이 기간 내에 만들 수 있는 모든 사주를 적용해 보고 건강, 재물복, 관복, 배우자 복 등을 종합하여 2~3일을 선정한다.

좋은 택일을 한다는 것은 아이에게는 부와 명예를 갖게 하고 행복한 일생을 살도록 이끌어 주며, 택일을 맡았던 사람에게도 보람으로 남는다. 하지만 만약 아이가 좋지 못한 삶을 살거나, 허약하여 아프거나 한다면 불행한 일로, 택일을 맡았던 사람도 의도치 않게 업장(業障)을 쌓게 된다. 이러한 경우들을 고려해 보면 아무리 하늘의 뜻이라고 해도 출산택일은 막중한 일이 아닐 수 없다. 그래서 산모는 출산택일에 앞서 신중한 판단이 필요하다. 시간은 그 시기에만 있는 것이지 계속 머물러 있는 것이 아니다. 출산택일을 맡았던 사람 역시 기도하는 마음으로 임해야 할 것이다.

사람은 누구나 아는 것 만큼만 볼 수 있다. 이것은 인간의 한계이자 자연스러운 사실이다. 그러므로 본인이 현재 알고 있는 것이 진실이고 전부라고 여기는 것은 위험한 사고다. 특히 운명을 논하거나 만드는 일에서는 더욱더 그러하다. 따라서 산모와 택일하는 사람은 모두 수행하는 마음과 겸허한 자세로 서로에게 귀한 업을 짓도록 애써야 한다. 살면서 선업(善業)을 짓는 일은 부족할지라도 악업(惡業)을 지을 순 없지 않은가.

출산택일(出産擇日) 이야기

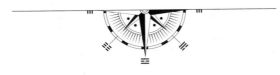

몇 년 전 어머니 두 분을 손님으로 맞이한 적이 있다. 서로 친분이 있는 이 두 분은 자녀들 모두 택일해서 출산했다고 한다. 그리고 두 분이 의뢰한 사람은 각각 달랐다. 먼저 물어본 한 분에게 자녀 사주를 간명하면서 출산택일을 했느냐고 물었다. 사주를 보면서 택일한 사실을 짐작할 수 있었다. 그 어머니는 그렇다면서 은근히 만족하는 얼굴이었다. 그러나 같이 왔던 옆 사람의 자녀 사주에서는 택일과 연관된 생각을 떠올릴 수가 없었다. 그 순간, 이 어머니는 "우리 아이도 택일해서 낳았는데 왜 아무 말도 하지 않죠?"라면서 서운한 표정을 지었다. 내심 놀라면서도 "택일을 왜 했는지 모르겠네요. 차라리 자연분만하시지."라고 말하고 싶었다. 이러한 사실을

다 알고 고려해 본다면, 출산택일은 그 어떤 것보다 조심스러울 수밖에 없다.

이와 관련해 얼마 전 한 지인과 저녁 약속을 했던 적이 있다. 시간이 다가와서 사무실을 바쁘게 정리한 다음 식당으로 향했다. 지인을 만나 식사하던 중에 할머니 한 분으로부터 전화 한 통을 받았다. 조금 전 며느리의 출산이 임박해서 병원으로 출발했는데 곧 손자를 낳을 것 같으니 출산택일을 해달라는 부탁이었다. 지금은 이미 퇴근했고 식당에 있어서 곤란하다고 말한 뒤 출산택일은 그렇게 짧은 시간에 하는 것이 아니라며 거절했다. 그러나 어쩔 수 없이 위치를 알려주게 되었고, 얼마 후에 할머니가 식당에 도착했다.

하도 긴박한 제안인지라 날짜와 시간을 선택할 수 있는 폭이 극히 제한되어 있었다. 난감했지만, 한편으론 '얼마나 절박했으면 이럴까'라는 생각도 들었다. 그래서 식당 한 모퉁이에서 최대한 좋은 시간을 잡아서 알려주었다. 얘기를 듣고 할머니는 고마워하면서 바쁘게 자리를 떴다

다음날 아기를 출산했다는 전화가 왔다. 할머니는 잡아준 시간이 아닌 다른 시간에 출산하게 되었다며 안타까워했다. 세상사가 그러하듯 한 사람의 탄생과 운명이란 인간이 정한다고 해서 무조건 맞춰지는 것이 아니다. 그렇다고 매사 운에 의존하거나 인간의

노력이 소용없다는 식은 더더욱 아니다.

산모가 누구에게 택일을 의뢰하고, 또 그가 택해 준 일시에 정확하게 출산이 되는가에 따라 태어날 아이의 인연이 운과 깊이 연관되는 것은 사실이다. 물론 사람의 의지 외에도 아이가 그 시간에 태어날 수 있도록 선조를 비롯해 세상의 모든 기운이 일치되고 보이지 않는 도움도 뒤따라야 한다. 그래서 상담과 교육업을 해오면서도 개인적으론 출산택일을 특별히 꺼리는 작업 중의 하나로 꼽고 있다.

택일을 맡는다는 것은 그 자체가 태어날 아이의 인생에 깊숙이 관여될 수밖에 없다. 또한 책임감과 사명감이 따르고 부담감 역시 적지 않다. 하지만 이러한 중요성을 아는지 모르는지 주변에서 나오는 말을 귀동냥으로 들어보면 현실과 정반대인 경우가 많다.

택일을 의뢰하는 사람이나 의뢰받는 사람 모두 너무나 가볍게 여기는 것을 보면 놀라울 지경이다. 돈을 아껴보겠다는 심산에 헐값에 택일을 맡기거나, 작은 돈이라도 벌기 위해 자신의 실력이나 양심은 무시하고 무책임하게 처리해 버리는 일이 비일비재하기 때문이다. 아이의 인생이 어떻게 되든, 이후에 자신이 얼마나 많은 업장을 짓게 되든 당장의 이익에만 얽매이는데, 절대로 있어서는 안 될 일이다.

출산택일을 필수라고 말할 순 없다. 자연스러운 것은 자연분만이겠지만, 현대 사회에선 자연분만도 필수라고 말하기 어렵다. 살면서 계절에 따라 만물이 바뀌어 가는 것을 알 수 있듯이 시간에 따라 공간도 변하기 때문이다.

이것이 바로 출산택일이 필요한 이유이자 영향력이라 할 수 있다. 특히 자연분만을 할 수 없게 되어 제왕절개 수술을 받아야 할 땐 더욱 필요하다. 다만 그 전에 신중하고도 기도하는 마음이 우선되어야 하는 것은 아무리 강조해도 지나치지 않다. 사주에서 출산택일로 태어나는 것이나 자연분만으로 태어나는 것이 사람의 운명에 미치는 영향은 동등하기 때문이다.

전염병(傳染病)이 주는 메시지

전염병이 현대인의 발목을 잡으며 얼마간 시간을 늦추게 했다. 하루가 다르게 급변하는 세상에서 이러한 변수를 맞게 되어 당황스럽고 곳곳에서 어려움이 발견되었다. 전문가들은 여러 매체를 통해 전염병 이후 달라질 변화를 다양한 견해로 예견했다.

주목되는 것은 대면에서 비대면의 환경으로 바뀌는 바람에 한 장소에서 여러 사람을 필요로 하는 일은 곤란하게 되었다. 각종 경기장, 학교, 행사장, 교회, 사찰, 영화관 등 사람이 많이 모이는 장소는 위험한 지역으로 분류되었다. 특히 한 곳에 모여야 공동체 의식과 믿음과 조직력을 강화하는 종교단체의 집회, 예배 등에서 전파가 커지면서 그 연관성에 예민해지지 않을 수 없었다.

수십 년 전부터 인터넷을 통한 온라인의 증가는 이미 진행되고 있었지만, 전염병을 겪으면서 오프라인보다는 온라인 공간의 확대와 중요성에 더 많은 눈길을 돌리게 되었다. 사람 간의 거리 두기로 인해 재택근무와 온라인 쇼핑, 그리고 통신과 IT산업에 대한 투자는 더 늘어날 전망이다. 이 밖에도 우리들의 사고와 행동 양식에도 많은 영향을 끼쳤다.

　　오늘날 지구오염이 심각하다는 것은 누구나 알고 있는 사실이다. 모든 생명이 문명이라는 이름 아래 인간이 저질러 놓은 환경파괴로 인해 크게 위협받고 있다. 최근의 전염병들을 보면 대부분이 호흡기질환으로 대기오염과 관련이 있는 것을 알 수 있다. 이는 산업화의 여파로 지구온난화가 가속화됨으로써 부메랑을 맞는 결과의 하나라고 할 수 있다. 즉, 천재(天災)가 아니라 인간이 만들어낸 재앙(人災)이다. 이상기후의 피해와 바이러스로 인한 전염병 등 예전에는 경험하지 못했던 현상이 빈번해지는 것은 어쩌면 당연한 일인지도 모른다.

　　거기에다 21세기는 전염병이 어느 시대보다 발생하기 좋은 환경이다. 빠르게 움직일 수 있는 교통수단이 그것이다. 도시마다 시내에는 지하철과 버스 등으로 넘쳐나고, 이웃 도시로 쉽게 이동할 수 있는 고속도로와 고속전철, 비행기 등을 갖추고 있으며, 나라 간의 왕래도 어렵지 않기 때문이다. 환경오염과 전염병에 대해서는 특정한 지역이나 나라를 넘어 지구촌 모두가 운명공동체로 대처해야 할 사항이다.

인신(人身)은 소우주(개별적인 우주)라고 했다. 이것은 대우주의 창조능력을 본받았다는 것과 인체와 우주의 유사성을 뜻한다. 우주의 질서가 어긋나고 자연이 병들면 사람도 생존하기 어려운 것은 마찬가지이다. 인간의 역사와 함께해 온 질병(疾病)은 인간에게 끊임없는 위협의 존재이다. 그중에서도 전염병은 한 개인은 물론 민족과 국가의 운명에 커다란 영향으로 세계사를 바꾸고 나아가 새로운 시대를 열기도 했다. 인류사에서 많은 경우 전쟁이 일어나면 전염병도 뒤따랐다. 사람이 전쟁에서 또는 전염병으로 죽거나 고통을 당했다.

그러나 다른 한편으로는 윤리가 파괴되고 사회 전체가 스스로 치유될 수 없는 상황에 이르게 되면 역설적이게도 마치 극약처방처럼 독약과 같은 전염병이 생기나 인간사회를 정화하는 데 좋은 치료제가 되기도 했다. 전쟁이나 기타 이유가 전염병을 부르고 전염병은 그것을 종결시키면서 새로운 문명의 시초가 되었다.(예, 14세기 중세유럽에 흑사병으로 불리는 '페스트'로 인한 봉건제도의 붕괴, 1차 세계대전 중 '스페인 독감'으로 인한 조기 종전 등) 전염병은 재앙이라는 부정적인 면만 있는

게 아니라 발전의 전환점이 되기도 하는 것이다.

새로운 것을 얻는 것은 그만큼 잃어야 할 것도 많은 것을 의미한다. 우리는 오늘보다 나은 내일을 갈망한다. 하지만 오늘보다 못한 변화를 만나기도 한다. 그럴 땐 지나간 것에 대한 그리움과 돌아갈 수 없는 아쉬움에 애달파 한다. 그러나 전염병의 역사에서 보았듯이 불행한 일이 온다고 해서 불행한 점만 있는 것은 아니다. 전염의 고통이 심할수록 면역력도 높아지듯이 설령 현재의 삶이 힘들다 할지라도 비관할 필요는 없다. 변혁의 예고이기 때문이다. 그저 담담하게 하루하루 희망의 등에 불을 붙이며 보람을 찾는다면 전화위복의 계기가 될 것이다.

삼재(三災)란 무엇인가요?

우리는 주변에서 지금은 삼재가 들어서 어려움을 겪고 있다는 말을 흔히 듣는다. 삼재는 불행이나 슬픔 등의 불운을 의미하는 것으로 태어난 해를 기준으로 판단한다. 삼재란 무엇이며 어떤 이유에서 자주 접하게 되었는지 그 내용을 하나씩 살펴보겠다.

1. 삼재는 12지지(地支)를 기본으로 인간에게 12년 주기로 돌아오는 3가지 재난과 3년 동안의 재난이라는 뜻으로 불교에서 유래했다고 한다.

    (1) 역학의 관점에서는 삼재의 세 가지 재난을 천살(天殺, 천재지변), 지살(地殺, 교통사고나 각종 노상의 횡액 등), 인살(人殺, 각종 보증, 사기수 등)

이라 한다.

불교에서는 삼재를 소삼재(小三災)와 대삼재(大三災) 두 가지로 나눈다. 첫 번째 소삼재는 인간의 생활에서 일어날 수 있는 것으로 도병재(刀兵災=칼로써 사람을 위험하게 만들거나 전쟁을 일으켜 불안과 공포를 주는 것), 질역재(疾疫災=질병이나 전염병으로 생명에 위협을 주는 것), 기근재(飢饉災=가난으로 먹을 것이 없어 굶주림의 고통을 당하는 것)이다.

두 번째 대삼재는 주로 자연현상으로 인해 고통을 당하는 것으로 화재(火災=불의 재난), 풍재(風災=바람의 재난), 수재(水災=물의 재난)를 말한다. 한마디로 중생의 삶에 있는 모든 재앙을 가리키는 것이다. 지지(地支) 12년에서 3년이 삼재에 속하는 해로 옛 선인들이 12년에서 적어도 3년은 몸을 근신하며 살펴보라는 교훈적인 의미로도 이해할 수 있다. 이러한 이유로 사찰에서는 삼재 소멸 기도를 행하기도 한다.

(2) 삼재는 3년간 재앙을 겪게 되는 것이다. 그해에 따라서 첫해를 들삼재 또는 입삼재, 두 번째 해를 묵삼재 또는 눌삼재, 마지막해인 세 번째 해를 날삼재라 부른다. 태어난 띠를 기준으로 행운(行運)의 해를 적용하여 연운(年運)의 길흉을 파악하는 것이다.

2. 삼재의 성립조건은 사주에서 말하는 방합(方合=방위와 계절을 나타내

는 합, 12지지에서 매년 차례대로 다가오는 해)에서 첫 글자와 충(沖)이 되는 글자와 삼합(三合)을 이루는 띠를 말한다. 예를 들면, 동쪽과 봄을 의미하는 인묘진년에는 신자진 띠(인신충), 남쪽과 여름을 의미하는 사오미년에는 해묘미 띠(사해충), 서쪽과 가을을 의미하는 신유술년에는 인오술 띠(인신충), 북쪽과 겨울을 의미하는 해자축년에는 사유축 띠(사해충)가 해당된다.

3. 삼재는 운이 좋은가, 나쁜가 그리고 평이한가의 3가지 결과에 따라 복삼재(福三災=전화위복이 되어 문서의 기쁨과 행운이 드는 길한 운이 바뀌는 시기), 평삼재(平三災=무해 무덕이니 좋은 것도 나쁜 것도 없이 편안하게 지나는 시기), 악삼재(惡三災=막힘이 많고 풍파가 생겨 고생이 심화되는 시기)로 구분하고 있다.

4. 삼재의 내용과 그 특징을 보면 다음과 같다. 첫 번째, 연지인 띠를 중심으로 판단하기 때문에 풀이가 제한적이며 일간을 기준으로 사주 전체를 보고 해석하는 명리학과는 정확도에서 많은 차이가 있다. 두 번째, 3개의 띠를 하나로 묶어 삼재로 보는 것은 12지지에서 4분의 1에 해당하는 비율로서 인구로 보면 25%가 삼재에 걸려 재앙에 시달린다는 의미가 되므로 신뢰성에 문제가 있다. 세 번째, 삼재는 사주의 12신살에서 역마살, 육해살, 화개살

에 해당하며, 그 쓰임에 따라서 부정적 의미와 긍정적 의미를 함께 가지고 있음으로 좋다거나 나쁘다는 식으로 말할 수 있는 사항이 아니다.

그래서 삼재에 대한 견해는 운명가마다 다르다. 정통사주 이론이 아니므로 무시해야 한다는 주장과 적극적으로 활용해야 한다는 주장이 엇갈린다. 어느 쪽이 옳다고 말하긴 어렵다. 일부이겠지만 상담과 방편을 위해 찾는 사찰이나 무속인 그리고 철학원 등에서도 삼재를 종종 상업적으로 이용하는 곳을 볼 수 있다. 이를테면 삼재를 예방한다는 명분으로 사찰에서는 재를 받고, 굿당에서는 살풀이하거나 굿을 권유하고, 철학원에서는 부적을 쓰는 경우이다. 물론 이러한 것을 무조건 부정하는 것은 아니다. 다만 삼재의 내용에서 보았듯이 삼재에 대해 집착한다든지 불안해할 필요는 없는 것이다.

작명(作名)이나 개명(改名)이 중요한가요?

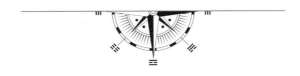

　한 사람의 운명을 알고자 할 때 우리는 먼저 그 사람의 사주(命)를 보고, 다음으로 운(運)의 흐름이 어떠한지를 파악하며 미래를 예측한다. 사주는 선천운(先天運)으로써 바꿀 수 없지만, 행운(行運)인 대운이나 세운 등은 후천운(後天運)으로써 자신의 의지에 따라 어느 정도 변화 또는 개선할 수 있다. 사주(命)와 운(運)이 운명의 전반을 지배한다면 이름은 세부적인 부분을 지배할 수 있다. 운을 바꾸고 열어주는(開運) 방법에는 여러 가지가 있지만, 그중에서도 쉬우면서 주요한 역할을 하는 것이 성명학이다. 사는 동안은 물론 운명을 다한 뒤에도 기억되는 것으로, 한 사람의 흔적이기도 하다. 출생 이후 본인에 대해 거론되고 불리는 일종의 기호(記號)이다.

사람과 이름 사이에는 정령 사상(精靈思想=자연의 모든 존재 속에 생물이든 무생물이든 '정령'이라 불리는 영혼이 깃들어 있다고 보는 사상)이 내재한다. 파동(波動)이나 기(氣)가 뇌에 영향을 주면서 삶에도 영향을 끼치는 무형의 기(氣)라는 것이다. 즉, 보이지 않는 하나의 독립된 에너지로써 타인이 그 사람에 대해 갖는 이미지와 선입견 등으로, 그 사람의 운명도 많이 지배한다. 따라서 성명을 가볍게 여겨서 짓는 우(愚)를 범해서는 안 된다.

옛 기록에 공자는 '정명순행(正名順行)'이라 하여 "이름이 바르면 모든 일이 순조롭다."라고 했고, 유가에서는 '명체불이(名體不二)'라 하여 "몸과 이름은 하나"라고 했다. 불가에서는 '명전기성(名詮基性)'이라 하여 "이름에 모든 것이 있다."고 보았다. 이처럼 이름이 얼마나 중요한지를 알게 된 이상 작명 혹은 개명할 때는 신중해야 한다.

에너지의 변화는 정체성을 바꾸고, 정체성은 잠재의식의 전환을 일으켜 좋은 기운을 부르게 한다. 이러한 작업을 위해서는 먼저 당사자의 생년월일시를 나타내는 사주를 알고 정확한 분석을 통해 넘치는 성분과 부족한 성분이 무엇인지 세밀하게 파악할 수 있어야 한다.

작명 또는 개명은 길한 작용을 하는 오행과 흉한 작용을 하는 오행을 구분하고 필요한 오행을 한글과 한자에서 선별하여 하나씩 적용하는 과정이다. 그리고 사주에서의 핵심은 음양의 중화와 균형이 얼마나 잘 이루어져 있는지를 판단하는 것이다. 넘치는 부분은 비우고 부족한 부분은 채우는 원리이다.

이름은 그 사주가 앓고 있는 병을 찾아서 적합한 치유를 위해 처방하는 기능이라 할 수 있다. 이것은 허약한 체질의 사람에게 평상시에 먹이는 영양제와도 같다. 외형적으로 말하면 재단사가 몸을 재서 맞춘 옷을 입는 것이다. 옷이 날개라는 말이 있듯이 어떤 옷을 입느냐에 따라서 첫인상, 가치 또는 품위도 달라진다.

물론 운명의 주인은 사주에 있겠지만, 사주가 좋더라도 성명이 맞지 않으면 가진 복이 제대로 드러나는(발복하는) 데 시간이 걸리거나 사소한 장애가 자주 나타날 수 있다. 이 외에도 자신의 소중한 재산을 투자하여 운영하는 사업체의 점포명이나 기업의 상호도 그 사업주의 사주를 파악하고 이름을 짓는 것은 당연하다. 개인이나 상호, 제품명 외에도 문필가나 예술인, 연예인 등이 사용하는 아호, 필명, 예명도 예외가 아니다.

이름에 사용할 수 있는 한자를 묶어 놓은 '대법원 선정 인명용 한자표'가 있다. 여기에 실린 글자만 사용하라는 뜻이다. 하지만 그 한자표 안에 포함된 글자라도 이름에는 사용하지 말라는 불용문자도 분류하고 있다. 만약 그 글자를 사용하면 흉한 작용이 생긴다는 이론이다. 인명용 한자표에 있는 글자를 사용할 필요는 있겠지만, '불용문자'를 지나치게 의식할 필요는 없다. 사주에서 맥(脈)은 원국 자체의 길신(吉神)을 우선하기 때문이다.

가장 이상적인 것은 사주를 보완하며 길운을 이끌고, 어디에도 걸림이 없는 이름을 태어남과 동시에 갖는 것이다. 이것은 전생의 선업과도 관련되어 있다. 나에게 맞는 이름도 자신의 운에 맞닿아야만 하는 것이다. 하지만 살아가면서 이름의 중요성을 인지하고 개명하는 것은 개운을 위한 자연스러운 일이라 할 수 있다.

음식(飮食)에 숨겨진
음양오행사상(陰陽五行思想)

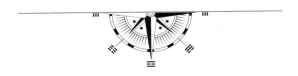

음양오행 사상은 우주나 인간의 모든 현상을 해석하는 것으로서, 음양은 하나의 본질을 두 원리로 설명하고 음과 양이 확장하고 소멸함에 따라 우주의 운행이 결정된다는 사상이다. 오행은 음양에서 만물의 생성과 소멸을 목 화 토 금 수로 설명하고 있다. 오행의 상생(相生)과 상극(相剋)을 보면 상생은 목생화(木生火) 화생토(火生土) 토생금(土生金) 금생수(金生水) 수생목(水生木)으로, 상극은 목극토(木剋土) 토극수(土剋水) 수극화(水剋火) 화극금(火剋金) 금극목(金剋木)으로 구성된다.

음양오행 사상은 우주 만물의 순환 질서를 나타내는 것으로 소우주라고 말할 수 있는 인체에도 같은 영향을 주고 있다. 먼저 우리의 심리와 신체를 자연의 사물에 비유하면 두 눈이 해와 달로서 만물을 비추고 있으며, 사람의 피모(皮毛)와 머리카락은 대지의 무성한 초목을 이루고 있는 것으로 표현된다. 사람의 혈맥과 핏줄은 대지를 가로질러 흐르는 강이나 하천으로 비유되고, 사람의 호흡은 대지의 바람으로 비유되며, 사람의 칠정(七情)인 희로사우비경공(喜怒思憂悲驚恐)은 변화무쌍한 날씨를 나타내고 있다. 이처럼 인간과 우주 속 자연은 둘이 아니라 하나로 이루어져 있으며, 또한 인체 내의 각 부위(오장육부)에도 동일하게 적용되고 있다.

마찬가지로 모든 식품이나 음식도 음양오행으로 분류되어 있다. 음식은 기본적으로 인간의 본능에 해당하는 것으로 즐기는 것인 동시에 생존을 위해 필요한 것이다. 음식은 우주 자연의 모든 은혜에 감사하고 서로 간의 사랑을 나누는 대상으로도 볼 수 있다. 또한 많은 사람의 정성과 수고가 인연으로 이어진 소중한 에너지라 할 수 있다.

위에서도 언급하였듯이 인체 내의 오장육부는 각각의 오행 기운을 가지고 있기에 우리나라 전통음식을 비롯하여 모든 음식에는 인체의 오행과 일치되는 것을 선택, 활용할 수 있다. 즉, 인체 부위에 따라 음식을 정하고 색깔과 맛에 맞춰 먹으면 그 장기에 도움은 물론 몸 전체의 건강에 균형을 지킬 수 있다는 것이다. 장기에 일치하는 음식의 섭취가 바로 음양오행의 건강식을 행하는 것이다.

그러면 오행에서 다루는 물상(物象)을 구분하여 신체의 오장육부와 음식과의 상호 관계를 살펴보자.

첫 번째로 목(木)은 동쪽이며 계절은 봄, 색은 청색이며 쓸개, 간, 신경계, 눈, 신맛을 나타낸다. 수(水)는 신장으로, 신장이 건강하면 목(木)에 간의 기능도 좋아지고 간이 활발하면 화(火)의 심장도 좋아진다(水生木生火). 간에 좋은 음식은 오디, 결명자, 매실, 부추 등이 있다. 간에 영양을 주는 음식은 인자하고 분노를 다스릴 수 있으며 원만한 에너지를 제공한다.

두 번째로 화(火)는 남쪽이며 계절은 여름, 색은 적색이며 심장, 소장, 순환계, 혀, 쓴맛을 나타낸다. 목(木)인 간 기능의 상승이 화(火)인 심장의 기능을 살리고, 토(土)인 비장과 위장을 좋게 하는 것이다(木生火生土). 심장에 좋은 음식은 토마토, 사과, 붉은 고추, 딸기, 대추, 구기자, 오미자 등이 있다. 심장에 영양을 주는 음식은 예의와 웃음을 갖게 하며 발산하는 에너지를 제공한다.

세 번째로 토(土)는 중앙, 계절은 환절기, 색은 황색이며 비장, 위장, 근육, 몸통, 단맛을 나타낸다. 화(火)인 심장 기능의 상승이 토(土)

인 비장과 위장을, 그리고 토(土)는 금(金)인 폐나 기관지를 좋아지게 한다(火生土生金). 비장에 좋은 음식은 밤, 청국장, 단 호박, 당근, 감귤 등 황색 음식이며 그 밖에 대추와 유자, 칡뿌리, 감초, 둥굴레차 등이 있다. 비, 위장에 영양을 주는 음식은 신용을 주고 복잡한 생각을 단순하게 하며 단단하게 뭉쳐지는 에너지를 제공한다.

네 번째로 금(金)은 서쪽, 계절은 가을, 색은 백색이며 폐, 대장, 뼈, 코, 매운맛을 나타낸다.

토(土)인 비장의 기능이 좋으면 폐가 강화된다(土生金生水). 폐에 좋은 음식은 감자, 마늘, 양파, 도라지, 배, 무 등 흰색 음식이며 또한 살구씨, 은행, 밀감류 등도 있다. 폐에 영양을 주는 음식은 정의롭게 하고 슬픔을 극복할 수 있게 하며 긴장시키는 에너지를 제공한다.

다섯 번째로 수(水)는 북쪽, 계절은 겨울, 색은 흑색이며 신장, 방광, 혈액, 귀, 짠맛을 나타낸다. 목(木)인 간은 수(水)인 신장의 영향을 많이 받는다(金生水生木). 신장에 좋은 음식은 검은콩, 검은깨, 수박씨, 옥수수수염, 팥, 새우, 굴, 해삼, 장어 등이다. 신장에 영양을 주는 음식은 지혜롭게 하고 무서움을 이겨낼 수 있게 하며 유연한 에너지를 제공한다. 오행의 전체적인 맛으로 풀어보면 간이 나쁠 때는 신맛이 나는 음식으로 치료하고, 심장이 나쁠 때는 쓴맛으로,

위장이 나쁠 때는 단맛으로, 폐, 대장이 나쁠 때는 매운맛으로, 신장과 방광이 나쁠 때는 짠맛으로 치료한다.

반대로 오행의 극(剋)관계로 풀어보면 신맛을 먹으면 비, 위장이 좋지 않고(木 剋 土), 쓴맛을 먹으면 폐에(火 剋 金), 그리고 단맛을 먹으면 신장, 방광에 좋지 않으며(土 剋 水), 매운맛은 간에(金 剋 木), 짠맛은 심장(水 剋 火)에 나쁜 영향을 미치게 된다.

우리 선조들은 물론 지금도 대표적 주식(主食)인 쌀밥을 보면 오행의 기질을 모두 다루던 것으로 인체에서는 매우 적합한 음식으로 볼 수 있다. 구체적인 내용을 보면 쌀밥의 재료인 쌀은 흙(土)에서 생산되었고, 밥을 짓는 가마솥은 쇠(金)로 만들어졌으며, 밥을 지을 때 붓는 것은 물(水)이고, 쌀을 익게 하는 것은 불(火)이며, 불을 지피는 것은 나무(木)로 오행 모두를 내포하고 있다.

물론 쌀 외에도 보리, 조, 콩, 기장 등 오곡이 우리의 주식으로 사용되었던 이유가 오행의 기운이 오장과 육부에 필요한 영양을 골고루 공급함으로써 신체를 건강하게 한다는 데 그 목적을 두었기 때문이다. 따라서 인체의 균형을 지키고 건강한 삶을 위해서는 음양오행의 원리와 건강식을 알고 실천해야 한다.

바둑과 음양오행

바둑은 인생사를 축소한 것으로 바둑 속에 세상의 이치가 담겨 있다. 바둑을 두면 매 순간 벌어지는 인간의 희로애락과 흥망성쇠가 연속해서 일어나고 사라지는 것을 체험한다. 생사가 엇갈리는 치열한 시간을 보내면서 마주하는 손으로만 대화를 나눈다고 하여 수담(手談)이라고도 한다.

바둑의 기원은 약 5천 년 전 중국의 요순(堯, 舜)시대 때 만들어진 것으로 추정되고 있다. 한자로는 기(碁, 바둑이나 장기 등에서 군사로 쓰이는 물건) 또는 혁(奕, 크다, 아름답다, 차례)이라고 한다. 바둑을 두는 사람은 장수가 되고 바둑돌을 군사로 보아 기(碁)라 하였으며, 세상 만물은 음양의 순서로 성장하고 죽어가는 과정을 지나면서 걱정, 근심은 끊이지 않기 때문에 혁(奕)이라고 한다.

동양의 음양사상은 상대성 이론으로 알려져 있듯이 바둑에서도 상대에 따라 변화무쌍한 형태를 지니는 상대적인 게임이다.

바둑은 동양 3재 사상인 천지인(天地人)을 다루고 있는 것으로 원방각(圓方角)이나 일이삼(一二三)이라고도 할 수 있다. 이것은 바둑돌(원은 하늘을 상징하는 원형), 바둑판(방은 땅을 상징하는 네모형), 바둑을 두는 사람(대국자, 각은 사람을 상징하는 세모형)으로 구분된다.

동학의 진리인 인내천(人乃天, 동학의 3대 교주인 손병희가 동학을 천도교로 편성하면서 내세운 사상으로 사람이 곧 하늘이라는 뜻)사상과도 연관되어 있다. 즉, 땅 위(바둑판)에서 하늘(돌)을 움직이는 존재가 사람이라는 의미이다.

천지인은 생명의 창조와 기원을 나타내고, 음양은 생명의 번식이라는 의미를 가지고 있다. 또한 바둑판의 네 귀는 바둑판 앞에 앉아있는 나를 중심으로 4변이 4계절을 뜻하고 있으며, 우하귀로부터 동쪽 변은 목으로 봄, 남쪽 변은 화로 여름, 서쪽 변은 금으로 가을, 북쪽 변은 수로 겨울이 되고, 천원점(바둑판의 정 중앙에 있는 점)은 중앙으로 토라 하여 환절기를 나타내며 오행의 중심에 있다.

4변의 모서리는 계절이 바뀌는 입춘, 입하, 입추, 입동을 뜻하고, 한 해가 끝나고 새해가 시작하는 전환점은 정북에 있는 동지로서 이를 출발점으로 하여 24절기가 돌아간다.

바둑돌은 두 가지로 돌의 색깔도 하나는 검정색(음), 다른 하나는 흰색(양)으로 천지간의 음양이 순환하며 균형을 이루는 것을 본따서 만든 것이라 한다. 흑돌과 백돌 중 흑돌이 선(先)으로 흑돌이 실리를 나타내는 음이고, 백돌은 명분을 나타내는 양으로 본다.

원래 오행에서는 목화를 양, 금수를 음, 그리고 토를 중앙으로 구분하고, 색상은 목화가 청색과 적색, 금수가 백색과 흑색, 그리고 토는 황색으로 분류된다. 하지만 바둑에서는 흑백으로 음양을 나누고 있는데, 이것은 동양사상에서 말하는 상대성에 의하여 즉 하늘과 땅, 낮과 밤, 정신과 육체 등으로 음양이 정하여진다고 보면 된다. 백돌과 흑돌이 순서대로 교차하며 만물을 생성, 변화하고 소멸하는 모습은 마치 우주 변화의 원리와 같다.

그래서 바둑은 음양을 상징하는 바둑돌로써 천지를 수놓는 게임이라고도 하였으며, 옛말에 바둑은 양인 하늘을 닮았기에 바둑을 둘 때 고수는 첫판을 양보한다는 말도 생겨난 것이다.

바둑판에는 19개의 가로 선과 19개의 세로 선이 있다. 이것은 지구상에 존재하는 씨줄(緯度)과 날줄(經度)을 의미하는 것으로 총 361개의 점이 있다.

이 중 북극성을 상징하고 있는 바둑판의 맨 중심점인 천원(天元)

을 제거하면 360개가 되는 데, 바둑판은 북극성을 중심으로 뭇 별들이 운행하는 하늘의 도수(度數) 360도(度)를 표현하는 하늘 판이라 할 수 있다. 바둑판에 있는 중심 일 점이 제외되는 이유는 하늘의 근원이며 본체로서 음양이 갈라져 나온 곳으로 변화하지 않는 절대점이기 때문이다.

바둑판에 있는 화점(花點)은 총 9개인데, 역시 북극성인 천원(天元)을 빼면 8개로 계절로는 8절 후(입춘, 춘분, 입하, 하지, 입추, 추분, 입동, 동지)와 방위로는 팔방(건, 태, 리, 진, 손, 감, 간, 곤)을 나타내고 있다.

또한 천원을 뺀 나머지 360개의 점은 태양이 한 번 공전하는 주기인 1년 365일이라는 태양의 주기인 천문학적 사실에서 비롯되었다. 이러한 교차점들은 태양과 땅의 만남을 점으로 표시한 것으로 땅 위의 하루를 표시하고 있다. 두 대국자가 돌을 놓을 때마다 음양론에서는 밤과 낮이 바뀌면서 하루가 지나가는 것이라 할 수 있다.

이러한 원리와 전통을 응용하여 조선시대에는 전국을 360군으로 나누어 통치했다고 한다. 여기에 조선의 중심인 한양이 빠져있음은 마치 바둑판에서 천원을 뺀 것과 같은 원리이다. 이처럼 천문현상을 적용해 만든 것이 바둑으로 소우주라 할 수 있는 인간의 다양한 삶에 응용이 되고 있다.

바둑에서 인생의 교훈과 지혜를 담고 있는 위기십결(圍棋十訣)을 살펴보고자 한다. 위기십결은 당나라 현종 때 기대조(棋待詔)라는 벼슬이 있었는데, 이것은 바둑의 최고수에게 헌정하는 자리였다. 당시 기대조였던 왕적신(王積薪)이 바둑의 비결을 담은 위기십결(圍棋十訣)을 지었으며, 오늘날까지도 바둑 요결(要訣)뿐만 아니라 잠언(箴言)으로 널리 쓰이고 있다.

첫 번째 부득탐승(不得貪勝)-승리를 탐하지 말라.

두 번째 입계의완(入界宜緩)-상대의 진영에 들어갈 때 마땅히 완만하게 하라.

세 번째 공피고아(攻彼顧我)-상대를 공격하기 전 나를 먼저 살펴라.

네 번째 기자쟁선(棄子爭先)-희생을 감수하더라도 선수를 잡아라.

다섯 번째 사소취대(捨小就大)-작은 것은 버리고 큰 것을 취하라.

여섯 번째 봉위수기(逢危須棄)-위험을 만나면 모름지기 버릴 줄 알아야 한다.

일곱 번째 신물경속(愼勿輕速)-신중하라, 경솔하거나 급해지지 말라.

여덟 번째 동수상응(動須相應)-마땅히 서로 호응하도록 움직여라.

아홉 번째 피강자보(彼强自保)-적이 강하면 나부터 지켜라.

열 번째 세고취화(勢孤取和)-세력이 고립되면 조화를 취하라.

바둑에서 승패는 하나의 돌에서 결정되듯 삶도 순간순간 최선의 지점을 찾아내는 것과 같은 것이다. 자신이 가고자 하는 방향으로 부단한 노력은 물론, 겸손한 자세와 세상에 대한 공경심을 가진 사람에겐 항상 묘수(妙手)가 따르리라 믿는다.

무궁화(無窮花)

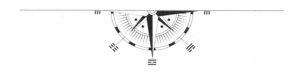

　무궁화는 원산지가 우리나라이면서 은은한 색을 지니고 있으며, 고귀하고도 순결한 영혼을 가진 우리 민족의 꽃이자 나라꽃인 국화(國花)이다. 무궁화(無窮花)는 '무궁한 꽃'이라는 의미로 계속하여 피고 지는 꽃이라 할 수 있다.

　무궁(無窮)이란 동양사상에서 우주의 시초(始初)이며 본체(本體)를 무극(無極)이라 하는데, 무극에서 태극(太極)으로, 태극에서 무극으로의 순환 반복을 계속하게 되는 것을 두고 우주운동(宇宙運動)이라 하듯 무궁화의 특성이 바로 이와 같은 의미라 볼 수 있다.

　국내 문헌인 '조대기(朝代記)', '단군세기(檀君世記)', '단기고사(檀奇古史)', '규원사화(揆園史話)' 등의 기록을 보면 무궁화는 수천 년 전부터 우리나라 민족과 인연을 맺어 왔던 것을 짐작할 수 있다. 고조선 이전에는 환(桓) 나라의 꽃이라 하여 환화(桓花)라고 하였으며, 신단(神壇) 둘레에 심어져 신성시되기도 하였다. 다른 명칭은 목근(木槿), 순영(舜英), 순화(舜華), 훈화초(薰華草), 조개모락화(朝開暮落花), 번리초(藩籬草), 천지화(天指花) 등으로 불린다.

중국 춘추전국시대의 지리서인 '산해경'(山海經)의 기록을 보면 군자의 나라에 훈화초(무궁화)가 있는데, 아침에 피고 저녁에 진다(君子之國有薰華草 朝生夕死)라고 하였다. 예로부터 우리나라는 동방예의지국(東方禮儀之國)이라고 불렸으며, 공자도 군자지국(君子之國)이라 하여 군자가 거처하는 곳이라 하였다.

고대 신라 효공왕 때 최치원이 왕명으로 작성하여 당나라에 보낸 국서(國書) 가운데 신라가 스스로를 근화향(槿花鄕)이라고 하는 기록이 있으며, '구당서(舊唐書)' 신라전(新羅傳) 기사에도 '신라가 보낸 국서에 그 나라를 일컬어 근화향, 즉 무궁화의 나라라고 하였다.'라고 기록하고 있다. 이것은 신라시대에도 우리나라를 무궁화의 나라라고 칭하였다는 것이다. 역시 중국 서적인 고금주(古今註)에도 군자의 나라 지방 천 리에 목근화가 많다(君子之國地方千里 多木槿花)라는 대목이 나온다. 문헌에 따르면 무궁화는 고대사에서부터 고려조까지 우리나라에서 사랑을 받아왔다.

물론 조선 광해군 때 지봉 이수광(李睟光)이 지은 일종의 백과사전적 저서인 '지봉유설(芝峰類說)'에도 '군자지국 지방천리 다목근화(君子之國 地方千里 多木槿花)'라는 기록이 나오는 것을 보면 우리나라에 무궁화가 많이 있었다는 것을 말하고 있다.

하지만 조선시대에 와서는 이전 시대와는 달리 이씨(李氏) 왕조로써 오얏나무를 중시하였으며, 궁궐 내에서는 왕실의 꽃인 이화(李花, 자두꽃)를 소중하게 여겼으므로 상대적으로 무궁화는 밀려나 등한시되었다. 이후에 일제강점기에는 무궁화가 한민족의 꽃이라는 이유로 아예 전국적으로 무궁화 씨 말리기에 혈안이 되었다. 당시에 일본은 대안으로 무궁화를 뽑거나 캐낸 자리에 일본 꽃인 벚꽃을 심게 하고 벚꽃을 널리 홍보하였다. 또한 우리의 의식 속에서 무궁화는 지저분하고 볼품없는 꽃으로 인식케 하면서 무궁화를 경멸하고 격하시키는 마음을 심으려고 많은 시도를 하였다.

무궁화는 개화기(開化期) 당시 윤치호, 남궁억 등이 민족의 자존(自尊)을 높이고 열강들과의 대등한 위치를 위해 무궁화를 나라꽃으로 정하기로 결의하였다. 애국가 가사에 '무궁화 삼천리'라는 구절이 있는 것도 무궁화가 우리 민족에게는 오랜 인연으로 맺어지면서 자연스럽게 표현된 것이다. 무궁화가 우리나라에서 나라를 상징하는 꽃으로 공식 지정된 것은 1945년 해방이 되고 1948년 정부 수

립 이후인 1949년부터이다.

무궁화는 동양사상인 천지인 삼재사상(三才思想)과 음양오행(陰陽五行)의 내용을 담고 있다.

천지인은 하늘인 시간과 땅인 공간, 그리고 사람의 존재를 말하는 것으로 원줄기에서부터 한 마디에 세 갈래씩 갈라져 삼재(三才)의 의미를 나타내고 있다.

그리고 우주 만물을 뜻하는 상반된 성질로 대립적이지만 상보적인 두 가지 기운을 음양이라 하는데, 꽃의 가장자리가 희거나 여타 다른 색상을 띠더라도 가운데가 붉은 화심(花心)을 가지고 있기에 빛이나 음양의 상징으로 비유되고 있다. 그리고 붉은 화심부(花心部)는 백색단심(白色丹心)의 일편단심(一片丹心)을 의미하고 있다.

오행은 음양에서 만물의 생성(生成)과 소멸(消滅)을 목화토금수로 나타내는 것으로, 다섯 갈래로 나눠진 잎사귀와 다섯 장으로 되어 있는 꽃잎이 오행(五行)과 일치되고 있다. 이것은 우리 한민족의 태극 철학을 상징하고 그것에 부합되고 있는 것을 알 수 있다. 또한 한민족의 정신을 말하듯 날마다 이른 새벽 태양의 광명과 함께 피었다가 오후가 되면 오므라들기 시작하여 해질 무렵 태양과 함께 떨어진다. 태양과 운명을 같이하는 꽃으로, 매일 새로운 꽃이 피었다 저녁때 지는 것으로 초여름에서 가을까지 백여 일 동안 꽃을 피운다.

무궁화는 자강불식(自強不息, 스스로 힘을 쓰고 몸과 마음을 가다듬어 쉬지 아니함)으로 은근과 끈기 그리고 일편단심으로 다져온 오랜 우리의 민족성을 닮고 있다. 민족혼의 표상이면서 무궁화는 항일 구국운동의 투혼이라 하여 일제의 수난을 겪어야만 했다. 일제강점기 무궁화 말살 정책으로 무궁화와 관련하여 오산(五山)학교 학생들과 대구 사범 학생들이 궐기에 들어가고 전국 곳곳의 학생들이 비인도적인 야만 행위를 규탄하였다.(무궁화동산 사건)

　황성신문의 사장을 지낸 남궁억 선생은 일제의 탄압을 견디다 못해 경성을 떠나 강원도 홍천에서 은거하며 낮에는 야학당에서 청년, 학동에게 우리말, 우리 역사를 가르쳤고, 밤에는 무궁화 묘목을 전국의 학교, 사찰, 교회에 보냈던 죄목으로 그는 서대문형무소에 투옥되었다.(십자가당 사건 또는 홍천 보리울 무궁화동산 사건)

　민족의 수난과 함께 무궁화가 핍박당한 사건들은 이 외에도 전국적으로 크고 작은 사건들이 줄을 이었는데, 모두가 애국충정의 결의로 남은 역사적 사실이다. 따라서 무궁화 사랑은 민족의 정신과 얼을 지키려는 애국 행위이며, 한국인으로서의 정체성과 자부심의 상징으로 볼 수 있다.

　민족혼으로서 무궁화와 그 정신을 지키려 하였던 선조들을 생각하면 일본 꽃으로 만천하에 알려진 벚꽃을 대상으로 전국 곳곳에서 매년 대축제의 장이 열리고 있는 것에 씁쓸한 마음을 지울 수가 없다.

다중지능(Multiple Intelligence)이론과 명리학

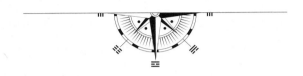

오늘날 우리는 다양한 현대문명을 체험하며 살아가는 시대로, 흔히 과학의 발전으로 생활의 편리함과 윤택함을 거론하곤 한다. 하지만 과연 우리 개개인은 물질적으로나 정신적으로 편리함과 안락함을 얼마나 느끼고 살아가고 있을까? 아마도 일부 소수를 제외하고는 대부분이 만족감보다는 불만족과 상대적 박탈감으로 살아가는 경우가 많을 것이다.

이것은 왜일까? 넓게는 인간 본능의 출발점이기도 한 본질적 불만족으로 돌릴 수도 있겠지만, 좁게는 긴 인생의 과정에서 행복한 항해에 필요한 경제활동의 지속적 참여와 수익성이 보장되어야 한다. 그러한 조건에 부합될 수 있는 첫 번째가 바로 자신의 적성에 맞는 진로와 직업을 선택했는가 혹은 그렇지 않은가에 좌우된다고 볼 수 있다.

실제로 많은 사람이 유아기를 시작으로 초·중·고등학교 과정을 거쳐 대학의 학과를 선택할 때나, 심지어 졸업 이후에 사회로 진출하고도 자신에게 적합한 적성이 무엇인지 알지를 못해 방황하거나 시행착오를 겪기도 한다. 이러한 시행착오를 최소화하고 이른 나이부터 적성을 알기 위해서는 유년기 때 성정과 적성을 분석하여 그 적성을 개발하고, 그것에 따라 진학과 동시에 진로를 정하고 인간관계 및 직업을 영위하며 일생을 보내는 것이 이상적인 형태이다.

하지만 유감스럽게도 현실은 그러지 못하다. 그 이유는 당장 성장 환경의 지배를 받기 때문이다. 예를 들면, 부모의 우등생 열망 심리, 직업군에 따른 자녀의 적성개발 부재, 경제 편차로 인한 진로의 상실 등이 있다. 또한 개인별 성공과 실패의 결과도 유전적 요인과 성장 배경 그리고 동기부여 등에서도 편차가 크다는 것을 알 수 있다.

그래서 명리학에서 말하기를 사람의 운명을 감정함에 있어 같은 사주를 가진 사람이라 할지라도 일률적으로 같은 답을 내릴 수가 없는 이유 중 하나가 바로 여기에 있다. 따라서 현실 속에서 그러한 여러 요인으로 인한 편차를 먼저 인식한 다음, 성장기부터 사주 구성에 따른 심리분석과 적성, 즉 명리학에서 다루는 십성(十星)과 현대 유아교육의 현장에서 적용하고 있는 하버드 대학의 하워드 가드너 교수가 발표했던 다중지능이론(MI)을 함께 연구해 본다면 잠재된 성정과 적성을 더욱 더 명확하게 알 수 있을 것이다. 또한 이러한 연구는 성정과 적성을 알고 난 뒤 그에 알맞은 양육 방법과 교육 방향, 그리고 진로와 직업을 선택하고 인간관계 등을 처방하는 경우에 많은 도움이 된다.

먼저 하워드 가드너 교수가 주창했던 다중지능이론을 보면 기존의 문화가 지능을 너무 좁게 해석하는 것으로 전제하고 IQ(일반지능) 점수가 함축하고 있는 의미보다 넓은 시각에서 인간의 잠재적 능력(MI, 다중지능)을 탐구해야 한다는 것이다. 즉, 지능이 높은 아동은 모든 영역에서 우수하다는 종래의 획일주의적인 지능관을 비판하면서 인간의 지적 능력이 서로 독립적이며 상이한 여러 유형의 능력으로 구성된다는 것이다.

그 이론의 핵심을 보면 첫째는 지능의 동등성인데, 사람은 흔히 언어적 지능이나 논리 수학적 지능을 영리하다는 기준으로 여기며 다른 지능영역은 재능으로만 생각해 왔다. 하지만 다중지능이론에 의하면 언어적 지능과 논리 수학적 지능이 강조된 것은 문화적 영향에서 온 것뿐이며 일반적으로는 모든 영역의 지능이 동등하다고 한다. 둘째는 지능의 독립성인데, 인간의 지능은 독립적이기 때문에 한 영역의 지능이 떨어져도 다른 영역의 지능이 뛰어날 수 있다. 셋째는 지능의 상호작용인데, 각각의 지능이 별개의 지능을 가지고 있지만, 함께 작용할 수 있다는 것이다.

다음으로 명리학의 십성을 살펴보기 전에 먼저 사주 명리학은 출생과 동시에 갖게 되는 주민등록번호와 같은 것으로, 주민등록번호를 보면 그 사람에 대한 신상정보를 알 수 있듯이 명리학을 제대로 해석한다면 그 사람의 적성과 소질, 체질, 운로 등 많은 것을 알 수 있으며, 나아가 진로나 직업을 선택하는 데 소중한 자료로 활용될 수 있다. 우선 심리와 성격 그리고 적성을 분석하기 위해서는 사주십성의 심리구조를 탐구해 보아야 한다. 명리학에서 십성은 일정한 심리체계가 잠복하여 있는 것으로, 이것이 사주체의 성격 형성이나 지능 발현에 영향을 미친다. 즉, 십성에는 각자가 소유하고 있는 고유의 성정과 지능이 있어 개인의 심리와 사회성 등을 분석할 수 있다.

그러면 다중지능이론의 8가지 지능과 명리학에서 말하는 십성과의 유사점을 간단하게 비교, 분석하면 다음과 같다. 첫 번째, 대인관계 지능-관성, 식상. 두 번째, 개인 이해 지능-관성, 식상. 세 번째 공간지능-재성, 식상. 네 번째, 신체 운동적 지능-비겁, 식상. 다섯 번째, 음악적 지능-식상, 인성. 여섯 번째 언어적 지능-식상, 인성.

일곱 번째, 논리 수학적 지능-인성, 재성. 여덟 번째, 자연 탐구 지능-비겁, 재성 등으로 구분될 수 있다.

따라서 기존에 인간의 능력을 측정하는 데 기준이 되었던 IQ의 개념을 넘어서 인간은 누구나 8개의 독립된 지능을 타고나며, 이 능력을 개발하면 그 분야에서 놀라운 능력을 발휘할 수 있다는 하워드 가드너 교수의 이론과 인간의 출생 시점을 통하여 소유한 열 가지(十星) 선천 지능 분포에 따라 자신의 성공 유전자인 심리, 적성과 진로 그리고 직업을 알고 개발한다면 어떤 분야에서든 최고가 될 수 있다는 명리학적 시각과 일치되고 있다는 것을 주목해야 한다.

즉, 교육 현장에서 사용되고 있는 하워드 가드너 교수의 다중지능이론과 명리학의 십성을 접목하여 광범위하게 연구, 적용한다면 타고난 성정과 적성을 미리 알고 그에 적합한 능력을 개발함으로 삶에서 앞서 안정을 찾음은 물론 지속적인 행복을 누릴 수 있는 준비를 할 수 있다.

자녀의 교육은 일선에 있는 교사나 자녀 교육을 고민하는 학부모만의 문제가 아니라 우리 모두의 미래로서 함께 고민하며 동참하여야 할 과제이다. 다중지능이론과 함께 명리학도 교육 발전 연구의 한 분야로서 계속 유용하게 활용될 수 있기를 바란다.

마치는 글

지난 밤 꿈에서 안개꽃이 바람에 섞여 날리던 모습이 생생하다. 삶이란 살아 있는 듯 살아 있지 않은 세월의 기체로 가볍게 부서지는 무체(無體)이다. 나는 실존하고 있는 것인가? 내가 보고 있는 것, 나를 둘러싼 모든 것은 과연 실재하고 있는 것인가? 생각이 빚어낸 허상은 아닌가?

현실이 꿈인지 꿈이 현실인지도, 자신이 실존하는지도 의문스러운 상황에서 거짓 같은 하루는 한낮의 햇살로 눈부시게 피었다 밤의 어둠으로 지기를 반복했다. 내가 있는 환경의 테두리는 스크린 속에 연출된 영상처럼 시각과 후각 그리고 사고를 현혹하고 있다. 내일이란 시간이 오면 지금 꾸고 있는 꿈은 부스러기로 흩어지고 우리는 어제의 조각들을 그리워해야 한다. 이승이라는 지상의 연을 맺은 이래 지금까지 삶과 죽음의 본질적 물음과 운명에 대한 고민을 잊어본 적이 없다.

그래서 사학을 비롯하여 철학이나 영문학 등 다양하게 접근해 보려고도 하였으며, 이후엔 도(道)를 깨우치겠다는 목적으로 출가한 적도 있다. 얼마간 사찰에 기거하며 배웠던 방식으로 정진도 해 보았다. 하지만 미세한 분말처럼 자꾸만 공중으로 날아오르는 방황과 갈등의 입자를 붙잡을 수는 없었다. 결국 하산을 결심하고 낯선 정류장에서 버스를 기다렸다. 서녘으로 지는 붉은 햇살 아래로 사람들은 각자의 길로 긴 그림자와 함께 사라져가고 있었다.

어느새 어둠은 어깨에 앉아있었고 그 뒤로 타고 갈 차량 불빛이 천천히 눈을 떴다. 차창 밖으로 보이는 길가의 가로수들이 한 치 앞도 알 수 없는 인생길을 지나치듯 그토록 어둡고 허무하게 그리고 빠르게 스쳐 갔다.

그날 이후 얼마나 지났는지도 모르게 다시 운명의 강물은 흘러

가고 있었다. 어느 날 나도 모르게 명리학이라는 새로운 분야와 인연을 맺고 있는 자신을 발견했다. 운명은 조용히 명리학으로 가는 예정된 길을 안내하고 있었다. 처음엔 이전에는 생각조차 하지 못한 생소한 분야였기에 열정도 없었으며, 적극적으로 알려고 하지도 않았기에 인지(認知)만 한 채로 또 수개월을 보냈다. 그렇게 시간은 지나고 몇 차례 시행착오를 겪으면서 마음을 고쳐먹으며 연구를 계속했다. 삶은 늘 본능과 욕심이 죄를 만드는 원인이 되고 그 죄는 다시 자신도 모르는 업장으로 쌓여 다음 생을 기약하며 침묵한다. 무심한 세월은 한자리에서 오랫동안 몸을 숨긴 채 머리만 내놓은 바위처럼 방관만 일삼았다.

명리학을 공부하면서도 생활에 대한 경제적 압박감과 회의감 등으로 나의 발걸음은 허공에서 나락으로 떨어지기를 반복했다. 그럴 때마다 혼자 허무함의 거리를 배회하며 힘겨운 시간을 견뎌야만 했다. 하지만 외부의 자극이 아니라 내부에서 잉태한 운명적인 인연이라 여기며 피하지는 않았다. 아니 피할 수가 없었다.

돌아보면 점선 같은 기억의 연속만 바람에 날리고 시간을 잃고 헤어졌던 추억들이 애틋한 그리움으로 다가섰다. 한 모금의 연기가 허공으로 퍼지듯 사라진 날들이 가슴 한구석에 보이지 않는 흔적으로 남았다. 오랫동안 이리저리 흩어져 있었던 생각의 뼈대들을 조립하고자 하나씩 분류작업을 했다. 지난날 이러한 작업을 계획하고 있었으며, 또한 해야 한다는 생각으로 지내 오던 중 경상일보사와 제일일보사에 기획연재를 맡게 되었다.

명리학에서 다루는 명(命)과 그와 관련된 민중 속에 흐르는 다양한 사상을 둘러보았다. 기획연재를 하는 과정은 평소에 하고 싶었던 이야기를 부분적으로나마 하나씩 정리할 수 있는 계기가 되었던 것 같다. 평소 관심 있던 분야였으므로 연구하며 정리하고 싶었던 내용을 연재했다. 그리고 그 원고를 모아 책으로 만들었다.

책의 구성은 각각의 소제목을 위주로 알기 쉽게 단편으로 엮었으며, 가급적 전문 분야에 부족함이 없도록 노력하였다. 어제까지 쌓여있던 먼지들을 모두 털어 버리고 오늘 새로운 마음으로 깨끗한 외출복을 갈아입고 있다. 아직도 어두운 구석을 지키고 있을지 모르는 어두운 기억의 상처와도 이별하고자 한다.

내일이면 나비 한 마리 화사한 봄의 창공을 높이 날고 있으리라. 아침 햇살과 함께 창가로 날아오는 반가운 나비 모습을 기대하며 잠을 청한다. 잠든 바람의 고요함으로 다시 꿈의 세계로 빠져든다. 안개꽃의 어린잎이 바람의 손길에 하나씩 깨어나고 있다. 잔잔한 꽃의 움직임이 점차 향기로 퍼지는 것을 보았다.

한 뜸 한 뜸 바느질하는 심정으로 한 걸음씩 나아가며 감사의 눈물과 마주하길 원한다. 일반 독자에서부터 전문가에 이르기까지 각 계각층의 독자에게 적으나마 유익한 참고가 될 수 있다면, 나의 목적은 완수하였으며 또한 삶의 보람으로 여길 것이다.

끝으로 이 책이 완성되도록 정진의 기운을 늦추지 않게 가피(加被)를 주신 부처님께 삼배를 올리며 생전(生前)에 불교계의 큰 별로서 도움을 주셨던 동국대 불교학과 목정배 교수님께 고개 숙여 감사드린다.

아울러 늘 상록수 같은 가족, 경상일보사와 제일일보사, 울산대를 비롯한 여러 제자 분들 그리고 출판에 도움을 주신 분들에게 고 마움을 전하며, 절망의 씨앗에서 희망의 열매를 거두기 위해 오늘 도 한 그루의 나무에 정성을 기울이며 엄숙한 기도에 잠겨본다.

2022년 春節 三佑堂에서 金進 씀